1 植物の葉と養分

要点まるごとチェックカード 理科

植物と日光

・植物の葉に日光が当たると(①)ができます。

植物の体の中の水の通り道

・植物が根から取り入れた水は，根・(②)・葉にある水の通り道を通って，植物の(③)に運ばれます。

・葉に運ばれた水は，葉の表面《ひょうめん》にある小さなあな(気こう)から(④)となって出ていきます。これを(⑤)といいます。

くきの断面

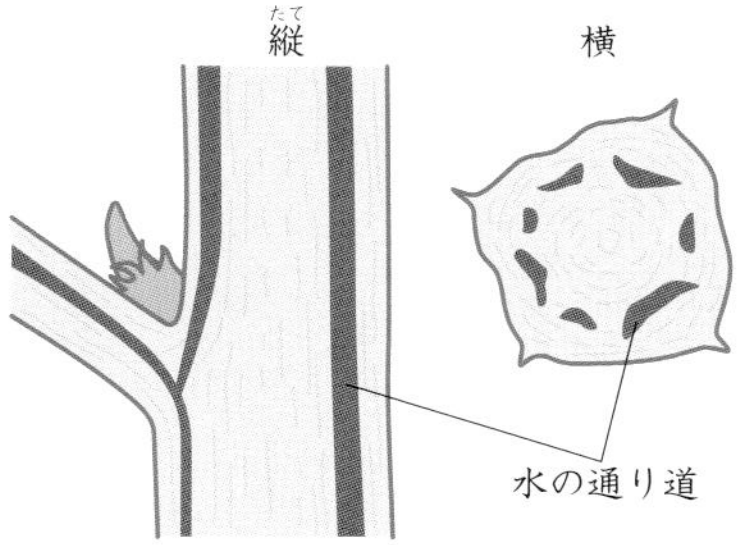

色水に植物を入れ，しばらくしてからくきを切ると，通り道が赤く染《そ》まって見える。

裏《うら》面の答え　**1** ①日光に当てた葉　②でんぷん　③ア：日光　イ：養分(でんぷん)

2 からだのつくりとはたらき①

要点まるごとチェックカード 理科

呼吸《こきゅう》

・人や動物が，空……いたりすることを(①)といいます。(①)によって，空気……を体内に取り入れ，(③)を出しています。

・肺《はい》では，吸っ……(②)の一部を血液中にとり入れ，血液中からは(③)が出……に混じって体外に出されます。

消化と吸収《きゅうしゅう》

・口→食道《しょくどう》→(　　)→大腸《だいちょう》→こう門という食べ物の通り道を，(⑥)といいます。口から入った食べ物が(⑥)を通るうちに，吸収されやすい養分に変えられることを(⑦)といい，(⑦)するはたらきをもつ液を(⑧)といいます。

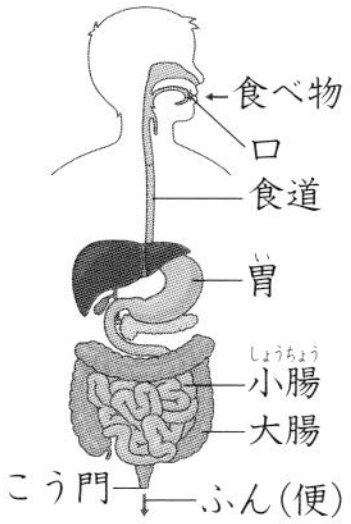

裏《うら》面の答え　**1** ①白くにごる　②はいた空気には，二酸化炭素が多くふくまれているから
2 ①試験管ア：青むらさき色になる　試験管イ：変化しない　②消化液

3 からだのつくりとはたらき②

要点まるごとチェックカード 理科

血液のじゅんかん

・血液は，(①)から送り出され，(②)を通って全身に運ばれ，やがて(①)にもどってきます。心臓《しんぞう》の動きを(③)といい，それによって起こる血管の動きを(④)といいます。

・血液は，(⑤)で取り入れた酸素や，(⑥)で取り入れた養分や水分などを，体全体に運び，全身で二酸化炭素を受け取り，肺《はい》に運びます。

かん臓《ぞう》やじん臓《ぞう》などの臓器《ぞうき》

▶かん臓…消化に関係したり，(⑦)をたくわえたり，有害なものを無害にしたりします。

▶じん臓…血液から不要なものをこしとって(⑧)をつくり，ぼうこうに送ります。

裏《うら》面の答え　**1** ①イ　②血液　③小腸《しょうちょう》　④血液

4 生き物のくらしと自然環境《かんきょう》

要点まるごとチェックカード 理科

生き物と水

・人や動物，植物などの生き物の体には，(①)の水がふくまれています。それによって体のはたらきを保っているので，水がないと生きて(②)。

生き物と空気

・人や動物，植物などの生き物は，酸素がないと生きていけません。空気中の酸素は(③)がつくり出しています。(③)が酸素をつくるときは，生き物が呼吸《こきゅう》したり，ものが燃えたりして出た(④)を取り入れます。

生き物と食べ物

・生き物の，「食べる・食べられる」の関係を(⑤)といいます。

・水中では，ミカヅキモのような小さな生き物も酸素をつくります。

裏《うら》面の答え　**1** ①ア：酸素　イ：二酸化炭素　②呼吸　③しています　④植物
2 食物れんさ

キリトリ

1 植物の葉と養分　チェックテスト①

1 日光に当てたジャガイモの葉と，前日からおおいをして日光に当てなかったジャガイモの葉を取り，アルコールで緑色をぬいたあと，ヨウ素液につけました。次の問題に答えましょう。

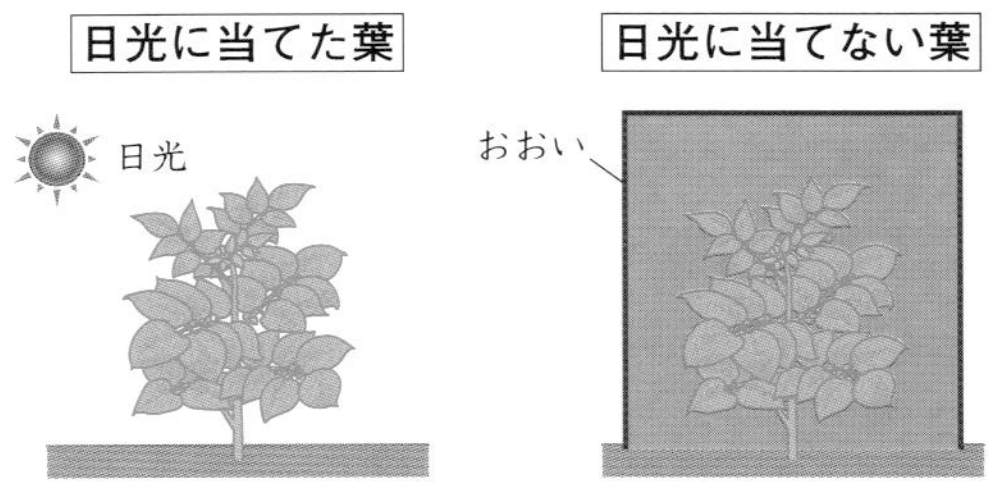

① 色が変わるのは，日光に当てた葉と，日光に当てない葉のどちらですか。

② ①のように色が変わったことから，葉に何ができたことがわかりますか。

③ この実験から，次の（　）にあてはまることばを，それぞれ答えましょう。

ジャガイモの葉に（　ア　）が当たると，葉で（　イ　）がつくられます。

表面の答え　①でんぷん　②くき　③体全体　④水蒸気《すいじょうき》　⑤蒸散《じょうさん》

キリトリ

2 からだのつくりとはたらき①　チェックテスト②

1 吸《す》う空気とはいた空気を，それぞれふくろに集め，石灰水《せっかいすい》を入れてよくふると，吸う空気を集めたふくろの石灰水は変化しませんでした。次の問題に答えましょう。

① はいた空気を集めたふくろの石灰水はどうなりますか。

② ①のようになるのはどうしてですか。

2 右の図のように，試験管アにはでんぷんが入った液だけを入れ，試験管イにはでんぷんが入った液とだ液を入れ，40℃になるようにあたためました。次の問題に答えましょう。

① あたためたあと，ヨウ素液を入れると，試験管アとイはそれぞれどうなりますか。

② ①のようなはたらきがあることから，だ液を何といいますか。

表面の答え　①呼吸《こきゅう》　②酸素　③二酸化炭素　④胃《い》　⑤小腸《しょうちょう》　⑥消化管　⑦消化　⑧消化液

キリトリ

3 からだのつくりとはたらき②　チェックテスト③

1 右の図は，人の血液のじゅんかんのようすを表したものです。次の問題に答えましょう。

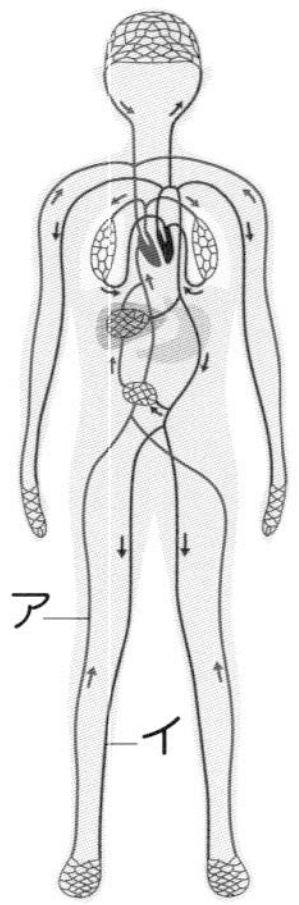

① 酸素を多くふくんでいる血管は，右の図のアとイのどちらですか。

② にょうのもとになる不要なものは，何によってじん臓《ぞう》に運ばれますか。

③ かん臓《ぞう》にたくわえられる養分は，どこで吸収《きゅうしゅう》されたものですか。

④ かん臓にたくわえられる養分は，何によってかん臓に運ばれますか。

表面の答え　①心臓《しんぞう》　②血管　③はく動　④脈はく　⑤肺《はい》　⑥小腸《しょうちょう》　⑦養分　⑧にょう

キリトリ

4 生き物のくらしと自然環境《かんきょう》　チェックテスト④

1 右の図は，晴れた昼間の人や動物，植物などと，空気との関係を表したものです。矢印ア・イは，それぞれある気体の出入りを表しています。次の問題に答えましょう。

① アとイの気体は，それぞれ何ですか。

② 人や動物がしている，アの気体をとり入れ，イの気体を出すはたらきを何といいますか。

③ 図からはわかりませんが，植物は，②をしていますか，していませんか。

④ 人，動物，植物のうち，養分をつくることができる生き物は，どれですか。

2 ミカヅキモとメダカのような，食う食われるの関係を何といいますか。

表面の答え　①多く　②いけません　③植物　④二酸化炭素　⑤食物れんさ

5 月と太陽

要点まるごとチェックカード 理科

●月と太陽

・太陽はみずから強い光を出して，かがやいていますが，月は光を出さず（ ① ）を反射《はんしゃ》して，かがやいています。月のかがやいている側に，（ ② ）があります。

・月の表面には，（ ③ ）とよばれる，丸いくぼみがたくさんあります。

●月の形の変化

・月に太陽の光が当たってかがやいている部分の見え方が変わると，月の形が変わって見えます。月の形が変わって見えるのは，月と太陽の（ ④ ）が変わるからです。

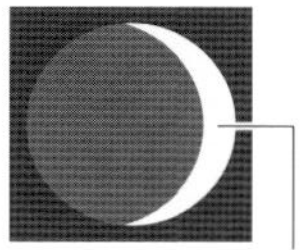

・月の形は，「新月《しんげつ》→三日月《みかづき》→半月《はんげつ》→満月《まんげつ》」というように日によって変わって見え，約（ ⑤ ）でもとの形にもどります。

裏《うら》面の答え　**1** ①イ　②太陽　**2** ①満月　②半月

6 大地のつくりと変化①

要点まるごとチェックカード 理科

●地層《ちそう》と化石

・色やつぶの大きさがちがう小石（れき）・砂《すな》・どろなどが，層《そう》になって重なってできたものを（ ① ）といいます。

・地層の中の，昔の生き物の体や生活のあとを（ ② ）といいます。

●地層のでき方

・地層は，流れる水によって運ぱんされた小石（れき）・砂などが，海や湖の底に積み重なってできます。地層は，つぶの（ ③ ）や重さによって分かれて積もるため，しまもように見えます。海底などにたい積した小石（れき）・砂などは，長い年月の間に固まって（ ④ ）となります。岩石には，れきが固まってできた（ ⑤ ），砂が固まってできた（ ⑥ ），どろが固まってできたでい岩があります。

裏《うら》面の答え　**1** ①ア　②しずむはやさ　**2** ①れき岩　②でい岩

7 大地のつくりと変化②

要点まるごとチェックカード 理科

●火山のふん火による土地の変化

・火山がふん火すると，火口から（ ① ）が流れ出たり，（ ② ）がふき出して積もったりして，土地のようすが変化します。

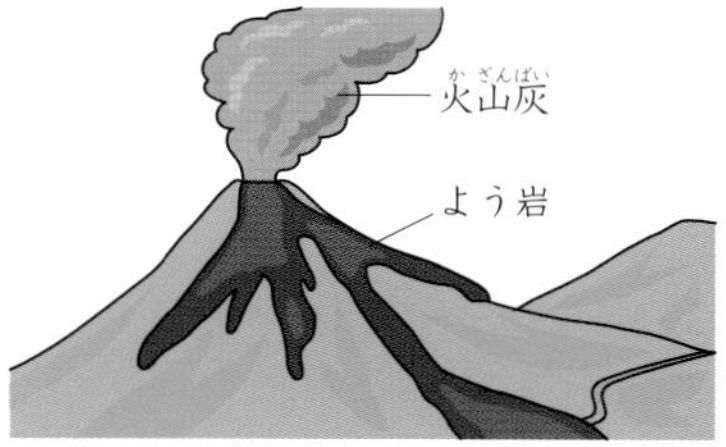

火山のふん火

・火山灰《かざんばい》のつぶは，（ ③ ）ものが多く，とうめいなガラスのかけらのようなものもあります。

・火山灰などが降《ふ》り積もると，（ ④ ）ができます。

●地震《じしん》による土地の変化

・大きな地震があると，土砂《どしゃ》くずれが起きたり，地割《じわ》れができたり，地表に（ ⑤ ）（地面のずれ）が現れたりして，土地のようすが変化します。

裏《うら》面の答え　**1** ①ふん火　②地震　③台風　④地震　⑤ふん火　⑥台風

8 ものの燃え方と空気

要点まるごとチェックカード 理科

●ものが燃え続けるための条件

・ものが燃え続けるためには，たえず（ ① ）が入れかわる必要があります。

・ものが燃えると，空気中の（ ② ）が減って，（ ③ ）が増えます。

●酸素と二酸化炭素の性質

・酸素には，ものを（ ④ ）はたらきがあります。

・二酸化炭素には，石灰水《せっかいすい》を（ ⑤ ）性質があります。

●空気の成分

・空気は，約78％の（ ⑥ ），約21％の（ ⑦ ），わずかな二酸化炭素などの気体が混じり合ってできています。

空気中の気体の体積の割合《わりあい》

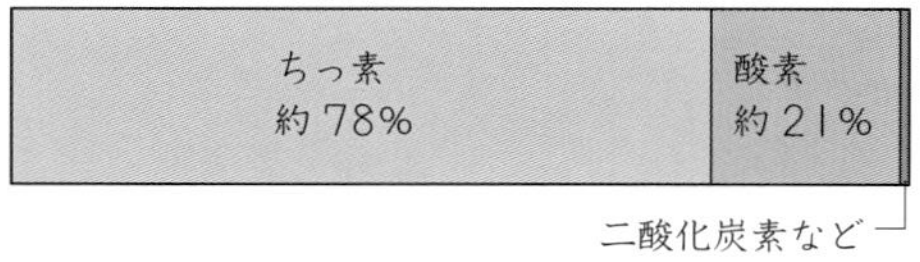

裏《うら》面の答え　**1** ①ウ　②あ：酸素　い：二酸化炭素

5 月と太陽　チェックテスト⑤　理科

1 次の問題に答えましょう。

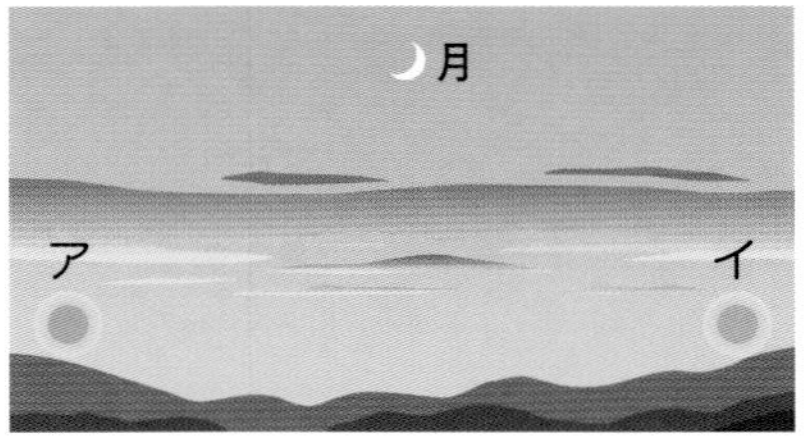

① 月が右の図のように見えたとき，太陽はアとイのどちら側にありますか。

② 月と太陽のうち，みずから強い光を出しているのは，どちらですか。

2 右の図について，次の問題に答えましょう。

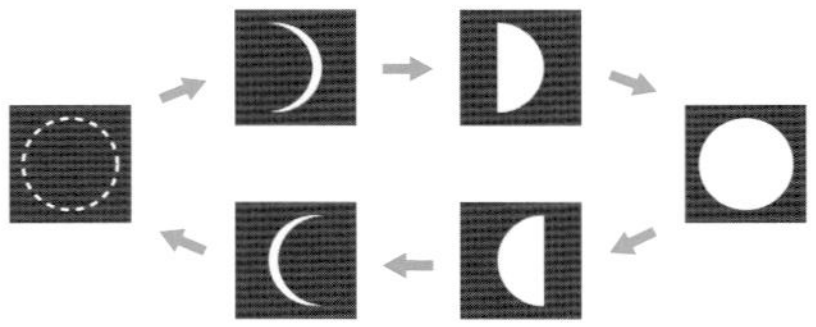

① 月のかがやいている部分のほぼ全体が見えるとき，月の形を何といいますか。

② 月のかがやいている部分が半分ほど見えるとき，月の形を何といいますか。

表面の答え　①太陽の光　②太陽　③クレーター　④位置関係　⑤１か月

6 大地のつくりと変化①　チェックテスト⑥　理科

1 右の図のようにして，地層《ちそう》のでき方を調べる実験をしました。次の問題に答えましょう。

① 水を２回に分けて流しこむと，水そうの中にはどのような層《そう》ができますか。次のア～ウから１つ選びましょう。

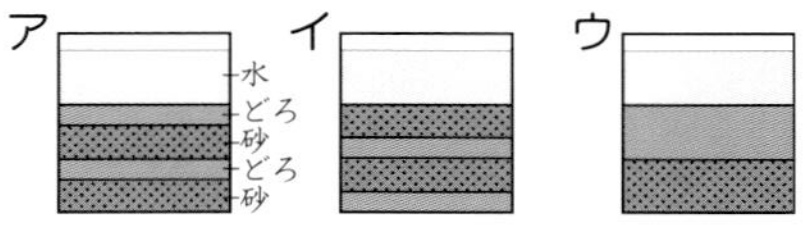

② この実験のように層ができて積もるのは，砂《すな》とどろのつぶの大きさや重さのちがいによって，何がちがうからですか。

2 次の①・②の岩石の名前を，それぞれ答えましょう。

① れきが砂などと混じり固まった岩石

② どろなどの細かいつぶが固まった岩石

表面の答え　①地層　②化石　③大きさ　④岩石　⑤れき岩　⑥砂岩《さがん》

7 大地のつくりと変化②　チェックテスト⑦　理科

1 次の①～⑥の災害は，おもに何によって起きますか。「ふん火」「地震《じしん》」「台風」で，それぞれ答えましょう。

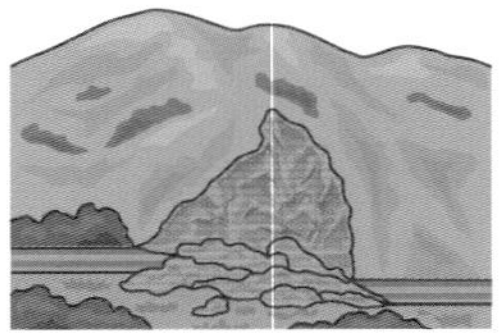

① 火山灰《かざんばい》が積もって，家や建物などがうまってしまう。

② はげしいゆれのため，土砂《どしゃ》くずれが起きる。

③ 強風で木の枝がおれたり，たおされたりする。

④ 強いゆれにより，地面に地割《じわ》れができる。

⑤ 流れ出たよう岩で，川がせき止められ，湖やたきができる。

⑥ 降《ふ》り続いた雨で川の水があふれ，田畑が水にひたってしまう。

表面の答え　①よう岩　②火山灰　③角ばった　④地層《ちそう》　⑤断層《だんそう》

8 ものの燃え方と空気　チェックテスト⑧　理科

1 右の図のように，びんの中でろうそくに火をつけました。次の問題に答えましょう。

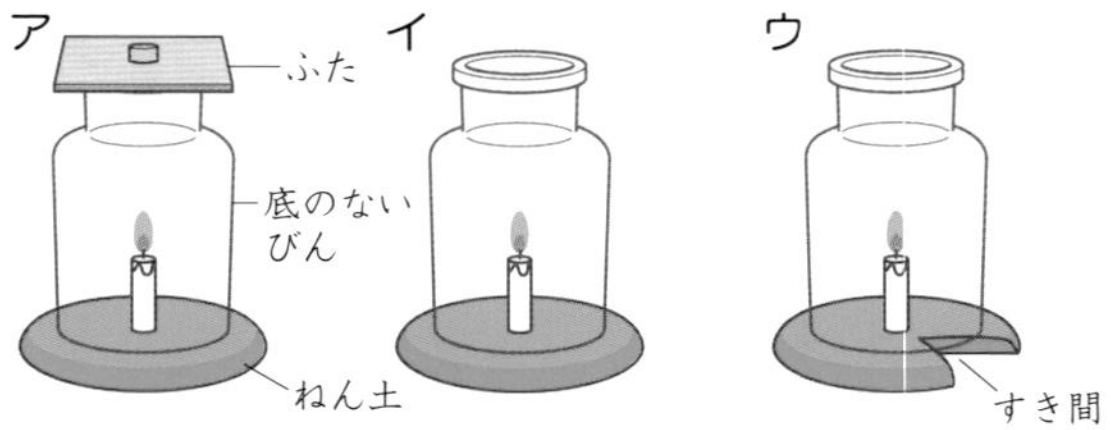

① ろうそくがもっともよく燃え続けるものを，右のア～ウから１つ選びましょう。

② ろうそくが燃える前の空気と，燃えた後の空気を気体検知管で調べると，右の表のようになりました。あといの気体は，それぞれ何ですか。

	燃える前	燃えた後
あの割合《わりあい》	約21%	約17%　減る
いの割合	0.03%～1.0%用　約0.04%	0.5%～8.0%用　増える　約3%

表面の答え　①空気　②酸素　③二酸化炭素　④燃やす　⑤白くにごらせる　⑥ちっ素　⑦酸素

9 てこのはたらき

要点まるごとチェックカード 理科

●てこ

・右の図のようなしくみを，（　①　）といいます。

・てこでは，力点《りきてん》が支点《してん》から遠ざかるほど，手ごたえは（　⑤　）なります。また，作用点《さようてん》が支点に近づくほど，手ごたえは（　⑥　）なります。

●てこのつり合い

・てこのうでをかたむけるはたらきは，「おもりの重さ×（　⑦　）」で表されます。

・支点の左右で，うでをかたむけるはたらきが（　⑧　）とき，てこはつり合います。

裏《うら》面の答え　**1** (くぎぬき)支点：ウ　力点：ア　作用点：イ
(ピンセット)支点：オ　力点：カ　作用点：エ　**2** 4 (の位置)

10 水よう液の性質①

要点まるごとチェックカード 理科

●水よう液の性質

・水よう液は，次の３つに分けることができます。

▶（　①　）性の水よう液…塩酸，炭酸水など

▶（　②　）性の水よう液…食塩水，さとう水など

▶（　③　）性の水よう液…水酸化ナトリウム水よう液，アンモニア水など

●水よう液の性質の調べ方

・リトマス紙は水よう液の性質によって，次のように変化します。

▶青色のリトマス紙が赤色に変化した…水よう液は（　④　）性

▶赤色のリトマス紙が青色に変化した…水よう液は（　⑤　）性

▶青色のリトマス紙も赤色のリトマス紙も変化しなかった…水よう液は（　⑥　）性

裏《うら》面の答え　**1** ①炭酸水：酸性　食塩水：中性　石灰水：アルカリ性
②ア：変化しない　イ：青色になる　ウ：赤色になる　エ：変化しない

11 水よう液の性質②

要点まるごとチェックカード 理科

●水よう液と金属

・うすい塩酸にアルミニウムを入れると，アルミニウムはあわを（　①　）とけます。

・塩酸にアルミニウムがとけた液を少しとって蒸発《じょうはつ》させると，白いものが残ります。この白いものは，塩酸に入れると，あわを（　②　）とけ，水にもとけます。このことから，白いものは，アルミニウムとは（　③　）であることがわかります。

●水よう液にとけているもの

・水よう液には，塩化水素がとけた塩酸や（　④　）がとけた炭酸水のように気体がとけているものと，食塩水や石灰水《せっかいすい》のように（　⑤　）がとけているものがあります。

・固体がとけている水よう液を蒸発させると，（　⑥　）が残ります。気体がとけている水よう液を蒸発させると，何も残りません。

裏《うら》面の答え　**1** ①出ません　②いえません　③あわを出してとけます　**2** 水にとけたから

12 電気の利用

要点まるごとチェックカード 理科

●電気をつくる・ためる

・発電機を使うと，電気を（　①　）ことができます。

・コンデンサーなどを使うと，電気を（　②　）ことができます。

●電気の利用

・電気スタンドなどの照明器具…電気を（　③　）に変えて使っています。

・電気ポット，ヘアードライヤー…電気を（　④　）に変えて使っています。

・CD《シーディー》プレーヤー，ラジオ…電気を（　⑤　）に変えて使っています。

・電熱線に電流を流すと，（　⑥　）が発生します。電熱線が太いほど発熱量が（　⑦　）なります。

・光電池《こうでんち》には，（　⑧　）が当たったときだけ，電流を流すはたらきがあります。

裏《うら》面の答え　**1** ①手回し発電機：電気をつくり出すはたらき
コンデンサー：電気をためるはたらき　②発光ダイオード　**2** 強くする

キリトリ

9 てこのはたらき　チェックテスト⑨　理科

1　右の図のくぎぬきとピンセットについて，それぞれの支点《してん》，力点《りきてん》，作用点《さようてん》を，ア～カから１つずつ選びましょう。

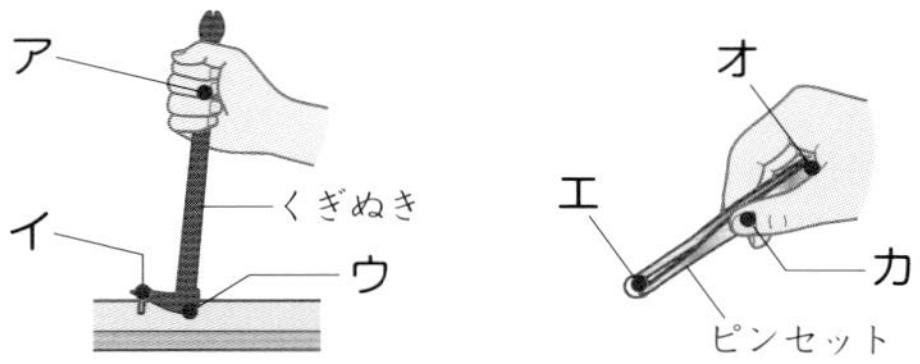

2　右の図のように，実験用てこの左のうでにおもりをつるしました。右のうでに，おもり１個をつるしてつり合わせるには，おもりをどの位置につるせばよいですか。図の１～６から１つ選びましょう。

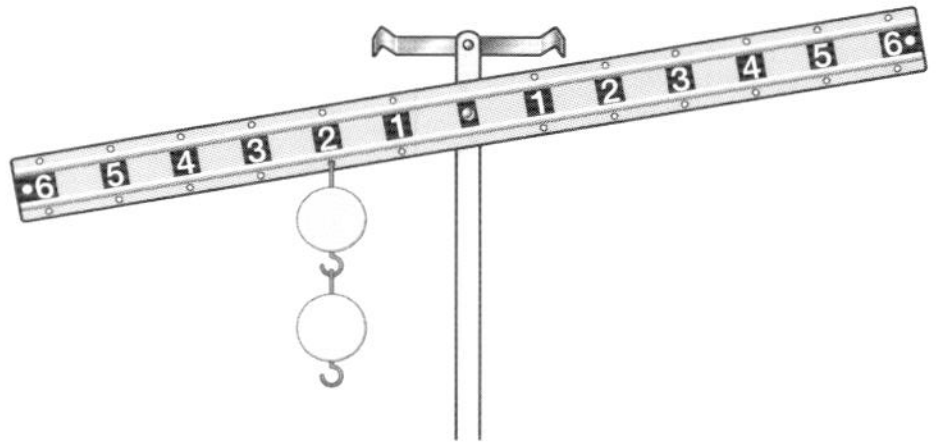

表面の答え　①てこ　②作用点　③力点　④支点　⑤小さく　⑥小さく　⑦支点からのきょり　⑧等しい

キリトリ

10 水よう液の性質①　チェックテスト⑩　理科

1　いろいろな水よう液の性質をリトマス紙で調べました。次の問題に答えましょう。

水よう液	炭酸水	食塩水	アンモニア水
リトマス紙の色の変化	水よう液をつけたガラス棒 青色　青色→赤色 赤色　変化なし	青色　変化なし 赤色　変化なし	青色　変化なし 赤色　赤色→青色

①　右の図の結果から，それぞれの水よう液の性質は何になりますか。

②　右の表の水よう液について，リトマス紙の色の変化ア～エは，それぞれどうなりますか。

水よう液	青色リトマス紙	赤色リトマス紙
水酸化ナトリウム水よう液	ア	イ
塩酸	ウ	エ

表面の答え　①酸　②中　③アルカリ　④酸　⑤アルカリ　⑥中

キリトリ

11 水よう液の性質②　チェックテスト⑪　理科

1　右の図のように，うすい塩酸にアルミニウムを入れると，アルミニウムはあわを出してとけました。この液を蒸発《じょうはつ》させると，白いものが残りました。次の問題に答えましょう。

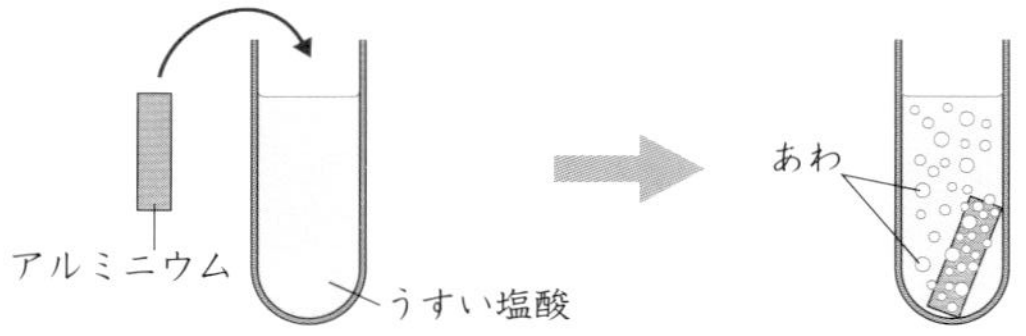

①　残った白いものを塩酸に入れると，あわは出ますか，出ませんか。

②　①から，残った白いものはアルミニウムだといえますか，いえませんか。

③　アルミニウムを水酸化ナトリウム水よう液に入れると，どうなりますか。

2　ペットボトルに水と二酸化炭素を入れふたをして強くふると，容器がへこみました。これは，二酸化炭素がどうなったからですか，答えましょう。

表面の答え　①出して　②出さずに　③別のもの　④二酸化炭素　⑤固体　⑥とけていたもの

キリトリ

12 電気の利用　チェックテスト⑫　理科

1　右の図のように，２つの手回し発電機にコンデンサーをつなぎ，同じ数ずつ回しました。それぞれのコンデンサーに，発光ダイオードと豆電球をつないだところ，発光ダイオードのほうが長く光り続けました。次の問題に答えましょう。

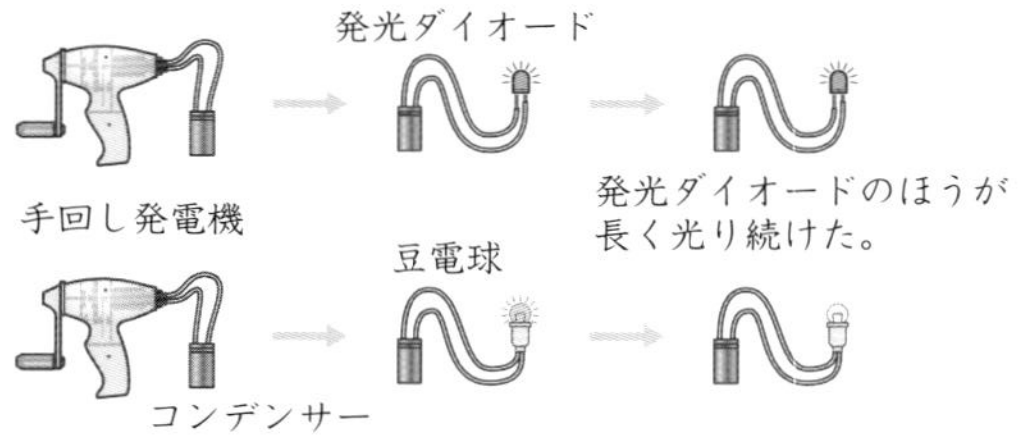

①　手回し発電機とコンデンサーは，それぞれどんなはたらきをするものですか。

②　発光ダイオードと豆電球では，どちらが電気を使う効率がよいといえますか。

2　大きな電流が流れるようにするには，光電池《こうでんち》に当てる光の強さをどうすればよいですか。

表面の答え　①つくり出す　②ためる　③光　④熱　⑤音　⑥熱　⑦大きく　⑧光

←答えはそれぞれのカードの裏にあります。

キリトリ

1 わたしたちのくらしと政治

要点まるごとチェックカード 社会

●日本国憲法《けんぽう》と政治の働き

・日本国憲法には，３つの原則があります。（　①　）の尊重《そんちょう》，国民主権《しゅけん》，戦争はしないという（　②　）主義の３つです。

・国の政治の方向を決めるのは国会《こっかい》の仕事で，国会には（　③　）と参議院《さんぎいん》があります。

・国会で決められた（　④　）や法律《ほうりつ》にもとづいて国の仕事をするのが内閣《ないかく》です。

・裁判所《さいばんしょ》は法律にもとづいて国民の（　⑤　）を守り，問題を解決します。

〈三権分立《さんけんぶんりつ》のしくみ〉

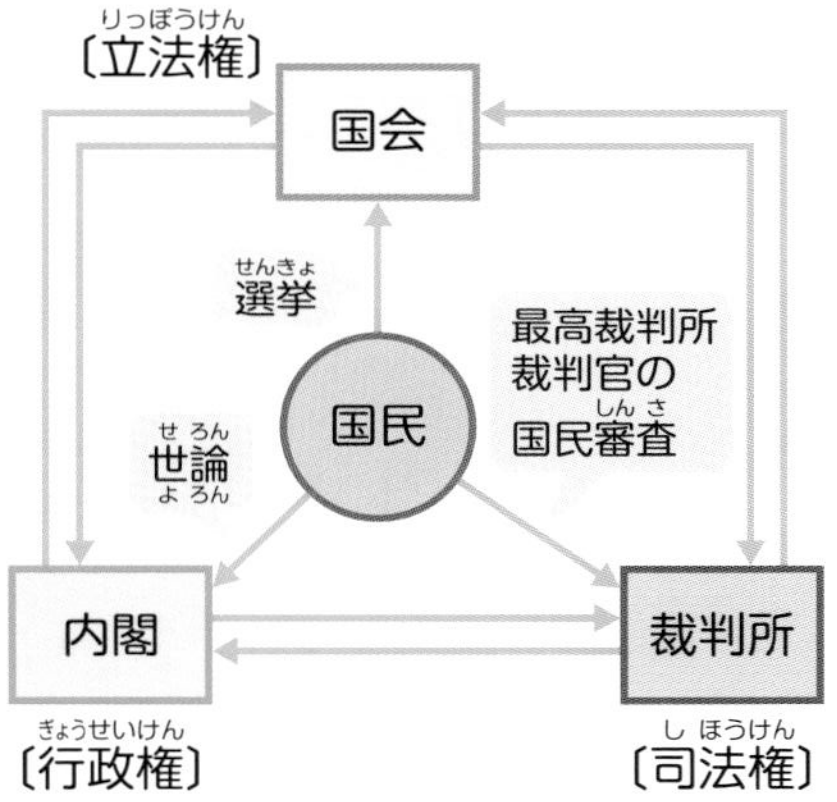

裏《うら》面の答え　**1** ①国会　②内閣　③裁判所　④選挙　⑤国民審査

キリトリ

2 日本の歴史①

要点まるごとチェックカード 社会

●国づくりへの道

・（　①　）づくり（稲作《いなさく》）が始まると，人々は集まって住み，協力するようになりました。

・今も残る巨大《きょだい》な（　②　）は，王や豪族《ごうぞく》が大きな力をもっていたことを示しています。

・５～６世紀になると，九州から東北南部まで（　③　）の支配が広がりました。

・中国や朝鮮《ちょうせん》半島からやってきた（　④　）は，中国の文字である（　⑤　）や仏教のほか，進んだ技術を日本に伝えました。

〈縄文《じょうもん》・弥生《やよい》時代の特ちょう〉

1．縄文時代

・狩猟《しゅりょう》・採集《さいしゅう》生活，たて穴《あな》住居，縄文土器

・三内丸山遺跡《さんないまるやまいせき》（青森《あおもり》県）が有名

2．弥生時代

・米づくり（稲作）・農耕《のうこう》生活，弥生土器，銅鐸《どうたく》

・登呂《とろ》遺跡（静岡《しずおか》県），吉野ヶ里《よしのがり》遺跡（佐賀《さが》県）が有名

裏《うら》面の答え　**1** ①たて穴　②三内丸山　③銅　④登呂　⑤佐賀

キリトリ

3 日本の歴史②

要点まるごとチェックカード 社会

●天皇《てんのう》中心の時代

・７世紀の初め，（　①　）は，十七条《じゅうしちじょう》の憲《けん》法《ぽう》を定めて役人の心構えを示しました。

・中国にならって律令《りつりょう》や制度をつくり，８世紀の初め，国の成り立ちをまとめた『古事記《こじき》』や『（　②　）』を完成させ，天皇中心の国のしくみが整いました。

・（　③　）天皇は都に東大寺《とうだいじ》を建て，（　④　）をつくりました。また，中国から（　⑤　）というすぐれた僧《そう》を招きました。

〈大化《たいか》の改新《かいしん》後の農民の負担《ふたん》〉

・**租《そ》**……稲《いね》の収穫《しゅうかく》高のおよそ３％を納《おさ》める。

・**調《ちょう》**……特産品や織物を納める。

・**庸《よう》**……都で働く代わりに布を納める。

・**雑徭《ぞうよう》**…地方で土木工事をする。

・**兵役《へいえき》**…都や九州を警備《けいび》する。

裏《うら》面の答え　**1** ①３　②特産　③庸　④土木　⑤九州

キリトリ

4 日本の歴史③

要点まるごとチェックカード 社会

●貴族《きぞく》のくらし（平安《へいあん》時代）

・11世紀の初めごろ，藤原《ふじわらの》（　①　）は「もち月の歌」をよむほど大きな力を持っていました。

・貴族は（　②　）造《づくり》とよばれるやしきに住み，和歌やけまりなどを楽しみました。

・このころ，（　③　）文化が生まれました。（　④　）の『源氏物語《げんじものがたり》』や清少納言《せいしょうなごん》の『（　⑤　）』は，かな文字で書かれました。

〈日本風の文化（国風《こくふう》文化）〉

・**大和絵《やまとえ》**……「源氏物語絵巻《げんじものがたりえまき》」など

・**束帯《そくたい》**………男性の正装《せいそう》

・**十二単《じゅうにひとえ》**……宮殿《きゅうでん》での女性の正装

・**ひらがな**…漢字をくずしてつくられたかな文字

・**カタカナ**…漢字の一部を省略してつくられたかな文字

裏《うら》面の答え　**1** ①大和　②束帯　③十二単　④ひらがな　⑤カタカナ

キリトリ

1 わたしたちのくらしと政治　チェックテスト①

1 ①〜⑤の(　　)にあてはまることばを答えましょう。

〈三権分立《さんけんぶんりつ》のしくみ〉

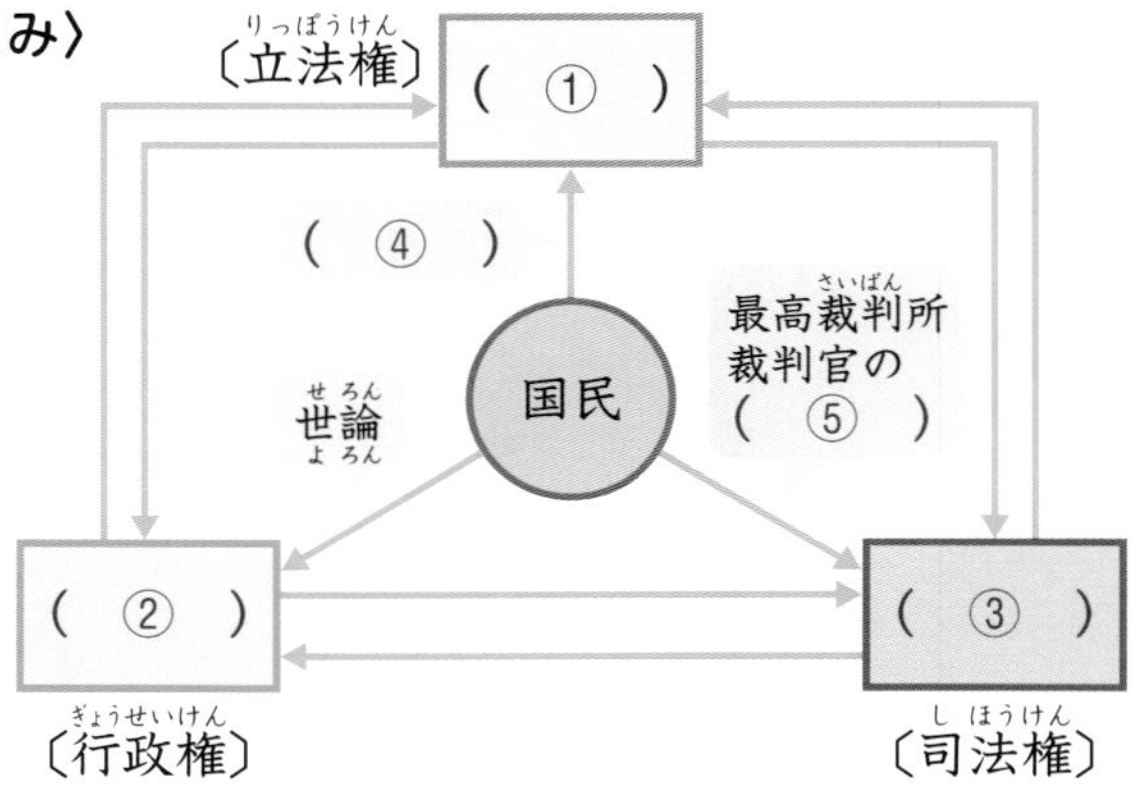

表面の答え　①基本的人権　②平和　③衆議院《しゅうぎいん》　④予算　⑤権利《けんり》

キリトリ

2 日本の歴史①　チェックテスト②

1 ①〜⑤の(　　)にあてはまることばを答えましょう。

〈縄文《じょうもん》・弥生《やよい》時代の特ちょう〉

1. 縄文時代
   - 狩猟《しゅりょう》・採集《さいしゅう》生活，(　①　)住居，縄文土器(厚手で黒っぽい)
   - (　②　)遺跡《いせき》(青森《あおもり》県)が有名
2. 弥生時代
   - 米づくり(稲作《いなさく》)・農耕《のうこう》生活，弥生土器(うす手で赤っぽい)，(　③　)鐸《たく》
   - (　④　)遺跡(静岡《しずおか》県)，吉野ヶ里《よしのがり》遺跡((　⑤　)県)が有名

表面の答え　①米　②古墳《こふん》　③大和政権《やまとせいけん》(大和朝廷《ちょうてい》)　④渡来人《とらいじん》　⑤漢字

キリトリ

3 日本の歴史②　チェックテスト③

1 ①〜⑤の(　　)にあてはまる数字やことばを答えましょう。

〈大化《たいか》の改新《かいしん》後の農民の負担《ふたん》〉

- 租《そ》…稲《いね》の収穫《しゅうかく》高のおよそ(　①　)%を納《おさ》める。
- 調《ちょう》…(　②　)品や織物を納める。
- (　③　)…都で働く代わりに布を納める。
- 雑徭《ぞうよう》…地方の(　④　)工事をする。
- 兵役《へいえき》…都や(　⑤　)を警備《けいび》する。

表面の答え　①聖徳太子《しょうとくたいし》(厩戸王《うまやどのおう》)　②日本書紀《にほんしょき》　③聖武《しょうむ》　④大仏　⑤鑑真《がんじん》

キリトリ

4 日本の歴史③　チェックテスト④

1 ①〜⑤の(　　)にあてはまることばを答えましょう。

〈日本風の文化(国風《こくふう》文化)〉

- (　①　)絵《え》…「源氏物語絵巻《げんじものがたりえまき》」など
- (　②　)……男性の正装《せいそう》
- (　③　)……宮殿《きゅうでん》での女性の正装
- (　④　)……漢字をくずしてつくられたかな文字
- (　⑤　)……漢字の一部を省略してつくられたかな文字

表面の答え　①道長《みちなが》　②寝殿《しんでん》　③日本風の(国風)　④紫式部《むらさきしきぶ》　⑤枕草子《まくらのそうし》

5 日本の歴史④

要点まるごとチェックカード 社会

●武士の世の中(鎌倉《かまくら》時代)

・1192年，源頼朝《みなもとのよりとも》は朝廷《ちょうてい》から武士のかしらである(　①　)に任命《にんめい》されました。

・頼朝が開いた政府を(　②　)幕府《ばくふ》とよんでいます。

・幕府と武士の間は，ご恩《おん》と(　③　)の関係で結ばれていました。

・13世紀には，(　④　)の大軍が2度にわたり(　⑤　)北部にせめこんできました。

〈鎌倉時代の流れ〉

1185年	屋島《やしま》の戦い，壇ノ浦《だんのうら》の戦い
1192年	源頼朝が征夷大将軍《せいいたいしょうぐん》になる
1221年	承久《じょうきゅう》の乱《らん》
1274年，1281年	元寇《げんこう》
1333年	鎌倉幕府がほろぶ

裏面《うら》の答え　**1** ①壇ノ浦　②1192　③元寇　④1333

6 日本の歴史⑤

要点まるごとチェックカード 社会

●今も生きる室町《むろまち》文化

・14世紀中ごろ鎌倉幕府《かまくらばくふ》がたおれ，足利《あしかが》氏が京都に(　①　)幕府を開きました。

・足利義満《よしみつ》の時代には，(　②　)との貿易が行われたほか，日本の文化や芸術が保護されました。

・現在の和室につながる(　③　)造《づくり》は，このころ発達しました。茶の湯や生け花，能《のう》や狂言《きょうげん》が流行し，(　④　)が水墨画《すいぼくが》を大成させました。

・1467年に(　⑤　)の乱《らん》が起き，京都が主な戦場になりました。

〈室町時代の流れ〉

1338年	足利氏が京都に室町幕府を開く
1368年	足利義満が征夷大将《せいいたいしょう》軍《ぐん》になる
1397年	義満が金閣《きんかく》を建てる
1467年	応仁《おうにん》の乱《らん》が起こる
1489年	義政が銀閣《ぎんかく》を建てる

裏面《うら》の答え　**1** ①京都　②征夷大将軍　③金閣　④応仁の乱　⑤銀閣

7 日本の歴史⑥

要点まるごとチェックカード 社会

●戦国の世と天下統一

・15世紀後半から，(　①　)大名が各地に現れ争いました。

・織田信長《おだのぶなが》は室町幕府《むろまちばくふ》をほろぼし，(　②　)教を保護し，自由に商売ができる(　③　)を行いました。しかし，明智光秀《あけちみつひで》におそわれ，本能寺《ほんのうじ》で自害しました。

・豊臣秀吉《とよとみひでよし》は検地《けんち》や刀狩《かたながり》を行い(　④　)と百《ひゃく》姓《しょう》・町人を区別しました。朝廷《ちょうてい》から(　⑤　)に任ぜられ，その後天下を統一しました。

〈信長・秀吉による天下統一の歩み〉

1573年	信長が室町幕府をほろぼす
1575年	信長が長篠《ながしの》の戦いに勝利する
1577年	信長，安土《あづち》城下で商業をさかんにする
1582年	秀吉が検地を始める
1590年	秀吉が天下を統一する
1592年	秀吉，朝鮮《ちょうせん》に大軍を送る(1回目)
1597年	秀吉，朝鮮に大軍を送る(2回目)

裏面《うら》の答え　**1** ①室町　②長篠　③検地　④刀狩　⑤朝鮮

8 日本の歴史⑦

要点まるごとチェックカード 社会

●江戸幕府《えどばくふ》の時代と新しい文化

・豊臣秀吉《とよとみひでよし》死後，徳川家康《とくがわいえやす》は(　①　)の戦いに勝利し全国支配を実現しました。

・3代将軍徳川家光《しょうぐんとくがわいえみつ》は(　②　)を改め，大名《だいみょう》が領地《りょうち》と江戸を行き来する(　③　)の制度を定めました。また，貿易船の出入りを制限するなどの(　④　)を行いました。

・江戸時代末期，(　⑤　)が浦賀《うらが》に来航し，幕府に対して(　⑥　)を求めました。

〈江戸幕府の動きと外国との関係〉

1603年	家康《いえやす》が江戸に幕府を開く
1612年	キリスト教禁止
1641年	鎖国《さこく》の完成
1854年	日米和親条約が結ばれる
1858年	日米修好通商条約が結ばれる
1867年	徳川慶喜《よしのぶ》が政権《せいけん》を朝廷《ちょうてい》に返す(大政奉還《たいせいほうかん》)

裏面《うら》の答え　**1** ①1603　②キリスト　③鎖国　④日米和親　⑤大政奉還

5 日本の歴史④　チェックテスト⑤

1 ①～④の（　　）にあてはまる数字やことばを答えましょう。

〈鎌倉《かまくら》時代の流れ〉

・1185年	屋島《やしま》の戦い，（　①　）の戦い
・（　②　）年	源頼朝《みなもとのよりとも》が征夷大将軍《せいいたいしょうぐん》になる
・1221年	承久《じょうきゅう》の乱《らん》
・1274年，1281年	（　③　）
・（　④　）年	鎌倉幕府《ばくふ》がほろぶ

表面の答え　①征夷大将軍　②鎌倉　③奉公《ほうこう》　④元《げん》　⑤九州

6 日本の歴史⑤　チェックテスト⑥

1 ①～⑤の（　　）にあてはまることばを答えましょう。

〈室町《むろまち》時代の流れ〉

・1338年	足利《あしかが》氏が（　①　）に室町幕府《ばくふ》を開く
・1368年	足利義満《よしみつ》が（　②　）になる
・1397年	義満が（　③　）を建てる
・1467年	（　④　）が起こる
・1489年	足利義政《よしまさ》が（　⑤　）を建てる

表面の答え　①室町　②明《みん》　③書院《しょいん》　④雪舟《せっしゅう》　⑤応仁《おうにん》

7 日本の歴史⑥　チェックテスト⑦

1 ①～⑤の（　　）にあてはまることばを答えましょう。

〈信長《のぶなが》・秀吉《ひでよし》による天下統一の歩み〉

・1573年	織田《おだ》信長が（　①　）幕府《ばくふ》をほろぼす
・1575年	信長が（　②　）の戦いで武田《たけだ》氏に勝利する
・1582年	秀吉が（　③　）を始める
・1588年	秀吉が（　④　）令《れい》を出す
・1590年	秀吉が天下を統一する
・1592年，1597年	秀吉が（　⑤　）にせめこむ

表面の答え　①戦国　②キリスト　③楽市《らくいち》・楽座《らくざ》　④武士　⑤関白《かんぱく》

8 日本の歴史⑦　チェックテスト⑧

1 ①～⑤の（　　）にあてはまる数字やことばを答えましょう。

〈江戸《えど》幕府《ばくふ》の動きと外国の関係〉

・（　①　）年	家康《いえやす》が江戸に幕府を開く
・1612年	（　②　）教禁止
・1641年	（　③　）の完成
・1854年	（　④　）条約が結ばれる
・1858年	日米修好通商条約が結ばれる
・1867年	徳川慶喜《とくがわよしのぶ》が政権を朝廷《ちょうてい》に返す（（　⑤　））

表面の答え　①関ヶ原《せきがはら》　②武家諸法度《ぶけしょはっと》　③参勤交代《さんきんこうたい》　④鎖国《さこく》　⑤ペリー　⑥開国

9 日本の歴史⑧

要点まるごとチェックカード　社会

●開国と近代国家への歩み（明治《めいじ》時代）

・明治維新《いしん》により，生活が西洋風となる（　①　）の時代となりました。

・政府は，強い軍隊をもつ（　②　）と，外国から機械を買い，技師を招いて工業をさかんにする（　③　）を進めました。

・板垣退助《いたがきたいすけ》は国会を開くことを主張し，（　④　）運動が各地に広がりました。また，伊藤博文《いとうひろぶみ》はドイツの憲法《けんぽう》を学んで帰国し，1889年に（　⑤　）が発布されました。

〈世界に歩み出す日本〉

1894年	日清戦争《にっしんせんそう》が始まる
1901年	官営八幡《やはた》製鉄所で生産が始まる
1904年	日露《にちろ》戦争が始まる
1910年	韓国併合《かんこくへいごう》が行われる
1911年	小村寿太郎《こむらじゅたろう》によって条約改正がなされる

裏《うら》面の答え　1 ①日清　②八幡　③日露　④韓国　⑤小村寿太郎

キリトリ

10 日本の歴史⑨

要点まるごとチェックカード　社会

●大正《たいしょう》から昭和《しょうわ》の時代

・1914年，ヨーロッパで（　①　）世界大戦《せかいたいせん》が起き，戦争に加わった日本は戦勝国の1つとなりました。

・民主主義の考えが広まり，1925年には（　②　）才以上の全ての男性に衆議院《しゅうぎいん》の選挙権《せんきょけん》が与えられました。

・1931年に（　③　）事変《じへん》が発生，1941年にはハワイやマレー半島を日本が攻撃《こうげき》して（　④　）戦争が始まりました。1945年8月6日に広島《ひろしま》，9日には長崎《ながさき》に（　⑤　）がアメリカによって落とされ，15日に日本は降伏《こうふく》しました。

〈日中戦争《にっちゅうせんそう》から太平洋《たいへいよう》戦争へ〉

1937年	日中戦争が始まる
1939年	第二次世界大戦が始まる
1941年	日本がハワイの真《しん》珠湾《じゅわん》などを攻撃し，太平洋戦争が始まる
1945年	アメリカが広島と長崎に原子爆弾《ばくだん》を投下，日本が降伏

裏《うら》面の答え　1 ①日中　②第二次　③真珠湾　④アメリカ　⑤長崎

キリトリ

11 平和で豊かな国へ

要点まるごとチェックカード　社会

●戦後の日本

・戦後（　①　）に占領《せんりょう》された日本では，1946年11月3日（　②　）が公布されました。

・1951年，48か国と平和条約を結び，日本は翌年《よくねん》（　③　）を回復しました。

・現在の日本は，子どもの数が少なくなる（　④　）や高齢《こうれい》化，領土や人権《じんけん》に関する課題があります。

〈1960年以降《いこう》の日本の主なできごと〉

1964年	東京オリンピック・パラリンピック
1965年	日韓《にっかん》基本条約が結ばれる
1968年	国民総生産《こくみんそうせいさん》額が世界第2位
1972年	沖縄が返還《へんかん》される
1978年	日中《にっちゅう》平和友好条約が結ばれる
1995年	阪神《はんしん》・淡路《あわじ》大震災《だいしんさい》が起こる
2011年	東日本大震災が起こる

裏《うら》面の答え　1 ①東京　②沖縄　③日中　④阪神・淡路　⑤東日本

キリトリ

12 世界と日本のつながり

要点まるごとチェックカード　社会

●世界の問題と日本の役割《やくわり》

・世界はいくつもの難題《なんだい》をかかえています。地球温暖化《ちきゅうおんだんか》などの（　①　）問題もその1つです。子どもの貧困《ひんこん》も深刻《しんこく》で，（　②　）という国際機関がその解決のために活動しています。

・日本は1956年に（　③　）に加盟《かめい》し，世界のために活動しています。

・青年海外協力隊は，（　④　）（政府開発援助《えんじょ》）による活動の1つです。また，NGO《エヌジーオー》（（　⑤　）組織）による現地に根づいた支援《しえん》も行われています。

〈日本と関係が深い国の例〉

・**アメリカ**…多文化社会を形成する。日本人大リーガーが活躍《かつやく》中。
・**中国《ちゅうごく》**…かつて，この国からさまざまな文化が日本に伝わる。
・**サウジアラビア**…日本はこの国から多くの石油を輸入。イスラム教の聖地《せいち》がある。
・**ブラジル**…多数の日系人《にっけいじん》が住む。熱帯雨林の森林破壊《はかい》が進行している。

裏《うら》面の答え　1 ①アメリカ　②中国　③サウジアラビア　④ブラジル

キリトリ

9 日本の歴史⑧　チェックテスト⑨

1 ①～⑤の（　　）にあてはまることばを答えましょう。

〈世界に歩み出す日本〉

・1894年	（　①　）戦争が始まる
・1901年	官営（　②　）製鉄所で生産が始まる
・1904年	（　③　）戦争が始まる
・1910年	（　④　）併合《へいごう》が行われる
・1911年	（　⑤　）によって条約改正がなされる

表面の答え　①文明開化《ぶんめいかいか》　②富国強兵《ふこくきょうへい》　③殖産興業《しょくさんこうぎょう》　④自由民権《じゆうみんけん》　⑤大日本帝国憲法《ていこくけんぽう》

キリトリ

10 日本の歴史⑨　チェックテスト⑩

1 ①～⑤の（　　）にあてはまることばを答えましょう。

〈日中戦争《にっちゅうせんそう》から太平洋《たいへいよう》戦争へ〉

・1937年	日本軍と中国軍が衝突《しょうとつ》し，（　①　）戦争が始まる
・1939年	（　②　）世界大戦が始まる
・1940年	日独伊《にちどくい》三国同盟《どうめい》が結ばれる
・1941年	日本がハワイの（　③　）などを攻撃《こうげき》し，太平洋戦争が始まる
・1945年	（　④　）が広島《ひろしま》と（　⑤　）に原子爆弾《ばくだん》を投下，日本が降伏《こうふく》

表面の答え　①第一次　②25　③満州《まんしゅう》　④太平洋　⑤原子爆弾（原爆）

キリトリ

11 平和で豊かな国へ　チェックテスト⑪

1 ①～⑤の（　　）にあてはまることばを答えましょう。

〈1960年代以降《いこう》の日本の主なできごと〉

・1964年	（　①　）オリンピック・パラリンピック
・1965年	日韓《にっかん》基本条約が結ばれる
・1972年	（　②　）が返還《へんかん》される
・1978年	（　③　）平和友好条約が結ばれる
・1995年	（　④　）大震災が起こる
・2011年	（　⑤　）大震災が起こる

表面の答え　①連合国　②日本国憲法《けんぽう》　③主権《しゅけん》（独立）　④少子化

キリトリ

12 世界と日本のつながり　チェックテスト⑫

1 ①～④の（　　）にあてはまる国名を答えましょう。

〈日本と関係が深い国の例〉

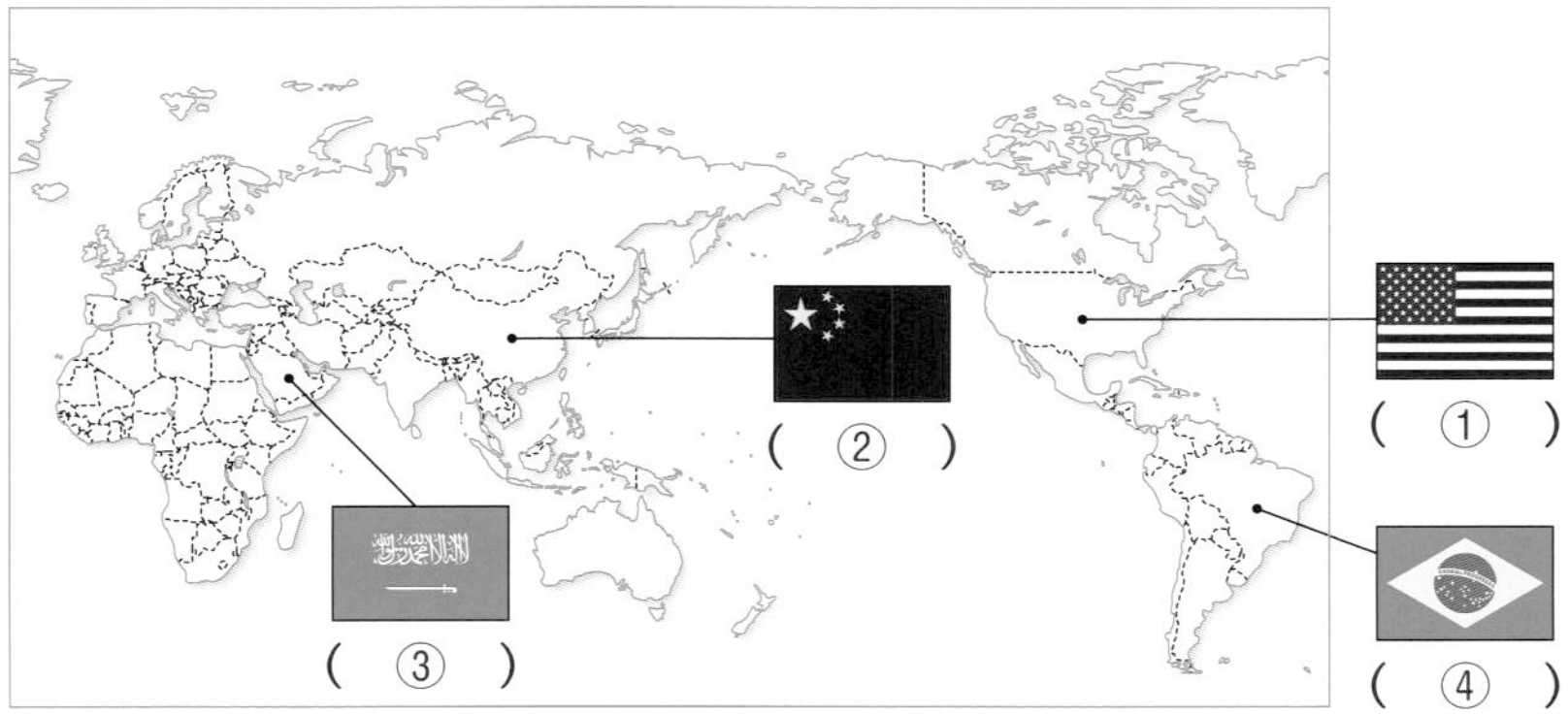

表面の答え　①環境《かんきょう》　②UNICEF《ユニセフ》（国連児童基金）　③国際連合（国連）　④ODA《オーディーエー》
⑤非政府

漢字の書き(1)

学習日　月　日

合格シール
全問正解にできたら合格シールをはろう！

⬅答え合わせをして、答えが合っていたら、ここに**できたシール**をはろう。

1 できたシール 〈「はね・はらい」に注意して、正しく漢字が書ける〉

□に漢字を書きましょう。

(1) □《そう》立者《りつしゃ》の□《おん》人《じん》。

(2) □《むね》や、□□《いちょう》の検査。

(3) □《こう》鉄《てつ》に光が反《はん》□《しゃ》する。

(4) □《まど》の閉《し》め□《わす》れに注意する。

(5) □《だん》々畑《だんばたけ》で□《こく》物《もつ》を育てる。

(6) 古くなった□《つくえ》を□《しょ》分《ぶん》する。

(7) □《はい》色《いろ》の高《こう》□《そう》ビル。

2 できたシール 〈送りがなに注意することばを、漢字と送りがなで正しく書ける〉

——のことばを、（　）に漢字と送りがなで書きましょう。

(1) あぶない場所には近づかない。（　　）

(2) 雨が続いてこまる。（　　）

(3) 結論《けつろん》にいたるまでの経過。（　　）

(4) 白い布を青くそめる。（　　）

(5) まちがいをみとめる。（　　）

(6) 要求をしりぞける。（　　）

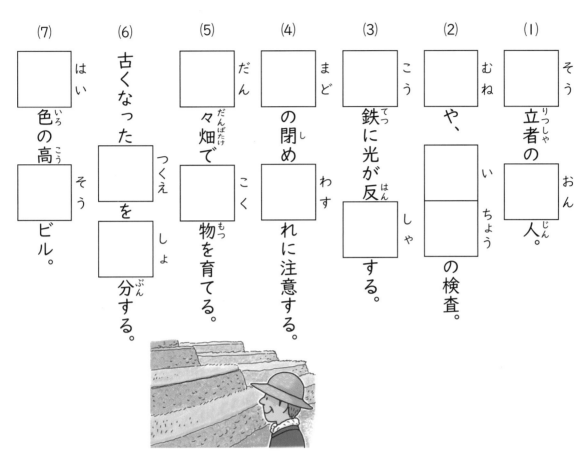

2回 漢字の書き(2)

学習日　　月　　日

合格シール
全問正解にできたら合格シールをはろう！

1 できたシール

〈「点があるかないか」、「とめ・はね」に注意して、正しく漢字が書ける〉

□に漢字を書きましょう。

(1) 太陽《たいよう》□《けい》の星の動き。

(2) □□《ひみつ》を□《も》りこんだ物語。

(3) □《しょう》来《らい》、果《か》□《じゅ》園《えん》を経営したい。

(4) □《われ》先《さき》に□□《こうちゃ》を飲む。

(5) □《し》鉄《てつ》の路線が□《かく》大《だい》される。

(6) □《おさな》い子供《こども》が□《じ》石《しゃく》で遊んでいる。

(7) □《き》重《ちょう》な国の文化《ぶんか》□《い》産《さん》。

2 できたシール

〈送りがなに注意することばを、漢字と送りがなで正しく書ける〉

――のことばを、（　）に漢字と送りがなで書きましょう。

(1) 読みたかった本をさがす。（　　）

(2) いらない物をすてる。（　　）

(3) 雨がはげしく降《ふ》る。（　　）

(4) 銀行にお金をあずける。（　　）

(5) 雲の間から太陽が姿《すがた》をあらわす。（　　）

(6) 法律《ほうりつ》にもとづき罪をさばく。（　　）

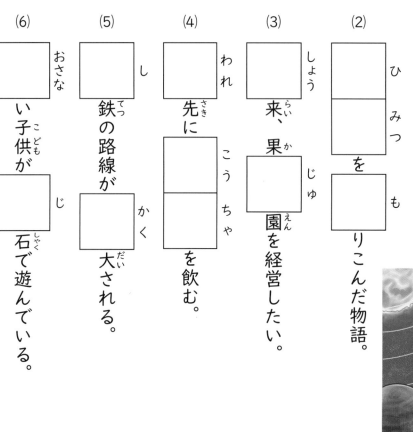

←ていねいに引っぱってください。取りはずせます。

くもんの小学 6 年生の総復習ドリル

答えとポイント

＋

［ 最終チェック問題 ］

国語・算数

＋

［ 先取りドリル ］

- 中学数学…21～18ページ
- 中学国語…15～17ページ

❶ 答えが合っていたら，「できたシール」をはりましょう。

答えが合っていたら，まるをつけ，問題のところに「できたシール」（小さいシール）をはりましょう。（シールだけはってもよいです。）

❷ まちがえたら，ポイントを読んで，正しく直しましょう。

まちがえたところは，ポイントをよく読んで，もう一度やってみましょう。
英語は，読まれた英語（訳《やく》）で音声の英文とその訳《やく》がわかります。
英文の内容を確認《かくにん》しましょう。
正しく直せたら「できたシール」をはりましょう。

❸ 全問正解になったら，「合格シール」をはりましょう。

「できたシール」を全部はれたら，
ページの上に「合格シール」（大きいシール）をはりましょう。
ページ全体に大きなまるをつけてから，シールをはってもよいです。

❹ 算数と国語は，最終チェックで最後のおさらいをしましょう。

まちがえたところや，自信のないところは，最終チェックの問題を解いて，
最後のおさらいをしましょう。答えは「答えとポイント」の最後にあります。

英語の注意点

- なぞり書きや書き写すところは，答えを省略しています。

算数の注意点

- 〔 〕は，ほかの答え方や，式のたて方です。

英語 1 復習

アルファベット　64ページ

②
A B C D E F G
H I J K L M N
O P Q R S T U
V W X Y Z

③
a b c d e f g
h i j k l m n
o p q r s t u
v w x y z

ポイント できなかったら，ここを読んで直そう！

③ 上に出るb，d，f，h，k，l，tや，下に出るg，j，p，q，yなどに注意しましょう。

英語 2 英語の文

I'm Kaito. I'm from Tokyo.　63ページ

① (1)ア　(2)イ　(3)ア　(4)ア

② (1) I like　(2) Aomori

③ (1) I'm Yoko.

(2) I'm good at skiing.

読まれた英語（訳《やく》）

① (1) I'm Satoshi. I'm from Osaka.
（わたしはサトシです。わたしは大阪《おおさか》出身です。）
(2) I'm Miku. I live in Hokkaido.
（わたしはミクです。わたしは北海道《ほっかいどう》に住んでいます。）
(3) I'm Shun. I like ice cream.
（わたしはシュンです。わたしはアイスクリームが好きです。）
(4) I'm Haruna. I'm good at swimming.
（わたしはハルナです。わたしは水泳が得意です。）

② (1) I like badminton.
（わたしはバドミントンが好きです。）
(2) I'm from Aomori.
（わたしは青森《あおもり》出身です。）

③ (1) I'm Yoko.　（わたしはヨウコです。）
(2) I'm good at skiing.
（わたしはスキーが得意です。）

ポイント

❶ (1)は出身地，(2)は住んでいる場所を言っています。地名に注意して聞きましょう。

(3)好きなものを言っています。何が好きと言っているかに注意して聞きましょう。

❷ (1)「わたし」を表すIはいつも大文字にしましょう。

(2)地名は最初の文字を大文字にしましょう。

❸ (1)名前は最初の文字を大文字にしましょう。また，文の終わりにはピリオド（.）をつけます。

英語の文

英語 3 What do you do on Sundays?

62ページ

❶ (1)イ　(2)ア　(3)エ　(4)ウ

❷ (1) What　(2) study

❸ (1) What do you do on Fridays?

(2) I go shopping.

読まれた英語（訳《やく》）

❶ (1) What do you do on Sundays?
— I clean my room.
（あなたは日曜日に何をしますか。—わたしは自分のへやをそうじします。）

(2) What do you do on Tuesdays?
— I read a book.
（あなたは火曜日に何をしますか。—わたしは本を読みます。）

(3) What do you do on Mondays?
— I study math.
（あなたは月曜日に何をしますか。—わたしは算数を勉強します。）

(4) What do you do on Saturdays?
— I play baseball.
（あなたは土曜日に何をしますか。—わたしは野球をします。）

❷ (1) What do you do on Mondays?
— I listen to music.
（あなたは月曜日に何をしますか。—わたしは音楽を聞きます。）

(2) What do you do on Thursdays?
— I study English.
（あなたは木曜日に何をしますか。—わたしは英語を勉強します。）

❸ (1) What do you do on Fridays?
（あなたは金曜日に何をしますか。）

(2) I go shopping.
（わたしは買い物に行きます。）

ポイント

❶ 何曜日に何をするかをたずねる文と，答える文です。曜日と，絵の人がしていることに注意して聞きましょう。

❸ (1)曜日は最初の文字を大文字にしましょう。

英語の文

英語 4 This is Shota. Who is he?

61ページ

❶ (1)ア　(2)イ　(3)ア　(4)イ

❷ (1) She is　(2) He is

❸ (1) She is my sister.

(2) She is good at tennis.

読まれた英語（訳《やく》）

❶ (1) This is Yuto. He is a soccer player.
（こちらはユウトです。かれはサッカー選手です。）

(2) This is Hana. She is a police officer.
（こちらはハナです。かのじょは警察官《けいさつかん》です。）

(3) Who is she?
— She is Rio. She is a florist.
（かのじょはだれですか。—かのじょはリオです。かのじょは花屋です。）

(4) Who is that boy?
— He is Kaito. He is from Kyoto.
（あの男の子はだれですか。—かれはカイトです。かれは京《きょう》都《と》出身です。）

❷ (1) This is Miyu. She is my sister.
（こちらはミユです。かのじょはわたしの妹［姉］です。）

(2) Who is he? — He is Akira. He is a cook.
（かれはだれですか。—かれはアキラです。かれは料理人です。）

❸ This is Ayami. (1) She is my sister.
(2) She is good at tennis.
（こちらはアヤミです。(1)かのじょはわたしの姉です。(2)かのじょはテニスが得意です。）

ポイント

❶ 人をしょうかいする文です。(1)～(3)は職業などを表す英語に注意して聞きましょう。

(4)He is from ～.は「かれは～出身です。」という意味です。

❷ SheとHeの区別に注意して選びましょう。

❸ 絵の女の子をしょうかいする文です。(2)は女の子が得意なものを言っています。

英語の文

英語 5 I want to go to India. 60ページ

1 (1)イ　(2)イ　(3)ア　(4)イ

2 (1) want　(2) see

3 (1) Where do you want to go?

(2) I want to go to Canada.

読まれた英語（訳《やく》）

1 (1) Where do you want to go?
— I want to go to the U.K.
（あなたはどこへ行きたいですか。—わたしはイギリスへ行きたいです。）

(2) Why do you want to go to India?
— I want to eat curry.
（あなたはなぜインドへ行きたいのですか。—わたしはカレーを食べたいです。）

(3) Where do you want to go?
— I want to go to China.
（あなたはどこへ行きたいですか。—わたしは中国へ行きたいです。）

(4) Why do you want to go to Italy?
— I want to eat pizza.
（あなたはなぜイタリアへ行きたいのですか。—わたしはピザを食べたいです。）

2 (1) I want to go to Australia.
（わたしはオーストラリアへ行きたいです。）

(2) I want to see a lake.
（わたしは湖を見たいです。）

3 (1) Where do you want to go?
（あなたはどこへ行きたいですか。）

(2) I want to go to Canada.
（わたしはカナダへ行きたいです。）

ポイント

1 (1)(3)行きたい場所をたずねる文と，行きたい国を答える文です。国の名前に注意して聞きましょう。

(2)(4)なぜその国に行きたいかをたずねる文と，答える文です。したいことに注意して聞きましょう。

3 (2)国の名前は最初の文字を大文字にしましょう。

英語の文

英語 6 What do you have in summer? 59ページ

1 (1)イ　(2)ア　(3)イ　(4)イ

2 (1) We have

(2) summer

3 (1) What do you have in January?

(2) We have New Year's Day.

読まれた英語（訳《やく》）

1 (1) What do you have in summer?
— We have the fireworks festival.
（あなたたちは夏に何がありますか。—わたしたちは花火大会があります。）

(2) What do you have in winter?
— We have the mochi making festival.
（あなたたちは冬に何がありますか。—わたしたちはもちつき大会があります。）

(3) What do you have in April?
— We have our entrance ceremony.
（あなたたちは４月に何がありますか。—わたしたちは入学式があります。）

(4) What do you have in September?
— We have our school trip.
（あなたたちは９月に何がありますか。—わたしたちは修学旅行があります。）

2 (1) We have Children's Day in May.
（わたしたちは５月にこどもの日があります。）

(2) We have our swimming meet in summer.
（わたしたちは夏に水泳大会があります。）

3 (1) What do you have in January?
（あなたたちは１月に何がありますか。）

(2) We have New Year's Day.
（わたしたちは元日があります。）

ポイント

1 季節や月に何があるかたずねる文と，行事などを答える文です。行事名に注意して聞きましょう。

(3)(4)月名にも注意して聞きましょう。

3 (1)月の名前は最初の文字を大文字にしましょう。

英語の文

英語 7 I went to the zoo. 58ページ

① (1)ウ　(2)エ　(3)イ　(4)ア

② (1) did you　(2) saw

③ (1) I went to Okinawa.

(2) I enjoyed swimming.

読まれた英語（訳《やく》）

① (1) I went to the mountains. I enjoyed camping.
（わたしは山へ行きました。わたしはキャンプを楽しみました。）

(2) I went to the zoo. I saw a panda.
（わたしは動物園へ行きました。わたしはパンダを見ました。）

(3) Did you enjoy fishing? — Yes, I did.
（あなたはつりを楽しみましたか。—はい，楽しみました。）

(4) What did you do? — I ate a hamburger.
（あなたは何をしましたか。—わたしはハンバーガーを食べました。）

② (1) What did you do? — I went to Kyoto.
（あなたは何をしましたか。—わたしは京都《きょうと》へ行きました。）

(2) What did you see? — I saw temples.
（あなたは何を見ましたか。—わたしはお寺を見ました。）

③ (1) I went to Okinawa.
（わたしは沖縄《おきなわ》へ行きました。）

(2) I enjoyed swimming.
（わたしは水泳を楽しみました。）

ポイント

① 過去にしたことを言っています。何をしたのかに注意して聞きましょう。

(1)(2)行った場所と，そこで楽しんだことや見たものを言っています。

(3)相手がしたことについてたずねる文と，答える文です。

(4)相手が何をしたかをたずねる文と，答える文です。何をしたかに注意して聞きましょう。

英語の文

英語 8 It was delicious. 57ページ

① (1)ア　(2)ウ　(3)イ　(4)エ

② (1) field trip　(2) It was

③ (1) I enjoyed dancing.

(2) It was fun.

読まれた英語（訳《やく》）

① (1) I played soccer. It was fun.
（わたしはサッカーをしました。それは楽しかったです。）

(2) I ate ice cream. It was delicious.
（わたしはアイスクリームを食べました。それはおいしかったです。）

(3) I went to Osaka. It was exciting.
（わたしは大阪《おおさか》へ行きました。それはわくわくしました。）

(4) I saw a temple. It was interesting.
（わたしはお寺を見ました。それは興味深かったです。）

② (1) My best memory is our field trip.
（わたしの一番の思い出は遠足です。）

(2) It was exciting.
（それはわくわくしました。）

③ My best memory is our school festival.
(1) I enjoyed dancing.　(2) It was fun.
（わたしの一番の思い出は文化祭です。(1)わたしはダンスを楽しみました。(2)それは楽しかったです。）

ポイント

① 過去にしたことと，その感想を言っています。何をしたのかに注意して聞きましょう。(1)はしたスポーツ，(2)は食べたもの，(3)は行った場所，(4)は見たものについて言っています。

③ 小学校の一番の思い出について言っています。

英語の文

英語 9 I want to be a tennis player. 56ページ

① (1)イ　(2)イ　(3)ア　(4)イ

② (1) want　(2) farmer

③ (1) What do you want to be?

(2) I want to be a scientist.

読まれた英語（訳《やく》）

① (1) What do you want to be?
— I want to be a teacher.
（あなたは何になりたいですか。—わたしは先生になりたいです。）

(2) What do you want to be?
— I want to be a fire fighter.
（あなたは何になりたいですか。—わたしは消防士になりたいです。）

(3) What do you want to be?
— I want to be a nurse.
（あなたは何になりたいですか。—わたしは看護師《かんごし》になりたいです。）

(4) What do you want to be?
— I want to be a musician.
（あなたは何になりたいですか。—わたしは音楽家になりたいです。）

2 (1) I want to be a baker.
（わたしはパン屋になりたいです。）

(2) I want to be a farmer.
（わたしは農家になりたいです。）

3 (1) What do you want to be?
（あなたは何になりたいですか。）

(2) I want to be a scientist.
（わたしは科学者になりたいです。）

ポイント

1 なりたい職業をたずねる文と，答える文です。職業を表す英語に注意して聞きましょう。

英語　しあげテスト　55ページ

1 (1)イ　(2)イ　(3)イ　(4)ア

2 (1) She is my sister.

(2) She is a designer.

3 (1) I play the guitar.

(2) I want to be a musician.

読まれた英語（訳《やく》）

1 (1) What do you have in summer?
— We have Star Festival.
（あなたたちは夏に何がありますか。—わたしたちは七夕祭りがあります。）

(2) I'm Rio. I went to the sea. I enjoyed swimming.
（わたしはリオです。わたしは海へ行きました。わたしは水泳を楽しみました。）

(3) Where do you want to go?
— I want to go to France.
（あなたはどこへ行きたいですか。—わたしはフランスへ行きたいです。）

(4) My best memory is our field trip. I went to the zoo. I saw a panda.
（わたしの一番の思い出は遠足です。わたしは動物園へ行きました。わたしはパンダを見ました。）

2 This is Aoi. (1) She is my sister.
(2) She is a designer.
（こちらはアオイです。(1)かのじょはわたしの姉です。(2)かのじょはデザイナーです。）

3 (1) What do you do on Saturdays?
— I play the guitar.
（あなたは土曜日に何をしますか。—わたしはギターをひきます。）

(2) What do you want to be?
— I want to be a musician.
（あなたは何になりたいですか。—わたしは音楽家になりたいです。）

ポイント

1 (1)夏に何があるかたずねる文と，行事を答える文です。
(2)行った場所と，そこで楽しんだことを言っています。
(3)行きたい場所をたずねる文と，行きたい国を答える文です。
(4)一番の思い出を言っています。

2 絵の女の人をしょうかいする文です。(1)は自分との関係，(2)は職業を言っています。

3 (1)土曜日にすることをたずねる文と，答える文です。
(2)なりたい職業をたずねる文と，答える文です。

算数 1 計算

分数のかけ算とわり算

54ページ

1 ① $\frac{6}{7}$　② $\frac{10}{11}$　③ $1\frac{1}{5}\left[\frac{6}{5}\right]$　④ $1\frac{1}{8}\left[\frac{9}{8}\right]$

2 ① $\frac{3}{4}$　② $2\frac{2}{3}\left[\frac{8}{3}\right]$　③ 1　④ $7\frac{1}{3}\left[\frac{22}{3}\right]$

3 ① $\frac{3}{14}$　② $\frac{4}{27}$　③ $\frac{7}{72}$　④ $\frac{3}{20}$

4 ① $\frac{3}{10}$　② $\frac{1}{14}$　③ $\frac{2}{9}$　④ $\frac{3}{22}$

ポイント できなかったら，ここを読んで直そう！

● **1** **2** 分数×整数は，分子に整数をかけます。計算のとちゅうで約分できるときは，約分してから計算します。

1 ① $\frac{2}{7}\times3=\frac{2\times3}{7}=\frac{6}{7}$

2 ① $\frac{3}{8}\times2=\frac{3\times\cancel{2}^{1}}{\cancel{8}_{4}}=\frac{3}{4}$

● **3** **4** 分数÷整数は，分母に整数をかけます。

3 ① $\frac{3}{7}\div2=\frac{3}{7\times2}=\frac{3}{14}$

4 ① $\frac{9}{10}\div3=\frac{\cancel{9}^{3}}{10\times\cancel{3}_{1}}=\frac{3}{10}$

最終チェック1

ここで最後のおさらい！

1 次の計算をしましょう。

① $\frac{2}{9}\times4=$　② $\frac{5}{6}\times4=$

③ $\frac{3}{8}\div2=$　④ $\frac{6}{7}\div8=$

答えは24ページ

算数 2 計算

分数のかけ算

53ページ

1 ① $\frac{2}{21}$　② $1\frac{1}{15}\left[\frac{16}{15}\right]$

2 ① $\frac{5}{16}$　② $\frac{20}{21}$

3 ① $\frac{2}{9}$　② 2

4 ① $1\frac{1}{7}\left[\frac{8}{7}\right]$

② $5\frac{1}{3}\left[\frac{16}{3}\right]$

5 ① $\frac{7}{90}$　② $\frac{5}{28}$

6 (順に)① $\frac{2}{7}$，$\frac{4}{21}$

② $\frac{1}{4}$，$\frac{1}{8}$，$\frac{1}{3}$

7 ① $<$　② $>$

ポイント

● **1**〜**5** 分数のかけ算では，分母どうし，分子どうしをかけます。帯分数は，仮分数にしてから計算します。

1 ② $1\frac{1}{3}\times\frac{4}{5}=\frac{4}{3}\times\frac{4}{5}=\frac{4\times4}{3\times5}=\frac{16}{15}=1\frac{1}{15}$

2 ① $\frac{3}{8}\times\frac{5}{6}=\frac{\cancel{3}^{1}\times5}{8\times\cancel{6}_{2}}=\frac{5}{16}$

3 ② $1\frac{2}{11}\times1\frac{9}{13}=\frac{13}{11}\times\frac{22}{13}=\frac{\cancel{13}^{1}\times\cancel{22}^{2}}{\cancel{11}_{1}\times\cancel{13}_{1}}=2$

5 ② $\frac{4}{7}\times\frac{5}{6}\times\frac{3}{8}=\frac{\cancel{4}^{1}\times5\times\cancel{3}^{1}}{7\times\cancel{6}_{2}\times\cancel{8}_{2}}=\frac{5}{28}$

6 ② $\frac{8}{9}\times\left(\frac{1}{4}+\frac{1}{8}\right)=\frac{8}{9}\times\frac{1}{4}+\frac{8}{9}\times\frac{1}{8}$
$=\frac{\cancel{8}^{2}\times1}{9\times\cancel{4}_{1}}+\frac{\cancel{8}^{1}\times1}{9\times\cancel{8}_{1}}=\frac{2}{9}+\frac{1}{9}=\frac{\cancel{3}^{1}}{\cancel{9}_{3}}=\frac{1}{3}$

7 1より小さい分数をかけると，積はかけられる数より小さくなります。

最終チェック2

1 次の計算をしましょう。

① $\frac{2}{7}\times\frac{3}{4}=$　② $\frac{3}{5}\times1\frac{1}{9}=$

③ $\frac{5}{9}\times\frac{3}{4}\times\frac{2}{5}=$

算数 3 計算

分数のわり算

52ページ

1 ① $2\frac{2}{5}\left[\frac{12}{5}\right]$　② $2\frac{11}{12}\left[\frac{35}{12}\right]$

2 ① $1\frac{3}{7}\left[\frac{10}{7}\right]$　② $\frac{15}{28}$

3 ① $1\frac{1}{2}\left[\frac{3}{2}\right]$　② $\frac{3}{4}$

4 ① $6\frac{2}{3}\left[\frac{20}{3}\right]$　② $9\frac{1}{3}\left[\frac{28}{3}\right]$

5 ① $1\frac{3}{4}\left[\frac{7}{4}\right]$　② $\frac{20}{27}$

6 ① $\frac{7}{10}$　② $1\frac{1}{3}\left[\frac{4}{3}\right]$

7 ① $\frac{3}{10}$　② $\frac{1}{24}$

8 ① $>$　② $<$

ポイント

● **1**〜**5** 分数のわり算では，わる数の分母と分子を入れかえた数をかけます。帯分数は仮分数に，小数は分数になおして計算します。

1 ② $1\frac{1}{6}\div\frac{2}{5}=\frac{7}{6}\div\frac{2}{5}=\frac{7}{6}\times\frac{5}{2}=\frac{35}{12}=2\frac{11}{12}$

② ①　$\frac{4}{7}\div\frac{2}{5}=\frac{4}{7}\times\frac{5}{2}=\frac{\overset{2}{\cancel{4}}\times5}{7\times\underset{1}{\cancel{2}}}=\frac{10}{7}=1\frac{3}{7}$

④ ①　$5\div\frac{3}{4}=5\times\frac{4}{3}=\frac{20}{3}=6\frac{2}{3}$

⑤ ①　$0.7\div\frac{2}{5}=\frac{7}{10}\div\frac{2}{5}=\frac{7}{10}\times\frac{5}{2}=\frac{7\times\overset{1}{\cancel{5}}}{\underset{2}{\cancel{10}}\times2}$

$=\frac{7}{4}=1\frac{3}{4}$

⑥ ①　$\frac{3}{5}\div\frac{4}{7}\times\frac{2}{3}=\frac{3}{5}\times\frac{7}{4}\times\frac{2}{3}=\frac{\overset{1}{\cancel{3}}\times7\times\overset{1}{\cancel{2}}}{5\times\underset{2}{\cancel{4}}\times\underset{1}{\cancel{3}}}=\frac{7}{10}$

⑧ 1より小さい分数でわると，商はわられる数より大きくなります。

④ 平行四辺形は点対称《てんたいしょう》ですが線対称《せんたいしょう》ではありません。正三角形は線対称《せんたいしょう》ですが点対称《てんたいしょう》ではありません。

最終チェック3

1 次の計算をしましょう。

①　$\frac{3}{8}\div\frac{1}{4}=$

②　$1\frac{2}{7}\div1\frac{1}{14}=$

③　$0.4\div\frac{4}{7}=$

最終チェック4

1 下の図は，①が線対称《せんたいしょう》な図形，②が点対称《てんたいしょう》な図形です。①に対称《たいしょう》の軸《じく》，②に対称《たいしょう》の中心O《オー》をかき入れましょう。（定規を使ってもかまいません。）

①

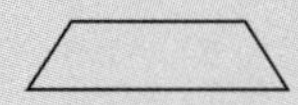

②

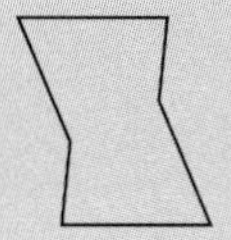

算数 4 図形

線対称《せんたいしょう》と点対称《てんたいしょう》

51ページ

① ①点F　②辺FE　③角D

② ①点D　②辺EF　③角C

③ ①

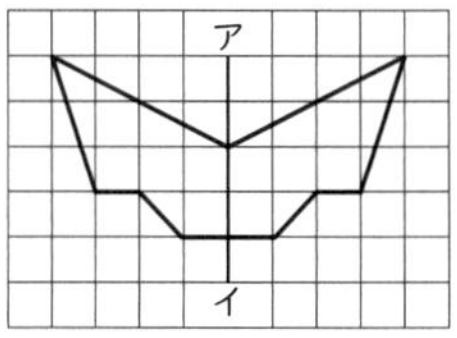

②

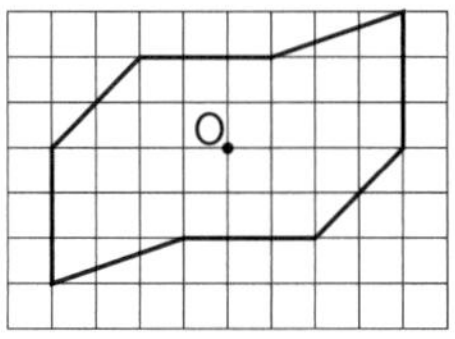

④ ㋐，㋒

ポイント

- **①** 線対称《せんたいしょう》な形では，対称《たいしょう》の軸《じく》を折り目にして，二つ折りにしたとき，重なりあう点，辺，角を，対応する点，対応する辺，対応する角といいます。
- **②** 点O《オー》を中心に180°回転させると，もとの形にぴったり重なるとき，点対称《てんたいしょう》な形といいます。

③ ①　それぞれの頂点《ちょうてん》から対称《たいしょう》の軸《じく》アイに垂直《すいちょく》な直線をひく。→対応する頂点《ちょうてん》を決める。→頂点《ちょうてん》を順に結ぶ。

②　それぞれの頂点《ちょうてん》と対称《たいしょう》の中心O《オー》を通る直線をひく。→対応する頂点《ちょうてん》を決める。→頂点《ちょうてん》を順に結ぶ。

算数 5 図形

拡大《かくだい》図《ず》と縮《しゅく》図《ず》

50ページ

① ①㋘　②㋓

② ①2倍　②4cm　③70°

③ （右の図）

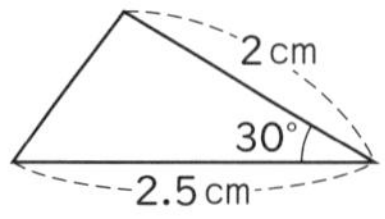

④ （右の図）

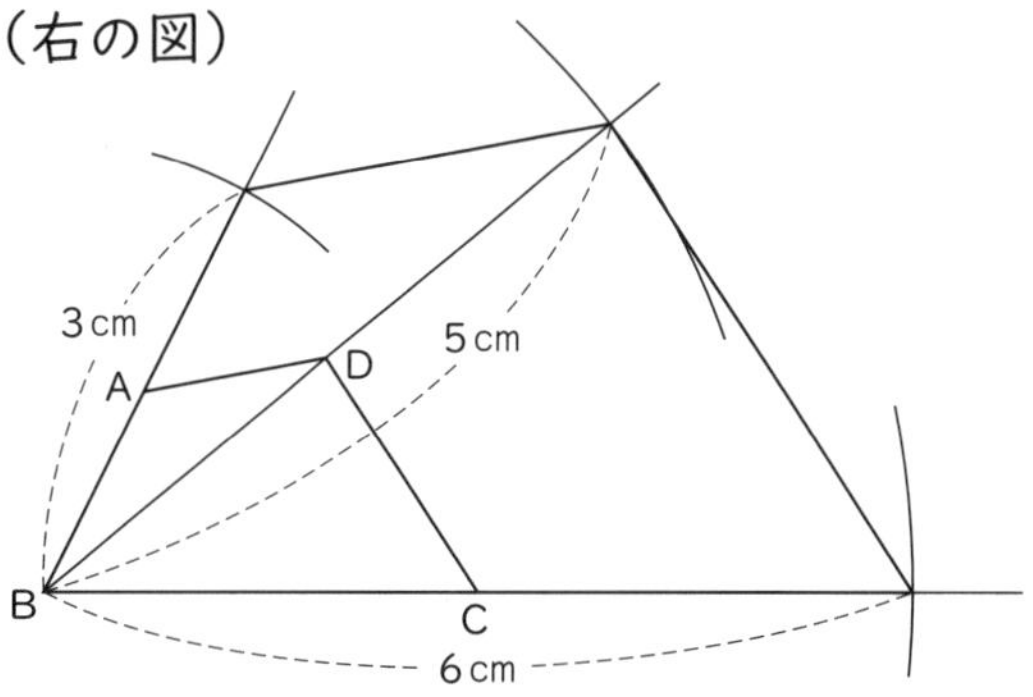

ポイント

① もとの図と同じ形で，対応する辺の長さがどれも2倍になっている図を2倍の拡大《かくだい》図《ず》といいます。また，対応する辺の長さが$\frac{1}{3}$になっている図を$\frac{1}{3}$の縮《しゅく》図《ず》といいます。

② ①　辺DFの長さが，対応する辺ACの2倍になっているので，2倍の拡大《かくだい》図《ず》です。

②　対応する辺ABの長さの2倍です。

③　拡大《かくだい》図《ず》・縮《しゅく》図《ず》では，対応する角の大きさはすべて同じです。角Dに対応する角は角Aで，70°です。

③ 辺の長さをそれぞれ$\frac{1}{2}$にします。

④ BA，BD，BCの長さをそれぞれ2倍にします。

最終チェック5

❶ 次の三角形ABC《エービーシー》と三角形DEF《ディーイーエフ》は縮図《しゅくず》と拡大図《かくだいず》の関係になっています。

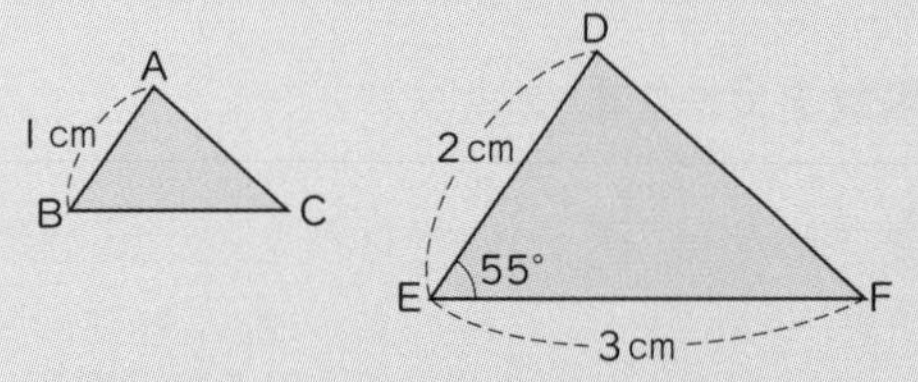

① 三角形ABC《エービーシー》は三角形DEF《ディーイーエフ》の何分の一の縮《しゅく》図《ず》ですか。 (　　　　)

② 辺BC《ビーシー》の長さは何cmですか。 (　　　　)

③ 角B《ビー》の大きさは何度ですか。 (　　　　)

算数 6 図形 円の面積 49ページ

❶ ①式 3×3×3.14＝28.26
答え $28.26cm^2$
②式 8÷2＝4，4×4×3.14＝50.24
答え $50.24cm^2$

❷ ①式 5×5×3.14÷2＝39.25
答え $39.25cm^2$
②式 14÷2＝7，7×7×3.14÷2＝76.93
答え $76.93cm^2$

❸ ①式 8×8×3.14÷4＝50.24
答え $50.24cm^2$
②式 6×6×3.14÷4＝28.26
答え $28.26cm^2$

❹ ①式 4×4×3.14＝50.24
4÷2＝2，2×2×3.14＝12.56
50.24－12.56＝37.68
答え $37.68cm^2$
②式 18×18－9×9×3.14＝69.66
答え $69.66cm^2$

ポイント

● ❶～❹ 円の面積＝半径×半径×3.14

❶② 半径は，8÷2＝4(cm)です。

❷ 円の面積の$\frac{1}{2}$になります。

❸ 円の面積の$\frac{1}{4}$になります。

❹① (大きい円の面積)－(小さい円の面積)
② (正方形の面積)－(円の面積)
次のように考えることができます。

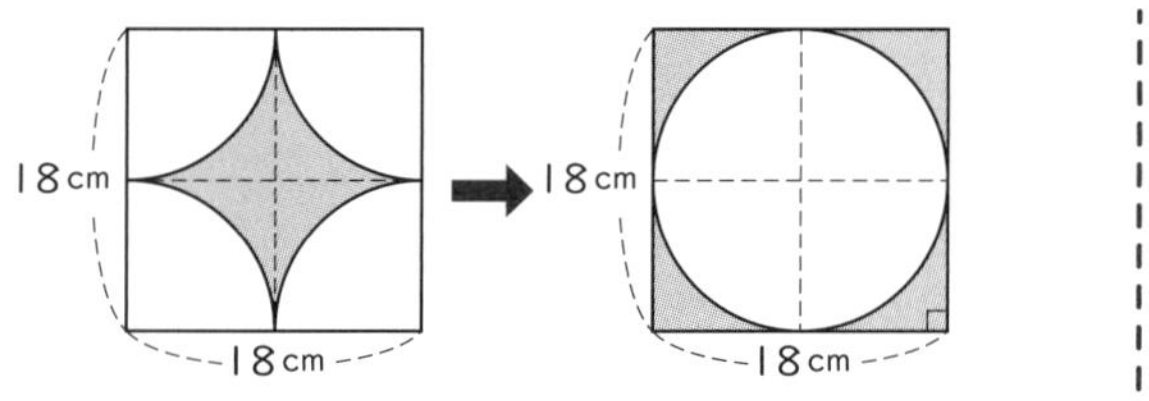

最終チェック6

❶ 次のような形の面積を求めましょう。

①

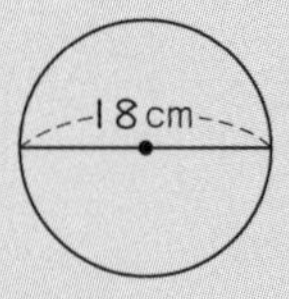

式

答え (　　　　)

②

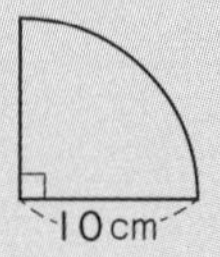

式

答え (　　　　)

算数 7 図形 立体の体積 48ページ

❶ ①式 24×5＝120 答え $120cm^3$
②式 32×4＝128 答え $128cm^3$

❷ ①式 4×3×6＝72 答え $72cm^3$
②式 8×6÷2×9＝216 答え $216cm^3$

❸ ①式 5×5×3.14×7＝549.5
答え $549.5cm^3$
②式 8÷2＝4，4×4×3.14×11＝552.64
答え $552.64cm^3$

❹ ①式 (7＋10)×5÷2×10＝425
答え $425cm^3$
②式 12÷2＝6
6×6×3.14×12÷2＝678.24
答え $678.24cm^3$

ポイント

● ❶❷ 角柱の体積＝底面積×高さ

❷① 底面が長方形の直方体です。
② 底面が三角形の三角柱です。
三角形の面積は，底辺×高さ÷2です。

❸ 円柱の体積＝半径×半径×3.14×高さ
② 底面の円の半径は，8÷2＝4(cm)です。

❹① 底面は，上底7cm，下底10cm，高さ5cmの台形です。
② 円柱を半分にした形です。底面の円の半径は12÷2＝6(cm)です。

最終チェック7

❶ 次のような立体の体積を求めましょう。

①

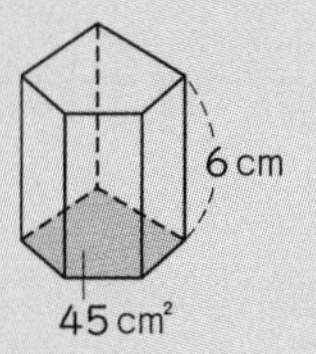

式

答え（　　　　　）

②

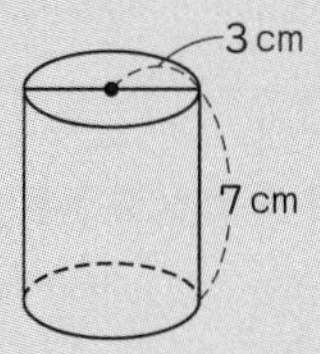

式

答え（　　　　　）

算数 **8** 変化と関係

比(1)　47ページ

1 ①8：12　②4：6

2 ①5：9　②7：11

3 ①㋑，㋒　②㋒，㋓

4 ①6　②12　③3　④5

ポイント

1①　1cmを1とすると，8cmは8，12cmは12です。縦《たて》の長さ：横の長さで表します。

②　2cmを1とすると，8cmは4，12cmは6。

●**3** **4** 比の前の数と後の数に0でない同じ数をかけても，0でない同じ数でわっても，もとの比と等しい比になります。

3①　等しい比は，1：2＝2：4＝3：6＝4：8＝5：10…のように，いくつもあります。

4①　1：3＝2：□（×2）　なので，□＝3×2＝6

③　8：12＝2：□（÷4）　なので，□＝12÷4＝3

最終チェック8

❶ 次の□にあてはまる数を書きましょう。

①　2：5＝6：□　　②　7：3＝□：12

③　18：24＝3：□　　④　45：20＝□：4

算数 **9** 変化と関係

比(2)　46ページ

1 ①7　②7，$\frac{4}{7}$

2 ①$\frac{2}{3}$　②$\frac{2}{3}$　③$\frac{2}{3}$　④$\frac{3}{2}$

3 ①$\frac{2}{3}:\frac{4}{5}$　②5：6

4 ①1：2　②3：5　③4：7　④9：8

ポイント

●**1**～**3** A：Bで表された比の，AをBでわった商を，比の値《あたい》といいます。

2②　$4:6=\frac{4}{6}=\frac{2}{3}$

3②　$\frac{2}{3}:\frac{4}{5}=\left(\frac{2}{3}\times15\right):\left(\frac{4}{5}\times15\right)$

$=10:12$

$=5:6$

4 もっとも小さい整数の比になおすことを，比を簡単《かんたん》にするといいます。

①　7，14を7でわります。

②　0.3，0.5を10倍します。

最終チェック9

❶ 次の比の値《あたい》を求めましょう。

①　5：9（　　　）　②　2：0.4（　　　）

❷ 次の比を簡単《かんたん》にしましょう。

①　16：40（　　　）　②　$\frac{1}{6}:\frac{3}{4}$（　　　）

算数 **10** 変化と関係

比例(1)　45ページ

1 ①3倍　②3

2 ①㋐15　㋑25　②$y=5\times x$

③式　5×3.2＝16　答え　16cm²

3 ①$y=170\times x$

②$y=5\times x$〔$y=x\times5$〕

ポイント

● ①〜③ y《ワイ》が x《エックス》に比例するとき，y《ワイ》の値《あたい》をそれに対応する x《エックス》の値《あたい》でわった商は，決まった数になります。y＝決まった数×x

① ① 3÷1＝3，6÷2＝3，9÷3＝3，…で，水の深さ÷時間は，いつも3になっています。

② y《ワイ》は x《エックス》に比例するので，式は

$y=3\times x$

② ③ y《ワイ》は x《エックス》に比例するので，式は $y=5\times x$，x《エックス》(高さ)の値《あたい》に3.2をあてはめて，y《ワイ》(面積)の値《あたい》を求めます。

③ ② 正五角形には，等しい長さの辺が5つあります。まわりの長さ y《ワイ》は，1辺の長さ x《エックス》に比例しています。

最終チェック10

❶ 時速50kmで走る自動車があります。次の問題に答えましょう。

① 走る時間 x《エックス》時間と進む道のり y《ワイ》kmの関係を式に表しましょう。（　　）

② 2.4時間走ったときの道のりは何kmですか。

式

答え（　　）

算数 11 変化と関係

比例(2)

44ページ

① ①(右のグラフ)

②直線になります。

③通ります。

② ①比例します。

②150g

③6m

④75g

時間とたまる水の量

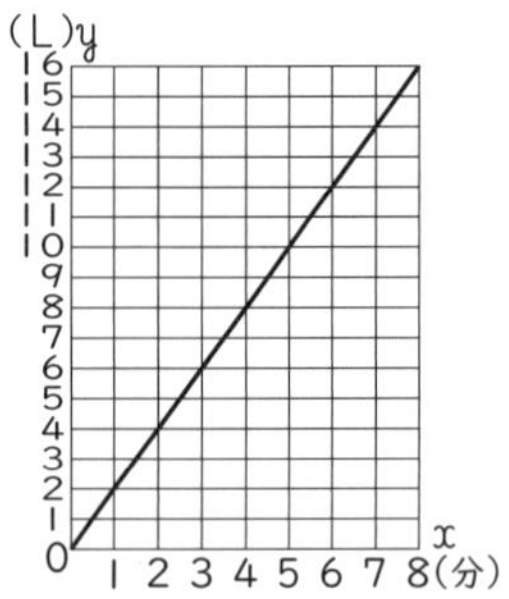

ポイント

① ① それぞれの時間に対応する水の量を，グラフに・で表し，それらをつなぎます。

②③ 比例する x《エックス》と y《ワイ》の関係を表すグラフは，0の点を通る直線になります。

② ① グラフは0の点を通る直線なので，針金の重さ y《ワイ》は長さ x《エックス》に比例しています。

②，③はグラフを読んで答えます。

② 2mのところを上に見て，グラフと交わるところの左の目もりを読むと150gです。

③ 縦《たて》の450gのところを右に見て，グラフと交わるところの下の目もりを読むと6mです。

④ ②から，2mのとき150gなので，1mでは150÷2＝75(g)です。

最終チェック11

❶ 長さと重さが比例している針金《はりがね》があります。この針金《はりがね》1mあたりの重さは0.2kgです。

① 針金《はりがね》の長さを x《エックス》m，重さを y《ワイ》kgとして，x《エックス》と y《ワイ》の関係を式に表しましょう。（　　）

② x《エックス》と y《ワイ》の関係を表すグラフをかきましょう。

針金《はりがね》の長さと重さ

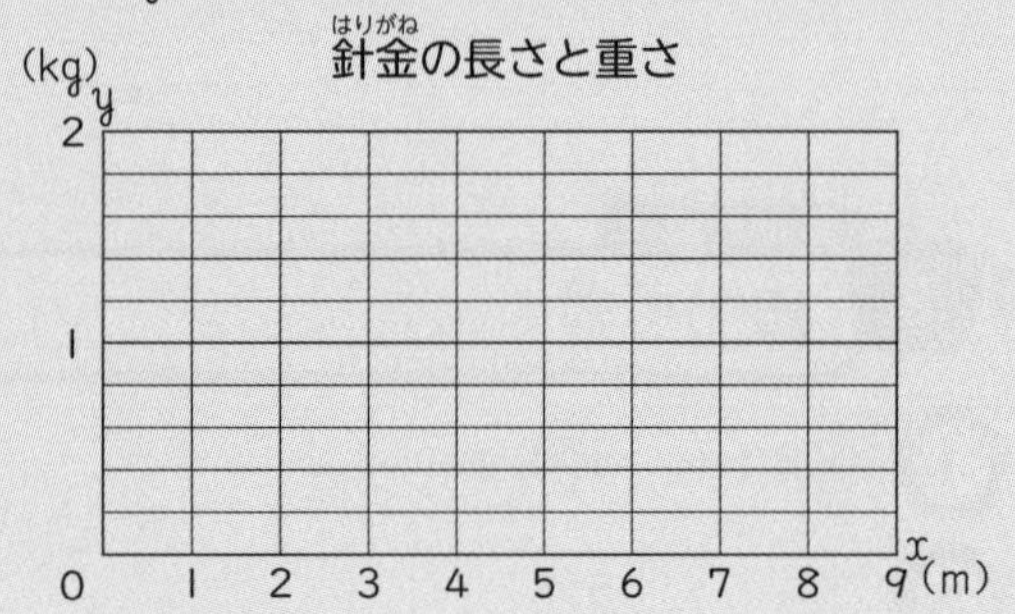

算数 12 変化と関係

反比例

43ページ

① ① $\frac{1}{2}$，$\frac{1}{3}$，…になります。

②反比例します。

③24　④(左から)24，24

② ①反比例します。

② $y=12\div x$〔$x\times y=12$〕

③ ① $y=140\div x$〔$x\times y=140$〕

② $y=72\div x$〔$x\times y=72$〕

ポイント

● ①② x《エックス》の値《あたい》が2倍，3倍，…になると，それに対応して y《ワイ》の値《あたい》が $\frac{1}{2}$，$\frac{1}{3}$，…になるとき，y《ワイ》は x《エックス》に反比例するといいます。

① ① 縦《たて》の長さ x《エックス》の値《あたい》が，1cm，2cm，3cm，…と2倍，3倍，…になると，横の長さ y《ワイ》の値《あたい》は24cm，12cm，8cm，…と $\frac{1}{2}$，$\frac{1}{3}$，…になっています。

③ 1×24＝24，2×12＝24，3×8＝24，…で，いつも24になっています。

④ y《ワイ》が x《エックス》に反比例するとき，次のような式で表すことができます。

y＝決まった数÷x

② ① x《エックス》の値《あたい》が2倍，3倍，…になると，y《ワイ》の値《あたい》は $\frac{1}{2}$，$\frac{1}{3}$，…になっています。

③ ① 時間 y《ワイ》は，速さ x《エックス》に反比例します。

② 三角形の高さy《ワイ》は，底辺の長さx《エックス》に反比例します。三角形の面積＝底辺×高さ÷2

最終チェック12

1 次のx《エックス》とy《ワイ》の関係を式に表しましょう。

①

x	1	2	3	4	5
y	8	4	$\frac{8}{3}$	2	$\frac{8}{5}$

(　　　　)

② 面積が40cm²の長方形の，縦《たて》の長さx《エックス》cmと横の長さy《ワイ》cm

(　　　　)

変化と関係

算数 13 文字と式 42ページ

1 ①x×5＝300

②x－3＝4

③150＋x＝430

④x÷6＝8

2 ①x×4＝y

②式 2.5×4＝y，y＝2.5×4＝10

答え 10

③式 x×4＝28，x＝28÷4＝7

答え 7

3 式 x÷6＝25，x＝25×6＝150

答え 150cm

ポイント

1 ① (1冊《さつ》のねだん)×(冊《さつ》数)＝(代金)

③ (かごの重さ)＋(りんごの重さ)＝(全体の重さ)

④ (全体の数)÷(人数)＝(1人分の数)

2 ②③ x《エックス》やy《ワイ》に数をあてはめて求めます。

3 わからない数をx《エックス》として式をつくり，x《エックス》にあてはまる数を求めます。x《エックス》の値《あたい》をもとの式にあてはめると答えを確かめることができます。

x÷6＝25 → 150÷6＝25

最終チェック13

1 縦《たて》6cm，面積72cm²の長方形があります。この長方形の横の長さは何cmですか。横の長さをx《エックス》cmとして1つの式に表し，答えを求めましょう。

式

答え (　　　　)

データの活用

算数 14 データの調べ方(1) 41ページ

1 ①式 (56＋64＋55＋59＋60)÷5＝58.8

答え 58.8g

②式 (60＋62＋58＋56＋59＋59)÷6＝59

答え 59g

2 ①1組 (1組16人，2組11人)

②1組 12回，2組 13回

③2組

④1組 12.5回

〔人数の合計が40人なので，20番目と21番目の平均の回数が中央値《ちゅうおうち》になる。20番目は12回，21番目は13回なので，(12＋13)÷2＝12.5(回)。〕

2組 12回

〔人数の合計が39人なので，20番目の人が中央値《ちゅうおうち》になる。20番目は12回。〕

⑤1組

ポイント

1 平均値《へいきんち》＝合計÷個数　で求めましょう。

2 ② 最頻値《さいひんち》は，もっとも度数《どすう》が大きい値《あたい》のことです。④中央値《ちゅうおうち》は，データを小さい順(または大きい順)に並《なら》べていったときに，真ん中にくる値《あたい》のことです。データの個数が偶数個のときは，真ん中の2つの平均値《へいきんち》が中央値《ちゅうおうち》になります。

③⑤ 平均値《へいきんち》，中央値《ちゅうおうち》，最頻値《さいひんち》のように，資料の特ちょうを表す値《あたい》を代表値《だいひょうち》といいます。同じデータでも，選ぶ代表値《だいひょうち》によって結果が変わることがあります。どの値《あたい》が代表値《だいひょうち》としてふさわしいかを考えましょう。

最終チェック14

1 下のドットプロットは，1組のソフトボール投げの記録を表したものです。

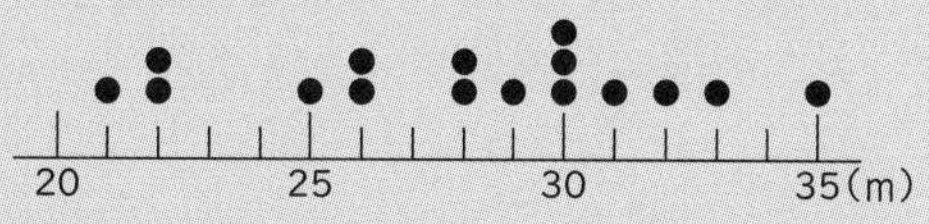

①最頻値《さいひんち》を求めましょう。 (　　　　)

②中央値《ちゅうおうち》を求めましょう。 (　　　　)

③平均値《へいきんち》を求めましょう。 (　　　　)

算数 15 データの活用
データの調べ方⑵
40 ページ

1 ①40人

②

昨日の家庭学習の時間

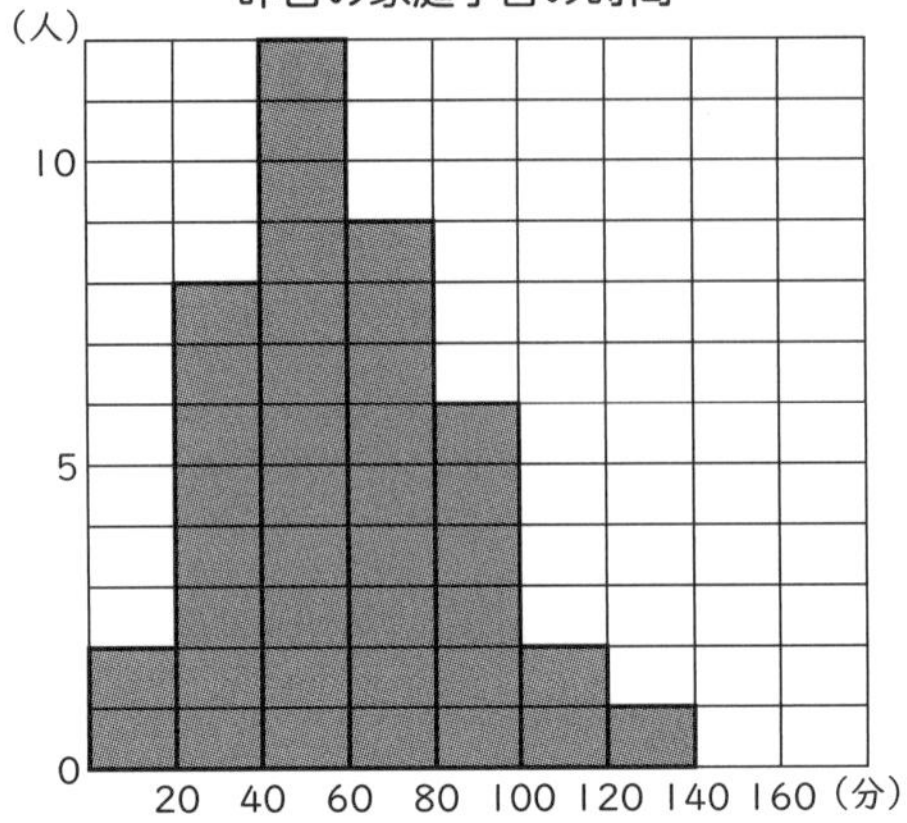

③2人，5％

④40分以上60分未満，30％

⑤9人

ポイント

● **1** 用語もおさえましょう。

階級《かいきゅう》とは，データをふりわけるときの区間のことです。

また，度数《どすう》とは，その階級《かいきゅう》に入っているデータの個数をさします。データをいくつかの階《かい》級《きゅう》にわけ，整理した **1** のような表を度数分布《どすうぶんぷ》表《ひょう》といいます。

1 ①　各階級《かいきゅう》の人数をすべて加えて求めましょう。

②　ヒストグラム（柱状グラフ）は，資料の散らばりのようすを見るのに便利です。階級《かいきゅう》ごとに長方形をかいていきます。

③　割合は，0分以上20分未満の度数《どすう》2を，①で求めた度数《どすう》の合計40でわって，％で答えます。

④　度数《どすう》がいちばん多い階級《かいきゅう》を見つけて，その度数《どすう》12を，①で求めた度数《どすう》の合計40でわって，％で答えます。

⑤　80分以上の階級《かいきゅう》の度数《どすう》は，80分以上100分未満，100分以上120分未満，120分以上140分未満の階級《かいきゅう》の度数《どすう》を加えます。

最終チェック15

1 下のヒストグラム（柱状グラフ）を見て答えましょう。

２組女子の身長

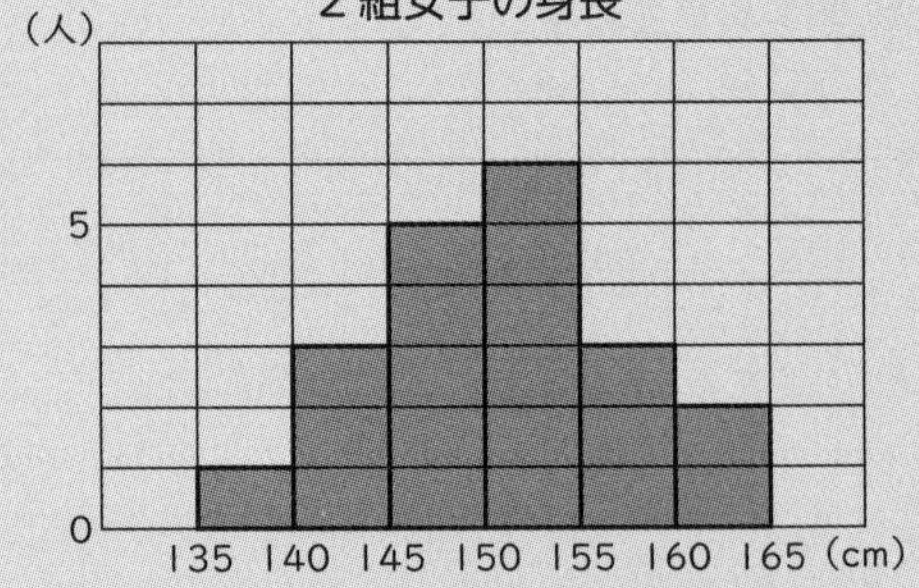

①　145cm以上150cm未満の階級《かいきゅう》の度数《どすう》はいくつですか。また，その割合は全体の何％ですか。

（　　　人，　　　％）

②　度数《どすう》がいちばん多いのは，どの階級《かいきゅう》ですか。また，その割合は，全体の度数《どすう》の何％ですか。

（　　　cm以上　　　cm未満，　　　％）

算数 16 文章題
分数のかけ算とわり算⑴
39 ページ

1 式 $\frac{4}{9}\times\frac{5}{6}=\frac{10}{27}$　答え $\frac{10}{27}$kg

2 式 $6\times\frac{8}{9}=\frac{16}{3}=5\frac{1}{3}$　答え $5\frac{1}{3}m^2$ $\left[\frac{16}{3}m^2\right]$

3 式 $\frac{3}{4}\div\frac{7}{8}=\frac{6}{7}$　答え $\frac{6}{7}m^2$

4 式 $3\div\frac{1}{5}=15$　答え 15

5 式 $\frac{5}{6}\times\frac{7}{10}\times\frac{2}{3}=\frac{7}{18}$　答え $\frac{7}{18}m^3$

6 式 $1\frac{1}{8}\times1\frac{1}{3}\div1\frac{1}{5}=\frac{5}{4}=1\frac{1}{4}$

答え $1\frac{1}{4}$m $\left[\frac{5}{4}m\right]$

ポイント

● **1** ～ **6** 仮分数で答えても正解です。

1 $\frac{4}{9}\times\frac{5}{6}=\frac{\overset{2}{\cancel{4}}\times5}{9\times\underset{3}{\cancel{6}}}=\frac{10}{27}$

2 $6\times\frac{8}{9}=\frac{\overset{2}{\cancel{6}}\times8}{\underset{3}{\cancel{9}}}=\frac{16}{3}$

3 $\frac{3}{4}\div\frac{7}{8}=\frac{3}{4}\times\frac{8}{7}=\frac{3\times\overset{2}{\cancel{8}}}{\underset{1}{\cancel{4}}\times7}=\frac{6}{7}$

4 $3\div\frac{1}{5}=3\times\frac{5}{1}=\frac{3\times5}{1}=15$

5 $\frac{5}{6}\times\frac{7}{10}=\frac{7}{12}$，$\frac{7}{12}\times\frac{2}{3}=\frac{7}{18}$ でもよいです。

6 $1\frac{1}{8}\times1\frac{1}{3}=\frac{3}{2}$，$\frac{3}{2}\div1\frac{1}{5}=\frac{5}{4}=1\frac{1}{4}$ でもよいです。

＼最終チェック16／

❶ 1分間に$2\frac{1}{4}$Lずつ水そうに水を入れます。$\frac{7}{15}$分間では，何Lの水を入れることができますか。

式

答え（　　　）

❷ さとうが$1\frac{1}{5}$kgあります。これを$\frac{3}{20}$kgずつふくろに入れると，いくつできますか。

式

答え（　　　）

算数 17 文章題

分数のかけ算とわり算(2)

38ページ

① 式 $2\div\frac{4}{5}=\frac{5}{2}$　答え $\frac{5}{2}$倍［$2\frac{1}{2}$倍］

② 式 $\frac{4}{7}\div\frac{8}{9}=\frac{9}{14}$　答え $\frac{9}{14}$

③ 式 $42\times\frac{4}{7}=24$　答え 24kg

④ 式 $\frac{5}{6}\div\frac{5}{8}=\frac{4}{3}$　答え $\frac{4}{3}m^2$［$1\frac{1}{3}m^2$］

⑤ 式 $22\frac{1}{2}\div45=\frac{1}{2}$，$60\times\frac{1}{2}=30$

答え（時間）$\frac{1}{2}$時間，（分）30分

⑥ 式 24分$=\frac{2}{5}$時間，$80\times\frac{2}{5}=32$

答え 32km

ポイント

① 何倍にあたるかを求めるときは，分数でもわり算を使います。

② 割合《わりあい》＝比べる量÷もとにする量，答えに「倍」はつきません。もとにする量は，お父さんがぬった面積です。

③ 比べる量＝もとにする量×割合《わりあい》

④ もとにする量＝比べる量÷割合《わりあい》，この式がすぐに出てこないときは，お母さんが草取りをした広さをx《エックス》m^2とすると，

$x\times\frac{5}{8}=\frac{5}{6}$から，$x=\frac{5}{6}\div\frac{5}{8}$とします。

⑤ 時間＝道のり÷速さ，1時間＝60分だから，

$\frac{1}{2}$時間は$60\times\frac{1}{2}=30$（分）です。

⑥ 24分を時間になおします。

24分$=\frac{24}{60}$時間$=\frac{2}{5}$時間

＼最終チェック17／

❶ 高速道路を，時速85kmで走っている自動車があります。この自動車は，36分間に何km進むことができますか。時間を分数で表して求めましょう。

式

答え（　　　）

算数 18 文章題

比と比例の問題

37ページ

① 式 3：4＝24：x，x＝32　答え 32cm

② 式 3：5＝x：1200，x＝3×240＝720

答え 720mL

③ 式 12÷4＝3，48×3＝144

答え 144km

④ 式 36×7.5＝270　答え およそ270枚《まい》

⑤ 式 300÷20＝15，120×15＝1800

答え 1800g

ポイント

① 横の長さをx《エックス》cmとして考えます。

（×8）
3：4＝24：x　なので，x＝4×8＝32
（×8）

② コーヒー牛乳《ぎゅうにゅう》全体は，3と2をたして5だから，コーヒーとコーヒー牛乳《ぎゅうにゅう》の比は3：5です。比の値《あたい》を使って，

$1200\times\frac{3}{5}=720$　と求めることもできます。

● ③～⑤比例の考えを使って解く問題です。

③ 12Lは4Lの3倍なので，走る道のりも48kmの3倍になると考えます。

④ 1cmの厚さの枚《まい》数を7.5倍します。

⑤ 300本は20本の何倍かを考えて求めます。1本の重さを求めてから，300倍することもできます。120÷20＝6，6×300＝1800

＼最終チェック18／

❶ そうたさんとお父さんの体重の比は3：5で，そうたさんの体重は42kgです。お父さんの体重は何kgですか。

式

答え（　　　）

❷ くぎ60本の重さをはかったら390gでした。同じくぎ1560gでは，何本になりますか。くぎの重さが何倍になるかを考えて求めましょう。

式

答え（　　　）

拡大図《かくだいず》と縮図《しゅくず》

36ページ

1 式 1km＝100000cm

$10 \div 100000 = \frac{1}{10000}$

答え (分数)$\frac{1}{10000}$ ，(比)1：10000

2 式 8×50000＝400000

400000cm＝4km

答え 4km

3 式 240m＝24000cm

$24000 \times \frac{1}{2000} = 12$

答え 12cm

4 (縮図《しゅくず》の例)

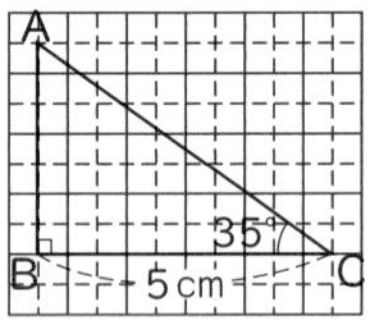

式 (縮図《しゅくず》よりABは約3.5cm)

3.5×200＝700

700cm＝7m

答え 約7m

ポイント

1 単位をcmにそろえてから計算します。
縮尺《しゅくしゃく》＝地図上の長さ÷実際の長さ

2 実際の長さ＝地図上の長さ×何倍

3 地図上の長さ＝実際の長さ×縮尺《しゅくしゃく》

4 縮図《しゅくず》では，BCが5cm，角Cが35°の直角三角形です。縮図《しゅくず》をはかるとABは約3.5cmなので，実際の長さは3.5×200(cm)。単位をmになおして答えます。

最終チェック19

1 $\frac{1}{5000}$の縮図《しゅくず》で6.8cmのきょりは，実際には何mですか。

式

答え (　　　)

2 縦《たて》の長さが25mのプールを$\frac{1}{500}$の縮図《しゅくず》に表すには，縦《たて》の長さを何cmにかけばよいですか。

式

答え (　　　)

場合の数(1)

35ページ

1 あきら―けんた―たくや，
あきら―たくや―けんた，
けんた―あきら―たくや，
けんた―たくや―あきら，
たくや―あきら―けんた，
たくや―けんた―あきら

2 24通り

3 12，13，14，21，23，24，31，32，34，41，42，43

4 8通り

ポイント

● **1**～**4** もれや重なりがないように，順序よく書き出しましょう。

2 次の24通りです。

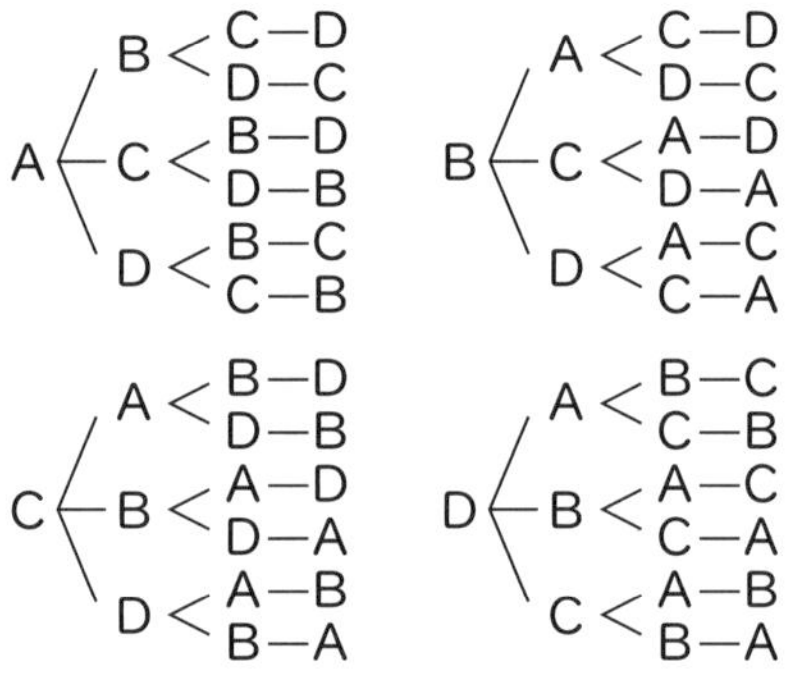

順番を考えるときは，上のような樹形図《じゅけいず》をかくとわかりやすいでしょう。

4 次の8通りです。

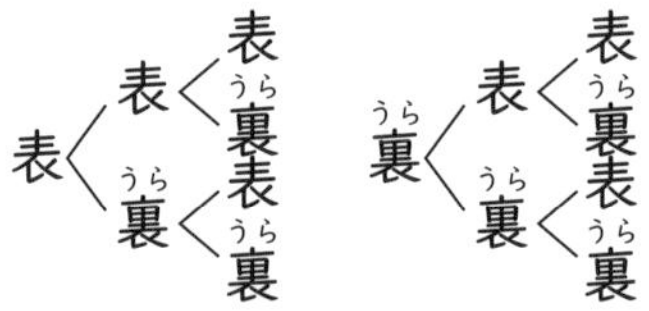

最終チェック20

1 [0]，[1]，[2]，[3]の4枚《まい》の数字カードがあります。このうち2枚《まい》を使って2けたの数をつくります。できる数を全部書きましょう。

答え (　　　)

算数 21 文章題

場合の数(2)

34ページ

1. A—B，A—C，A—D，B—C，B—D，C—D
2. 6円，11円，15円，51円，55円，60円，101円，105円，110円，150円
3. 赤—赤，赤—白，赤—青，赤—黄，白—白，白—青，白—黄，青—青，青—黄，黄—黄
4. 1g，2g，3g，4g，5g，6g，7g

ポイント

①②すべての場合を考えて，同じ組み合わせはのぞきます。下のような表や図をかいて考えましょう。

	A	B	C	D
A		A—B	A—C	A—D
B	B—A		B—C	B—D
C	C—A	C—B		C—D
D	D—A	D—B	D—C	

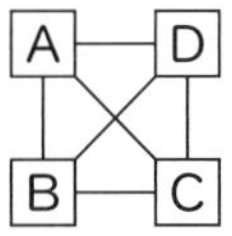

(組み合わせを線で結ぶ。)

③赤—赤，白—白，…のように同じ色の組み合わせがあることに注意しましょう。

④分銅を1個だけ使う場合，2個使う場合，3個使う場合をそれぞれ考えましょう。

最終チェック21

❶ 10円玉2個と100円玉2個を使ってつくれる金額をすべて書きましょう。

答え（　　　　）

算数 22 文章題

いろいろな問題(1)

33ページ

1. 式 $420\times\frac{1}{3}=140$，$140\times\frac{4}{7}=80$
   ［または，$420\times\frac{1}{3}\times\frac{4}{7}=80$］ 答え $80m^2$
2. ① $\frac{1}{5}$
   ② 式 $\frac{1}{5}+\frac{1}{20}=\frac{1}{4}$ 答え $\frac{1}{4}$
3. 式 $\frac{1}{12}+\frac{1}{24}=\frac{1}{8}$，$1\div\frac{1}{8}=8$ 答え 8日間
4. 式 $1-\frac{1}{7}\times5=\frac{2}{7}$ 答え $\frac{2}{7}$
5. 式 $1-\frac{1}{12}\times8=\frac{1}{3}$，$\frac{1}{3}\div\frac{1}{6}=2$
   答え 2分

ポイント

①広場の面積は$140m^2$です。その$\frac{4}{7}$がしばふです。
または，しばふの面積は，公園の$\frac{1}{3}\times\frac{4}{7}$の割合《わりあい》と考えて求めることもできます。

②A《エー》さんは，全体の仕事量1を5日間でするので，1日の仕事量は$\frac{1}{5}$です。B《ビー》さんは$\frac{1}{20}$になります。

③2人で1日にできる仕事の量は，全体の$\frac{1}{8}$なので，仕事を仕上げる日数は，$1\div\frac{1}{8}=8$(日)。

④1分間では全体の$\frac{1}{7}$歩きます。

⑤歩いた道のりは全体の$\frac{1}{12}\times8=\frac{2}{3}$で，残りの$\frac{1}{3}$を走ったことになります。

最終チェック22

❶ 6年生280人のうち虫歯になった人が$\frac{4}{7}$います。虫歯になった人の$\frac{3}{5}$は，ちりょうが終わっています。ちりょうが終わっている人は何人ですか。

式

答え（　　　　）

❷ 水そうに水を入れるのに，A《エー》のじゃ口では20分，B《ビー》のじゃ口では30分でいっぱいになります。A《エー》とB《ビー》のじゃ口を同時に使うと，何分でいっぱいになりますか。

式

答え（　　　　）

算数 23 文章題

いろいろな問題(2)

32ページ

1. 式 $20\times12-150=90$ 答え 90m
2. 式 $720\div(55+65)=6$ 答え 6分後
3. 式 $450\div(150-60)=5$ 答え 5分後
4. 式 $3600\div(150+300)=8$
   答え 8か月後
5. 式 $192\div(9+7)=12$ 答え 12分

ポイント

①電車の長さと鉄橋の長さを合わせた長さは，$20\times12=240$(m)です。

②2人は，1分間に$55+65=120$(m)ずつ近づきます。

③はるかさんは，1分間に$150-60=90$(m)ずつ追いつきます。

④貯金は1か月で$150+300=450$(円)ずつたまります。

⑤ 水は1分間で9＋7＝16(L)ずつたまります。

最終チェック23

❶ 秒速25mで走る電車が，長さ190mの鉄橋をわたり始めてから，すっかりわたり終わるまでに14秒かかりました。この電車の長さは何mですか。

式

答え（　　　）

❷ そうまさんは分速50mで歩いています。そうまさんが家を出てから12分後に，忘《わす》れ物に気づいたお姉さんが，分速200mの自転車で追いかけました。お姉さんがそうまさんに追いつくのは，お姉さんが家を出てから何分後ですか。

式

答え（　　　）

算数 24 文章題 いろいろな問題(3)　31ページ

❶ ①式　1500÷5×2＝600

答え　600円

②式　1500÷5×3＝900

〔1500－600＝900〕

答え　900円

❷ 式　90×12＝1080，1080－800＝280，

90－50＝40，280÷40＝7

〔または，90×12－800＝280，

280÷(90－50)＝7

または，(90×12－800)÷(90－50)＝7〕

答え　7個

❸ 式　36÷6＝6，70÷14＝5

答え　Aのプリンター

❹ 式　144×$\left(1+\frac{1}{6}\right)$＝168

答え　168cm

ポイント

❶

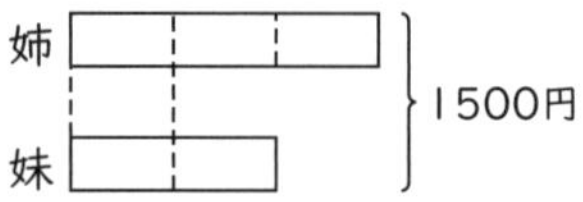

姉と妹の金額は，1500円を5等分したうちのいくつ分かを考えます。

❷ すべて90円のガムを買うと，90×12＝1080(円)になるので，実際の800円より，1080－800＝280(円)多いことになります。

50円のガムを1個ずつ増やすと，90－50＝40(円)ずつ減ります。

よって，50円のガムは，280÷40＝7(個)買ったことになります。

❸ A《エー》，B《ビー》のプリンターが，それぞれ1分間に何枚《まい》印刷できるかを考えて比べます。

❹

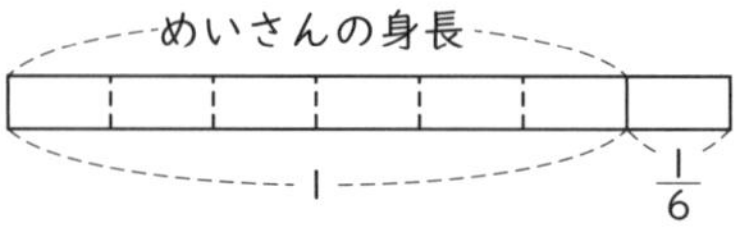

めいさんの身長を1と考えると，お母さんの身長は，めいさんの$\left(1+\frac{1}{6}\right)$倍です。

最終チェック24

❶ A《エー》の自動車工場では1時間に84台，B《ビー》の自動車工場では6分間に9台生産します。速く生産できるのは，どちらの自動車工場ですか。

式

答え（　　　）

最終チェックの答え

1 ❶① $\frac{8}{9}$ ② $3\frac{1}{3}\left[\frac{10}{3}\right]$ ③ $\frac{3}{16}$ ④ $\frac{3}{28}$

2 ❶① $\frac{3}{14}$ ② $\frac{2}{3}$ ③ $\frac{1}{6}$

3 ❶① $1\frac{1}{2}\left[\frac{3}{2}\right]$ ② $1\frac{1}{5}\left[\frac{6}{5}\right]$ ③ $\frac{7}{10}$

4 ①

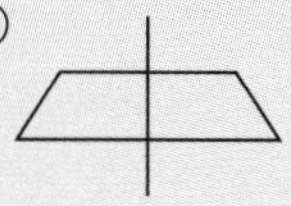

②

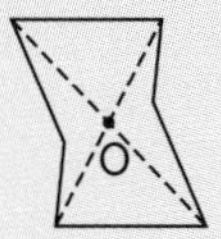

5 ❶① $\frac{1}{2}$ ②1.5cm ③55°

6 ❶①(式) $18\div2=9$, $9\times9\times3.14=254.34$

(答え) $254.34cm^2$

②(式) $10\times10\times3.14\div4=78.5$ (答え) $78.5cm^2$

7 ❶①(式) $45\times6=270$ (答え) $270cm^3$

②(式) $3\times3\times3.14\times7=197.82$ (答え) $197.82cm^3$

8 ❶①15 ②28 ③4 ④9

9 ❶① $\frac{5}{9}$ ②5

❷①2：5 ②2：9

10 ❶① $y=50\times x$

②(式) $50\times2.4=120$ (答え)120km

11 ❶① $y=0.2\times x$ 〔$y\div x=0.2$〕

②右のグラフ

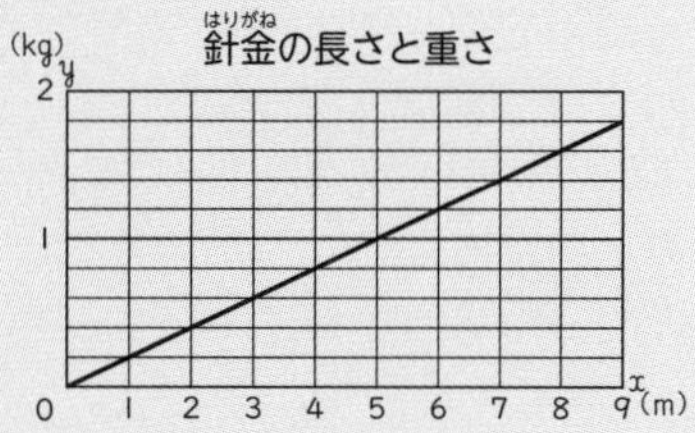

12 ❶① $y=8\div x$ 〔または，$x\times y=8$〕

② $y=40\div x$ 〔または，$x\times y=40$〕

13 ❶(式) $6\times x=72$, $x=72\div6=12$ (答え)12cm

14 ❶①30m

②28.5m

※全部で16人だから，8番目と9番目の平均をとって，$(28+29)\div2=28.5$(m)

③28m

※$(21+22\times2+25+26\times2+28\times2+29+30\times3+31+32+33+35)\div16=448\div16=28$(m)

15 ❶①5人，25%

※度数《どすう》の合計が $1+3+5+6+3+2=20$(人)より，$5\div20\times100=25$(%)

②150cm以上155cm未満，30%

※度数《どすう》がいちばん多いのは，6人の150cm以上155cm未満の階級《かいきゅう》。

その割合は，$6\div20\times100=30$(%)

16 ❶(式) $2\frac{1}{4}\times\frac{7}{15}=\frac{21}{20}=1\frac{1}{20}$ (答え) $1\frac{1}{20}$L $\left[\frac{21}{20}\text{L}\right]$

❷(式) $1\frac{1}{5}\div\frac{3}{20}=8$ (答え)8つ

17 ❶(式)36分$=\frac{3}{5}$時間，$85\times\frac{3}{5}=51$ (答え)51km

18 ❶(式) $3:5=42:x$, $x=70$ (答え)70kg

❷(式) $1560\div390=4$, $60\times4=240$ (答え)240本

19 ❶(式) $6.8\times5000=34000$, 34000cm＝340m

(答え)340m

❷(式) 25m＝2500cm，$2500\times\frac{1}{500}=5$ (答え)5cm

20 ❶10，12，13，20，21，23，30，31，32

21 ❶10円，20円，100円，110円，120円，200円，210円，220円

22 ❶(式) $280\times\frac{4}{7}\times\frac{3}{5}=96$ (答え)96人

❷(式) $\frac{1}{20}+\frac{1}{30}=\frac{1}{12}$, $1\div\frac{1}{12}=12$ (答え)12分

23 ❶(式) $25\times14-190=160$ (答え)160m

❷(式) $50\times12=600$, $600\div(200-50)=4$ (答え)4分後

24 ❶(式) $84\div60=1.4$, $9\div6=1.5$ (答え)Bの自動車工場

算数　しあげテスト　30ページ

1 ①$2\frac{1}{2}$〔$\frac{5}{2}$〕　②3　③$1\frac{1}{8}$〔$\frac{9}{8}$〕

2 ①点F　②辺GH　③角E

3 ①$y=30\times40\times x$〔または，$y=1200\times x$〕

②(式)　$1200\times10=y$,

$y=1200\times10=12000$　(答え) $12000cm^3$

③(式)　$1200\times x=30000$,

$x=30000\div1200=25$　(答え) 25cm

4 ①(式)　$1300-1040=260$，$260\div2=130$

(答え) 130g

②(式)　$1040\div130=8$　(答え) 8冊《さつ》

ポイント

1 ①　$1\frac{1}{14}\times2\frac{1}{3}=\frac{15}{14}\times\frac{7}{3}=\frac{\overset{5}{\cancel{15}}\times\overset{1}{\cancel{7}}}{\underset{2}{\cancel{14}}\times\underset{1}{\cancel{3}}}=\frac{5}{2}=2\frac{1}{2}$

②　$6\frac{2}{3}\div2\frac{2}{9}=\frac{20}{3}\div\frac{20}{9}=\frac{20}{3}\times\frac{9}{20}=\frac{\overset{1}{\cancel{20}}\times\overset{3}{\cancel{9}}}{\underset{1}{\cancel{3}}\times\underset{1}{\cancel{20}}}=3$

③　$0.6\div\frac{8}{15}=\frac{6}{10}\div\frac{8}{15}=\frac{6}{10}\times\frac{15}{8}=\frac{\overset{3}{\cancel{6}}\times\overset{3}{\cancel{15}}}{\underset{2}{\cancel{10}}\times\underset{4}{\cancel{8}}}$

$=\frac{9}{8}=1\frac{1}{8}$

2 点O《オー》を中心に180°回転させると，もとの形にぴったり重なるとき，点対称《てんたいしょう》な形といいます。

3 ①　直方体の体積＝縦《たて》×横×高さ　に，縦《たて》30，横40，高さxをあてはめます。

②　①で求めた式のx《エックス》に10をあてはめて，y《ワイ》(水そうの水の量)の値《あたい》を求めます。

③　①で求めた式のy《ワイ》に30000をあてはめて，x《エックス》(水の高さ)の値《あたい》を求めます。

4 ①$1300-1040=260$(g)は，ノート2冊《さつ》分の重さにあたります。

②はじめの1040gを，①で求めた1冊《さつ》分の重さでわります。

理科　しあげテスト①　29ページ

1　①あ⃝，え⃝，き⃝，か⃝　②消化管
③記号…き⃝　名前…小腸《しょうちょう》

2　①図2…あ⃝
図3…き⃝
②㋑

3　①地層《ちそう》　②化石
③つぶが角ばっている。

ポイント

1①②　食べたものは，食道（あ⃝）→胃《い》（え⃝）→小腸（き⃝）→大腸《だいちょう》（か⃝）→こう門の順に通ります。この通り道を消化管といいます。
③　おもに養分と水分が吸収《きゅうしゅう》されるのは小腸（き⃝）です。

2①　図2は半月で，地球から見て右側半分に太陽の光が当たるあ⃝の位置にあります。図3は満月で，地球から見て太陽と反対側のき⃝の位置にあります。
②　月は自ら光を出しませんが，太陽の光を反射《はんしゃ》してかがやいて見えます。

3①　どろ，砂《すな》，火山灰《かざんばい》などが層となって重なっているものを地層といいます。
②　化石を調べることで，昔の生物のことや，その生物がすんでいた周りの様子を知ることができます。
③　火山灰のつぶは流水のはたらきを受けていないため，角ばった形をしています。砂は，流水のはたらきを受けてまるみをおびた形をしています。

理科　しあげテスト②　28ページ

1　①い⃝　②二酸化炭素
③白くにごる。

2　①あ⃝作用点《さようてん》　い⃝支点《してん》　う⃝力点《りきてん》
②㋐，㋓　③㋒

3　①酸性　②あ⃝
③あわを出してとける。

ポイント

1①②　ものが燃える前の空気にふくまれる酸素の割合《わりあい》は約21％，二酸化炭素の割合は約0.04％です。この数値から，い⃝が燃える前の結果だとわかります。また，え⃝が二酸化炭素だとわかります。
③　ものが燃えると二酸化炭素ができるので，石灰水《せっかいすい》は白くにごります。

2①　力を加えるう⃝を力点，棒《ぼう》を支えるい⃝を支点，おもりをつるすあ⃝を作用点といいます。
②　手ごたえを小さくするには，作用点と支点のきょりを小さくして，支点と力点のきょりを大きくします。
③　ピンセットは，作用点と支点の間に力点があります。空きかんつぶし器とせんぬきは，支点と力点の間に作用点があります。

3①　青色のリトマス紙を赤色に変える性質を酸性，赤色のリトマス紙を青色に変える性質をアルカリ性，青色リトマス紙も赤色リトマス紙も色を変えない性質を中性といいます。水よう液あ⃝はにおいがなく酸性なので炭酸水，水よう液い⃝はにおいがあり蒸発皿《じょうはつざら》に入れて何も残らずアルカリ性なのでアンモニア水，水よう液う⃝はにおいがあり酸性なのでうすい塩酸，水よう液え⃝はにおいがなく蒸発皿に入れると固体が残ることから食塩水です。
②　石灰水に二酸化炭素を通すと白くにごることから，二酸化炭素の水よう液である炭酸水を石灰水に入れると白くにごります。
③　うすい塩酸にアルミニウムを入れると，あわを出してとけます。

ちょっと 先取りドリル 算数

中学校で習う正負《せいふ》の数

全部できたら「合格シール」をはろう！

みんなよりひと足先に，中学校で習う
正《せい》の数，負《ふ》の数の計算を
ちょっとだけ勉強してみよう！

0℃を基準にして，それより低い温度は，－《マイナス》を使って表します。

たとえば，0℃より 3℃低い温度を－3℃とし，「マイナス 3℃」と読みます。

－3，－0.5 のような 0 より小さい数を負《ふ》の数といいます。

負の数に対して，3 や 0.5 のような 0 より大きい数を正《せい》の数といいます。

正の数には＋《プラス》をつけて＋3，＋0.5 と表すこともあります。

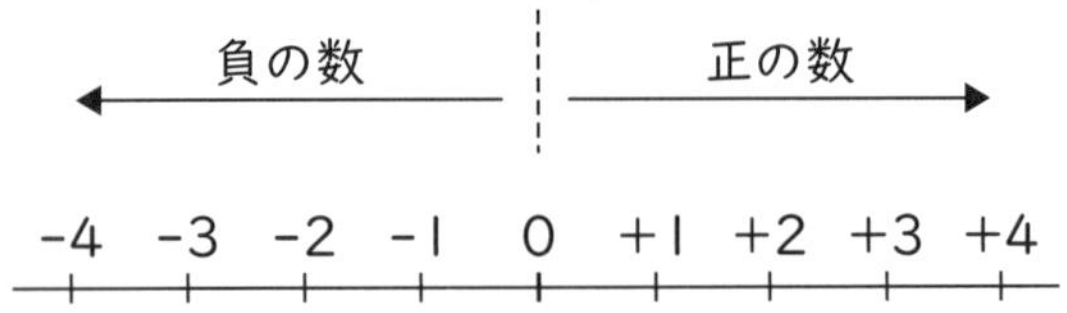

1 次の数直線上で，点A《エー》，B《ビー》，C《シー》に対応する数を答えなさい。

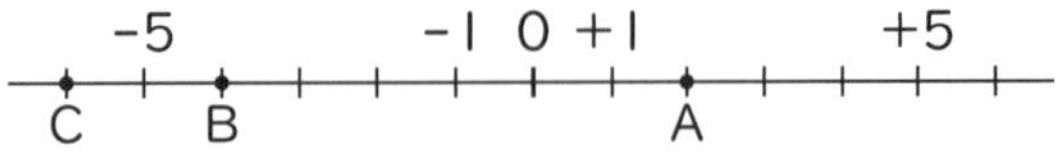

A〔　　　　〕，B〔　　　　〕

C〔　　　　〕

2 次の数に対応する点を，下の数直線上に示しなさい。

-2，$+3$，$-\frac{1}{2}$

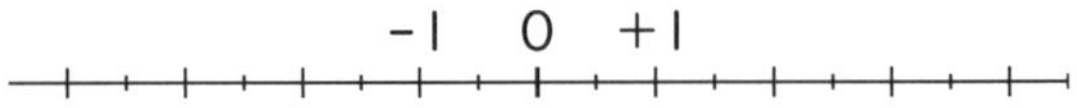

数直線上で，0 からある数までのきょりを，その数の絶対値《ぜったいち》といいます。

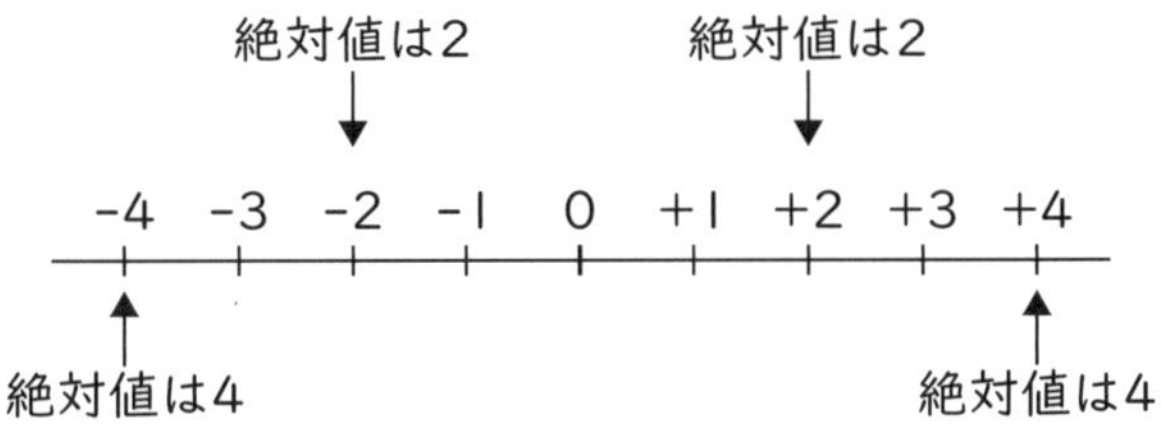

3 次の数の絶対値を答えなさい。

〈例〉

＋3の絶対値は　3

－3の絶対値は　3

$-\frac{1}{2}$の絶対値は　$\frac{1}{2}$

① -5 〔　　　　〕

② $+\frac{3}{2}$ 〔　　　　〕

③ $+3.5$ 〔　　　　〕

④ $-\frac{3}{4}$ 〔　　　　〕

⑤ -0.3 〔　　　　〕

⑥ $+\frac{1}{5}$ 〔　　　　〕

数直線上で，
右にある数は左にある数より大きい。
左にある数は右にある数より小さい。

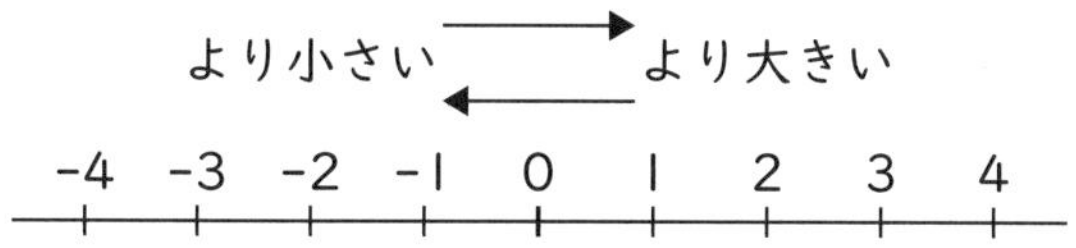

$-4<-3$　$-1<1$　$3<4$

※左から小さい順に並《なら》べるとよい。

4 次の各組の数の大小を，不等号を使って表しなさい。

① -2.5，2.5

〔　　　　〕

② -2，-4

〔　　　　〕

③ 0，3，-5

〔　　　　〕

④ $\frac{1}{2}$，$-\frac{3}{2}$，$-\frac{1}{2}$

〔　　　　〕

⑤ 0，0.5，-1.6

〔　　　　〕

5 例にならって，次の計算をしましょう。

〈例〉
$5-3=2$
$3-5=-2$

① $7-3=$

② $3-7=$

③ $8-6=$

④ $6-8=$

⑤ $4-0=$

⑥ $0-4=$

⑦ $15-9=$

⑧ $9-15=$

6 次の計算をしましょう。

〈例〉

$(-3)+5=2$

$(-5)+3=-2$

① $(-2)+7=$

② $(-7)+2=$

③ $(-4)+5=$

④ $(-5)+4=$

⑤ $(-4)+10=$

⑥ $(-10)+4=$

⑦ $-2+5=$

$(-2)+5$ と同じ

⑧ $-9+5=$

7 次の計算をしましょう。

〈例〉

$(-3)-5=-8$

$(-5)-3=-8$

① $(-2)-5=$

② $(-5)-2=$

③ $(-4)-4=$

④ $(-4)-8=$

⑤ $(-8)-6=$

⑥ $-3-5=$

$(-3)-5$ と同じ

⑦ $-5-2=$

⑧　−6−10＝

8 次の計算をしましょう。

〈例〉
3−5＝−2　　−3＋5＝2
−5＋3＝−2　　−3−5＝−8

①　2−5＝

②　−2＋5＝

③　−2−5＝

④　−5＋2＝

⑤　−5＋5＝

⑥　0−5＝

⑦　−7−3＝

⑧　3−7＝

先取りドリル　答え

1 A　＋2　B　−4　C　−6

2

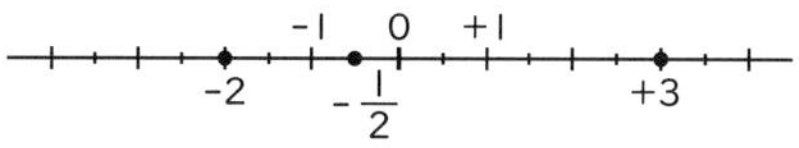

3 ①5　②$\frac{3}{2}$　③3.5　④$\frac{3}{4}$　⑤0.3　⑥$\frac{1}{5}$

4 ①−2.5＜2.5　②−4＜−2　③−5＜0＜3
④$-\frac{3}{2}<-\frac{1}{2}<\frac{1}{2}$　⑤−1.6＜0＜0.5

5 ①4　②−4　③2　④−2　⑤4　⑥−4
⑦6　⑧−6

6 ①5　②−5　③1　④−1　⑤6　⑥−6
⑦3　⑧−4

7 ①−7　②−7　③−8　④−12　⑤−14
⑥−8　⑦−7　⑧−16

8 ①−3　②3　③−7　④−3　⑤0　⑥−5
⑦−10　⑧−4

(3) 辶（しんにょう）…世界□《い》産《さん》。

まだ計算の途《と》中《ちゅう》だ。

姉を迎《むか》えに行く。

6 書き順に気をつけて、□の漢字をなぞりましょう。

(1) 木（きへん）…柿《かき》の実。

柳《やなぎ》の木。

(2) 广（まだれ）…廊《ろう》下《か》。

制度の廃《はい》止《し》。

(3) 辶（しんにょう）…道の途《と》中《ちゅう》。

先生を迎《むか》える。

7 書き順に気をつけて書きましょう。（ ）は送りがな。

漢字	読み方
促	ソク・うなが(す)
挑	チョウ・いど(む)
柿	かき
廊	ロウ
途	ト
傾	ケイ・かたむ(く)・かたむ(ける)
握	アク・にぎ(る)
柳	リュウ・やなぎ
廃	ハイ・すたれ(る)・すた(る)
迎	ゲイ・むか(える)

先取りドリル 答え

1 ※うすい字はていねいに書きましょう。

2 (1)すわ (2)おとず (3)おごそ (4)む (5)むな (6)わらべうた (7)のぞ (8)かたき (9)なっとく (10)おも (11)すこ (12)もっぱ (13)ほが (14)お (15)さいふ

3 ※うすい字はていねいに書きましょう。 (1)優・俳 (2)揮・捨 (3)遺

5 ※うすい字はていねいに書きましょう。 (1)模・権 (2)庁・序

4・6・7 ※ていねいに書きましょう。

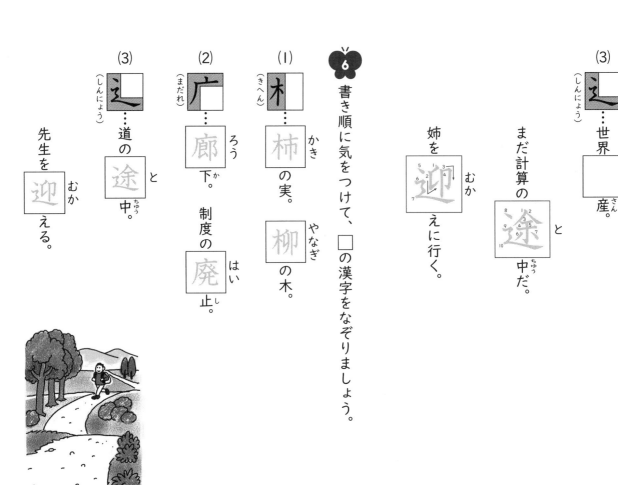

3 □と□に漢字を書きましょう。うすい字は、数字の順になぞりましょう。

(1) イ（にんべん）…大会で□《ゆう》勝《しょう》する。　□《はい》句《く》。

利用を促《そく》進《しん》する。

減少する傾《けい》向《こう》にある。

(2) 扌（てへん）…指《し》□《き》をとる。　四《し》□《しゃ》五《ご》入《にゅう》。

世界記録に挑《ちょう》戦《せん》する。

力をこめて手を握《にぎ》る。

4 書き順に気をつけて、□の漢字をなぞりましょう。

(1) イ（にんべん）…促《そく》進《しん》。　減少傾《けい》向《こう》。

(2) 扌（てへん）…挑《ちょう》戦《せん》。　手を握《にぎ》る。

5 □と□に漢字を書きましょう。うすい字は、数字の順になぞりましょう。

(1) 木（きへん）…大《だい》規《き》□《ぼ》な工事。　□《けん》利を主張する。

柿《かき》の実がなる。

風に柳《やなぎ》がゆれる。

(2) 广（まだれ）…県《けん》□《ちょう》所在地。　順《じゅん》□《じょ》よく並《なら》ぶ。

廊《ろう》下《か》を歩く。　ルールの廃《はい》止《し》。

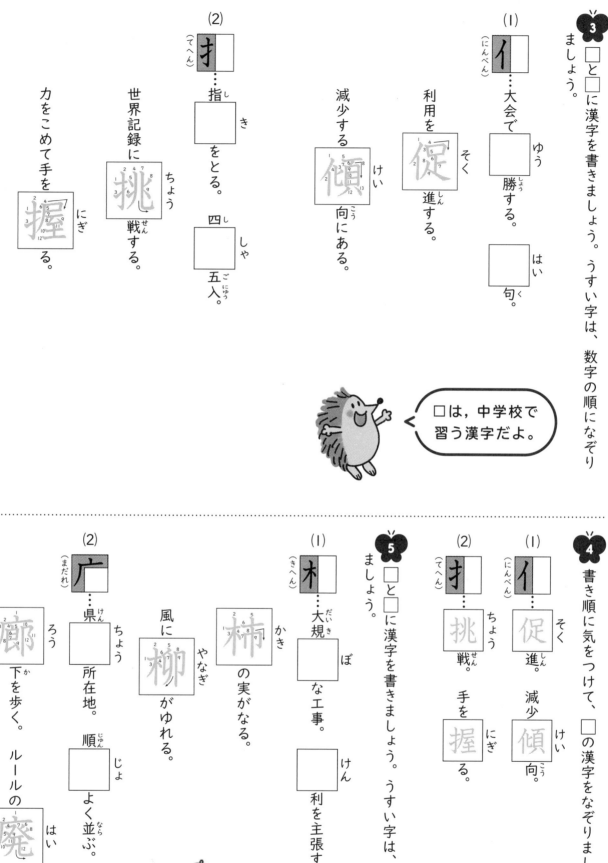

ちょっと

先取りドリル 国語

中学校で習う漢字

みんなよりひと足先に、中学校の漢字をちょっとだけ勉強してみよう！

全部できたら「合格シール」をはろう！

1 ――の漢字の読みがなをなぞって書きましょう。これまでに学んだ漢字の、中学校で新しく習う読み方です。

(1) 臨《のぞ》む　(2) 健《すこ》やか　(3) 座《すわ》る

(4) 専《もっぱ》ら　(5) 朗《ほが》らか　(6) 胸《むな》さわぎ

(7) 童《わらべ》歌　(8) 推《お》す　(9) 蒸《む》す

(10) 財布《さいふ》　(11) 敵《かたき》うち

(12) 納得《なっとく》　(13) 訪《おとず》れる

(14) 面《おも》かげ　(15) 厳《おごそ》か

2 ――の漢字の読みがなを書きましょう。

(1) いすに座（　）る。

(2) 友達の家を訪（　）れる。

(3) 式が厳（　）かに行われる。

(4) 野菜を蒸（　）す。

(5) 胸（　）さわぎがする。

(6) 童歌（　）を口ずさむ。

(7) 海に臨（　）むホテル。

(8) 武士の敵（　）うち。

(9) 説明を聞いて納得（　）する。

(10) 祖父の面（　）かげがある。

(11) 健（　）やかな成長を願う。

(12) 器用だと専（　）らの評判だ。

(13) 兄は朗（　）らかな性格だ。

(14) かれを委員長に推（　）す。

(15) 財布（　）をかばんに入れる。

社会　しあげテスト①　27ページ

1 (1)①基本的人権《じんけん》　②主権　③平和

(2)①ア　②イ

(3)Ⓐ選挙　Ⓑ国民審査《しんさ》

2 (1)縄文《じょうもん》土器

(2)例 土器の色が黒っぽい，器が厚手に見えるから。

3 (1)①平氏《へいし》（平家《へいけ》）　②（源《みなもとの》）頼朝《よりとも》

③鎌倉幕府《かまくらばくふ》　④室町幕府《むろまちばくふ》　⑤金閣《きんかく》

⑥応仁《おうにん》の乱《らん》

(2)元寇《げんこう》　(3)（太閤《たいこう》）検地

ポイント

1 (1)①「基本的人権」とは人が生まれながらに持っている権利のことで，自由権，平等権などをいいます。

(2)図は，三権の分立を表しています。三権とは立法《りっぽう》権（国会），行政《ぎょうせい》権（内閣《ないかく》），司法《しほう》権（裁《さい》判所《ばんしょ》）です。

2 (2)縄文土器は，焼く温度が低いので，仕上がりが黒っぽくなり，縄目《なわめ》の文様《もんよう》がつけられていることが多いです。また，弥生《やよい》土器とちがって，ろくろなどの道具を使用しないので生地が厚くなる特ちょうがあります。

3 (2)せめてきた国は「元」。幕府軍は戦い方のちがいに苦戦しますが，最終的には元の軍隊は退却《たいきゃく》します。

(3)もう一つ，秀吉《ひでよし》の行った政策《せいさく》として注意したいのは「刀狩《かたながり》」です。百姓《ひゃくしょう》から武器を取り上げ，武士と百姓の区別を明確にしました。

社会　しあげテスト②　26ページ

1 (1)①日清《にっしん》　②日露《にちろ》　③アメリカ（軍）

(2)文明開化《ぶんめいかいか》

2 (1)①男子（男性）　②選挙権

③太平洋戦争　④広島

(2)㋑→㋐→㋒→㋓

3 (1)㋐③　㋑④

(2)ユニセフ（国連児童基金，UNICEF）

ポイント

1 (2)このころから，洋服を着る人が増え，牛肉を食べる，牛乳《ぎゅうにゅう》を飲むなどの食習慣が広まりました。

2 (1)①この時は，男子だけに選挙権が与えられ，女子の選挙権は，第二次世界大戦後まで実現しませんでした。

3 (1)①はアメリカ，②は中国，③はサウジアラビア，④はブラジル。

(2)ユネスコ（国連教育科学文化機関，UNESCO）は，世界遺産《いさん》の管理などをする組織，まちがえないよう注意しましょう。

国語　しあげテスト

25ページ

1 ①洗面　②必要

2 例（おしのけられた）水がおし返してくる力

3 ところが

4 そっと横向きに入れる。
水を入れて空洞をなくす。
※順番は反対でもよい。

5 重さ・形　※順番は反対でもよい。

6 ウ　に〇

ポイント

1 ①「洗」は「さんずい（氵）」に「先」を合わせた漢字です。
②「必」は五画で書きます。点をつけ忘《わす》れないように気をつけましょう。

2 おしのけられた水が、元にもどろうとしておし返している力を、「うく力」「浮力《ふりょく》」と言っているので、「うく力」という解答では説明が不十分です。

3 □の前では「茶碗《ちゃわん》がしずむ」ことが書かれていて、後では「茶碗《ちゃわん》がうかぶ」ことが書かれています。前の事がらとは逆の内容をつないでいるので「ところが」が入ります。□にあてはめて文章を読んでみましょう。

4 [4]の段落《だんらく》と[5]の段落《だんらく》に注目して、茶碗《ちゃわん》がしずむ場合について書かれている部分を探《さが》しましょう。「茶碗《ちゃわん》をそっと横向きに入れると茶碗《ちゃわん》はしずみます。」「茶碗《ちゃわん》を上向きにそっとうかべると茶碗《ちゃわん》はうかびます。」「茶碗《ちゃわん》に水を入れて空洞《くうどう》をなくすと、茶碗《ちゃわん》はしずんでしまいます。」とあります。

5 [7]の段落《だんらく》の最初に「水にうかぶためには重さだけではなく形が大切です。」とあるので「重さ」と「形」が大切だということがわかります。

6 [1]～[3]の段落《だんらく》は、せんめん器を例として「浮力《ふりょく》」とは何かを説明している部分です。[4]～[6]の段落《だんらく》は、茶碗《ちゃわん》を例としておしのける水の量が多いと「浮力《ふりょく》」が強くなるということを説明している部分です。[7]の段落《だんらく》は、おしのける水の量は形によって変わるということを説明している部分です。そのため、正解はウとなります。

作文(1)

23ページ

❶ (1)熱い　(2)急いで

❷ (1)燃える　(2)打った　(3)なでる

❸ たのまれた・ほえられた・わたされた

❹ 転びそうだ〈転びそうだった〉・行くそうだ

ポイント

❷ (2)「水を打ったように静まる」は、水をまいて土ぼこりがしずまるように、大勢の人が、しんとしている様子を表します。

(3)「ほおをなでるような風」は、風がやさしくふく様子を表しています。

❹ 「転ぶ」は、「様子をおし量る言い方」では「転びそうだ」、「人から聞いた言い方」では「転ぶそうだ」となります。

「行く」は、「様子をおし量る言い方」では「行きそうだ」、「人から聞いた言い方」では「行くそうだ」となります。

最終チェック21

❶ □に最も合うことばを［　］から選んで、記号を書き入れましょう。

(1) □のようなあまいかおりがする。

(2) 桜の花びらが□のようにまい散る。

(3) □のようにすんだ水面に山が映《うつ》る。

(4) まだ五月なのに□のように暑い。

㋐鏡　㋑真夏　㋒バラの花　㋓雪

作文(2)

24ページ

❶ (1)例風で、はらはらと落ちる。

(2)例窓ガラスを、ぴかぴかにみがいた。

(3)例宝石のように、きらきらかがやいている。

❷ 例家族で映画を見に行った。父は、とちゅうでうとうといねむりを始めた。おなかがぺこぺこだったので、映画を見てから、みんなでレストランへ行って食事をした。とても楽しい一日だった。

最終チェック　答え

1 ❶ (1)にしがわ　(2)こうぶつ　(3)にかいだ　(4)はんせい

2 ❶ (1)あおぞら　(2)ほうがく　(3)きざ　(4)が

3 ❶ (1)ふつか　(2)たなばた　(3)きょう　(4)じょうず　(5)ふたり　(6)やおや　(7)けさ　(8)どけい

4 ❶ (1)腹　(2)胸　(3)背　(4)樹　(5)机　(6)棒　(7)潮　(8)激　(9)洗

5 ❶ (右から)(1)縦・従　(2)織・職　(3)吸・級　(4)論・輪

6 ❶ (1)存　(2)尊　(3)延　(4)沿

7 ❶ (1)努　(2)務　(3)勤　(4)写　(5)移　(6)映

8 ❶ (1)刊　(2)干　(3)復　(4)複

9 ❶ (1)おうたい　(2)はんのう

10 ❶ (1)例心を決める。(2)例熱を加える。(3)例国が営む。(4)例売り買い。(5)例早い朝。(6)例港に入る。

11 ❶ 副産物　短時間　不完全　に○

12 ❶ (1)馬　(2)さる　(3)たか　(4)たぬき

13 ❶ (1)でも　(2)そのうえ

14 ❶ ㋒

15 ❶ (1)めし上がって〈お食べになって〉　(2)拝見した

16 ❶ (1)桜　(2)夕立　(3)もみじ　(4)たき火

17 ❶ 例はらはらしながら不安そうに見守っていた。

18 ❶ ㋑　に○

19 ❶ ㋑　に○

20 ❶ 例鏡の中の世界で、上下が逆に映らないのはなぜかということ。

21 ❶ (1)㋒　(2)㋓　(3)㋐　(4)㋑

国語 21 読解

説明文の読みとり(1)

21ページ

① 人類とサル類は、どこで区別したらよいのだろうか。

② (1)脳 (2)四五〇 (3)雑食 (4)しゅりょう ※(3)と(4)の答えは逆でもよい。
(5)道具 (6)道具

ポイント

① [1]の段落《だんらく》の最初の一文の文末「…だろうか。」は、疑問《ぎもん》を表しています。この説明文は、この疑問《ぎもん》を明らかにする形で文章が書かれています。

② [3]の段落《だんらく》の、「この説」とは、[2]の段落《だんらく》の「人類とは道具を使う動物だ。」という説をさしています。

最終チェック19

■ 次の文章を読んで、問題に答えましょう。

> 秋によく見かける花にひがん花がある。くきの先に赤い花がついて葉はないように見えるが、本当にないのか。実はひがん花にも葉はあるのである。花のさき終わった後で葉がのび、春をこすと葉は消えてしまう。つまり、花と葉を同時に見ることができないだけなのである。

❶ ひがん花に葉がないように見えるのはなぜですか。合うものの記号を、〇で囲みましょう。

㋐ もともと葉が小さく、数の少ない植物だから。
㋑ 花がさいているときには、葉はつけていないから。
㋒ 葉をつけるかぶと、つけないかぶがあるから。

国語 22 読解

説明文の読みとり(2)

22ページ

① (1)何 (2)どういう存在

② [4]

③ (1)内側のわたし (2)なぜ、そう感じるのか

ポイント

① [1]の段落《だんらく》に、十一、二さいのころの筆者が思うようになっていたことが、具体的に書かれています。これは筆者の問いかけで、文章の話題となっています。

② 「こういう」などのことばがさし示す内容は、前の部分に書かれていることが多いのですが、ここでは、直後の段落《だんらく》に書かれていることに注意しましょう。

③ [5]の段落《だんらく》から、筆者が知りたかったことが読みとれます。

最終チェック20

■ 次の文章を読んで、問題に答えましょう。

> 鏡にあなたの顔を映《うつ》すとする。鏡の中の像は、左右が逆になっている。左手を上げると、映《うつ》った像の右手が上がっている。このように、鏡の中の世界では左右は逆になるのだが、上下は逆にならない。上のものは上に、下のものは下に映《うつ》っている。これは、なぜなのか。

❶ 筆者が疑問《ぎもん》に思っていることは、どんなことですか。

［　　　　　　　　　　　　］

19 国語 読解 物語の読みとり(1)

19ページ

1
(1)①灯台　②真ん中
(2)（はるかな海へとこぎ出していく）ふねの後ろ姿

2
(1)千草は、長旅でくたくたにつかれ果てているうえ、不安と心細さで、気分が悪くなりそうだった。
(2)なつかしそう

ポイント

1 (1)「御《み》船《ふね》島」のすぐ後に、「この二つの灯台を直線で…位置していた。」とあります。「この二つの灯台」については、前の段落《だんらく》に書かれています。
(2) 最後の文に、「その名のとおり、…ふねの後ろ姿《すがた》にも見えた。」とあります。

2 文章では、千草《ちぐさ》の気持ちと様子に続いて、最後の文で卓《たく》おじさんの様子が書かれています。

最終チェック17

■ 次の文章を読んで、問題に答えましょう。

> 二才のたくやは、この四月に幼《よう》ち園に入園した。入園式で母は、ほかの園児たちと並《なら》ぶたくやを、はらはらしながら不安そうに見守っていた。たくやのほうは、むしろ何も考えず、周囲にとけこんでいるようだった。

1 入園式での母は、どんな様子でしたか。

〔　　　　　　　　〕

---

20 国語 読解 物語の読みとり(2)

20ページ

1
(1) 例 ①不安　②ガンバロウッ〈がんばろう〉
(2) 例 ふり向かないまま、うなずいた。

2
(1)イ　に〇
(2) 例 遠めがねのような両方の目をあらん限り延ばした。
※「目を延《の》ばした」ということが書いてあれば正解です。

ポイント

1 (1)「太《ふと》も…さけんでいた。」の文から、太《ふと》も不安で、「ガンバロウッ」と思う気持ちになっていたことがわかります。
(2) 文章の最後の文に、太《ふと》の行動が書かれています。

2 (1)「すくめる」は、体を縮《ちぢ》める動作です。かにの子供《こども》らはかわせみに食べられるのではないかと思い、こわくなって、思わず身をかくそうと首をすくめたのです。

最終チェック18

■ 次の文章を読んで、問題に答えましょう。

> 陽子《ようこ》は、二年前にハムスターをもらってきた。それ以来、えさをやったり、かごのそうじをしたりしてかわいがってきたのだった。ところが最近そのハムスターに元気がない。ひまわりの種をやっても、うずくまったままで動かない。陽子《ようこ》はいてもたってもいられなかった。

1 陽子《ようこ》は、どんな気持ちですか。合うものの記号を、〇で囲みましょう。

㋐ 早く手のひらに乗せて遊びたいと思う気持ち。
㋑ 病気ではないかと心配する気持ち。
㋒ 新しい元気なハムスターがほしいという気持ち。

17 国語

ことばのきまり

敬語《けいご》の使い方

❶ (1)㋒ (2)㋐ (3)㋐ (4)㋑ (5)㋐ (6)㋒ (7)㋑

❷ (1)お会いする (2)お聞きになる (3)ご報告する

❸ (1)おっしゃる (2)いらっしゃる〈おいでになる〉 (3)めし上がる (4)くださる

❹ (1)申して〈申し上げて〉 (2)いただく (3)うかがう (4)参る〈うかがう〉

17ページ

ポイント

❶ていねい語は、「です・ます」を使った言い方です。尊敬語《そんけいご》とけんじょう語の見分け方は、――の動作が目上の人の動作なら尊敬語《そんけいご》で、自分や自分の身内の人の動作なら、けんじょう語です。

❷(1)の「会う」は「父」、(3)の「報告する」は「わたし」の動作なので、どちらもけんじょう語に直します。(2)の「聞く」は「先生」の動作なので、尊敬語《そんけいご》に直します。

❸・❹動作を表すことばで、尊敬《そんけい》やけんじょうを表す特別なことばがあります。なお、❸の(2)の「いらっしゃる」は「来る・行く・居る」の尊敬《そんけい》を表す特別なことばです。

最終チェック15

❶ ――のことばを、正しい敬語《けいご》に直しましょう。

(1) 先生、どうぞおかしを<u>いただいて</u>ください。（　　）

(2) わたしは、先生が作られた模型《もけい》の船を<u>ご覧《らん》になった</u>。（　　）

18 国語

ことばのきまり

短歌と俳句《はいく》

❶ (1)三十一音 (2)十七音 (3)俳句 (4)季語

❷ (1)東の｜野にかぎろひの｜立つ見えて｜かへりみすれば｜月かたぶきぬ

(2)金色の｜ちひさき鳥の｜かたちして｜銀杏ちるなり｜夕日の岡に

❸ (1) (1)(3)(2)

(2) (1)(3)(2)

(3) (1)(4)(3)(2)(5)

❹ (1)赤とんぼ・秋 (2)五月雨・夏 (3)雪とけて〈雪とけ〉・春

18ページ

ポイント

❷❹五・七・五・七・七に分けます。俳句《はいく》の季語は身近なことばの中にたくさんあります。例春の季語…かすみ・すみれ・つくし・ひばり・つばめ。夏の季語…夕立・麦畑・あじさい・つゆ晴れ。秋の季語…とんぼ・柿《かき》・天の川・いなずま。冬の季語…こがらし・大根・落ち葉。

最終チェック16

❶「春」「夏」「秋」「冬」を表す季語を［　］の中から選んで書きましょう。

(1) 春（　　） (2) 夏（　　）

(3) 秋（　　） (4) 冬（　　）

［もみじ・夕立・桜・たき火］

文をつなぐことば

15ページ

1 (1)それとも　(2)しかし　(3)さらに　(4)だから

2 (1)それで　(2)でも

3 (1)ので　(2)が　に〇

4 (1)例 大声で呼んだ。しかし、聞こえなかった。
(2)例 夏休みに山に行った。また、海にも行った。
(3)例 空腹だった。それで、おやつを食べた。

ポイント

1 (1)は、前の事がらと後の事がらの、どちらかを選ぶ内容の文です。(2)は、前の文と反対の事がらが後に続いています。(3)は、前の文に後の事がらをつけ加えています。(4)は、前の文の当然の結果が後に続いています。

3 「が」は、前と後が反対の事がらになります。「ので」は、前が原因・理由で、後にその結果が続きます。

4 それぞれ「、」の前と後がどんな関係になっているかを考えます。

最終チェック13

1 □に合うことばを［　］から選んで書きましょう。

(1) 歩きつかれた。
□、がまんして歩き続けよう。

(2) 母の作った料理はきれいだ。
□、おいしい。

［でも・では・そのうえ］

いろいろな表現

16ページ

1 (1)聞　(2)お　(3)お　(4)聞

2 (1)①美しい花がさくそうだ。
②美しい花がさきそうだ。
(2)①今日は暖かくなるそうだ。
②今日は暖かくなりそうだ。

3 (1)追いつかれた　(2)ほめられた　(3)消された

4 (1)星（のように）　(2)夜空にさく花（のようだ）

ポイント

2 (1)(2)を「ようだ」を使って様子をおし量る言い方をすると、「(1)美しい花がさくようだ。」「(2)今日は暖《あたた》かくなるようだ。」になります。

3 「受け身」とは「ほかから働きかけられること」という意味です。受け身の文にすると、述語が(1)「追いついた」→「追いつかれた」、(2)「ほめた」→「ほめられた」、(3)「消した」→「消された」と、「〜れる（た）」に変わります。

最終チェック14

1 「れる」「られる」が、次の文の□と同じ意味で使われているものを選んで、記号を書きましょう。

明日、テストの結果が発表される。（　　）

ア 料理がうまく作れるようになる。
イ 自分で服が着られる。
ウ 近所の犬にほえられる。
エ 練習のおかげで速く走れるようになった。

13 国語 ことばのきまり 熟語《じゅくご》の組み立て(2)

❶ (1)市町村・上中下　(2)全世界・新製品
(3)典型的・解決策

❷ (1)不　(2)無　(3)未　(4)非
※(1)～(3)は、それぞれ反対でもよい。

❸ (1)不　(2)未　(3)非　(4)無　(5)未　(6)非　(7)不　(8)無

❹ (1)国際化　(2)衣食住　(3)新記録
(4)最年少　(5)春夏秋冬　(6)入学試験
(7)穀倉地帯　(8)卒業式

ポイント

❶ (2)「全世界」の「全」には、「ぜんぶ・すべて」の意味があります。「新製品」は「新しい製品」という意味です。上にそえる漢字には、「大」「小」「最」などもあります。

❷ (3) 下にそえる一字には、ほかに「性」「化」などもあります。
「不・未・非・無」は、どれも下のことばの意味を打ち消す働きをします。次のような使い方を覚えておきましょう。
不…不安・不便・不自由・不用意
未…未定・未知・未解決・未発見
非…非運・非礼・非公式・非科学的
無…無線・無名・無理解・無意味

＼最終チェック11／

❶「●―●●」の組み立ての熟語《じゅくご》を◯で囲みましょう。

松竹梅　選手権　副産物　生産高
短時間　感想文　祝賀会　不完全

---

14 国語 ことばのきまり 慣用句・ことわざ・故事成語《こじせいご》

❶ (1)耳　(2)かた　(3)花　(4)油　(5)水　(6)腹　(7)えり

❷ (1)㋑　(2)㋓　(3)㋒　(4)㋐

❸ (1)㋐　(2)㋑　に◯

ポイント

❶❷ それぞれの文の中での慣用句の意味を調べておきましょう。
(1)は、「どんなすばらしいものでも、値打《ねう》ちのわからない人には役に立たない。」(2)は、「名人でも時には失敗することもある。」(3)は、「少しも手ごたえのないこと。」(4)は、「事前に用意をしておけば、いざというとき困《こま》らない。」という意味です。

❸ 故事成語《こじせいご》とは、昔から伝えられている、いわれのある事がらや、語句のことで、二語以上からできています。昔の中国の話からとったものが多くあります。

＼最終チェック12／

❶ 次の（　）に動物の名前を入れて、ことわざを完成させましょう。

(1)（　　）の耳に念仏
(2)（　　）も木から落ちる
(3) 能ある（　　）はつめをかくす
(4) とらぬ（　　）の皮算用《かわざんよう》

国語

11 漢字 漢字の読み書き

11ページ

①
(1)かんびょう　(2)きぬ・じゅんぱく
(3)すいり・さつ　(4)うら・ゆうびんきょく
(5)こんばん・たんじょうび
(6)てんのうへいか・こうごうへいか
(7)たまご・わりびきけん
(8)しゅくしゃく・すんぽう

②
(1)片　(2)忠　(3)郷・加盟　(4)演奏・枚
(5)穴・貯蔵　(6)臨時・座席　(7)宇宙・意欲

ポイント

① (6)「皇」の読み方は「こう」「おう」ですが、「天皇」のときは「てんのう」という読み方になります。しっかり覚えておきましょう。「后」は「皇后」の場合、「こうごう」と読みます。「皇后」の形で使うことがほとんどなので、熟語《じゅくご》の形で「皇」といっしょに覚えておきましょう。
(8)「縮尺《しゅくしゃく》」には「地図や設計図などで、実際の大きさを縮《ちぢ》めてかくこと。また、その縮《ちぢ》めた割合《わりあい》」という意味があります。縮尺《しゅくしゃく》五分の一の図で五センチメートルあれば、実際の寸法《すんぽう》は二十五センチメートルということになります。

② (5)「蔵」は「臓」とまちがえないように注意しましょう。「蔵」には「くら」という意味があります。「土蔵《どぞう》」「冷蔵庫《れいぞうこ》」などの熟語《じゅくご》で使います。

\ 最終チェック9 /

❶ ――の漢字の読みがなを書きましょう。

(1) 電話の応対。（　　　）
(2) 人々の反応。（　　　）

12 ことばのきまり 熟語《じゅくご》の組み立て(1)

12ページ

①
(1)㋑　(2)㋒　(3)㋐　(4)㋓

②
(1)①減　②妻　(2)①暖　②久

③
(1)①深海・例深い海。　②軽傷・例軽い傷。
(2)①消火・例火を消す。　②防犯・例犯罪を防ぐ。
※①、②は、それぞれ反対でもよい。

④
(1)着席　(2)大差

ポイント

① ㋐の「納税《のうぜい》」は、「税金を納《おさ》める。」という意味です。㋑「往」には「行く」、「復」には「もどる」の意味があります。㋒「寒冷」は、「寒い」「冷たい」という似た意味の漢字からできています。㋓「幼虫《ようちゅう》」は「幼《おさな》い虫」という意味です。熟語《じゅくご》の意味を正しく理解するためには、「漢字一つ一つの意味」と「熟語《じゅくご》の組み立て」をよく知ることが大切です。

④ (2)「大差」は「だいさ」ではなく「たいさ」と読みます。「大差《たいさ》をつけて勝つ。」「結論《けつろん》に大差《たいさ》はない。」というように使います。

\ 最終チェック10 /

❶ 次の熟語《じゅくご》の意味を例のように（　）に書きましょう。

例 開会（会を開く。）

(1) 決心（　　　）
(2) 加熱（　　　）
(3) 国営（　　　）
(4) 売買（　　　）
(5) 早朝（　　　）
(6) 入港（　　　）

漢字 漢字の使い方(3)

9ページ

①
(右から) (1)根・値 (2)塩・潮
(3)治・修・納・収 (4)暖・温

②
(1)映 (2)済 (3)勤 (4)破 (5)供 (6)降

ポイント

① (3) 特に「収・納」の使い分けに注意しましょう。「収《おさ》める」は「中にきちんとしまいこむ・手に入れる」、「納《おさ》める」は「品物やお金を受け取り人にわたす」という意味があります。

(4) 「温かい」は、そのものの温度が冷たくも熱くもなく、ほどよい温度である場合や、人の心などについていう場合に多く使われます。「暖《あたた》かい」は、気温が寒くも暑くもない場合に多く使われます。

② (3) 「つとめる」には、「勤める」「努める」「務める」があります。それぞれ「出勤《しゅっきん》」「努力」「任務」など熟語《じゅくご》といっしょに覚えて使い分けるようにしましょう。

最終チェック7

❶ □に漢字を書きましょう。

(1) 忘《わす》れ物《もの》をしないように□《つと》める。

(2) 委員を□《つと》める。

(3) 工場に□《つと》める。

(4) 手本の字を書《か》き□《うつ》す。

(5) 荷物を別の場所に□《うつ》す。

(6) 鏡に自分の姿《すがた》を□《うつ》す。

漢字 漢字の使い方(4)

10ページ

①
(1)完結・簡潔 (2)司会・視界 (3)規律・起立
(4)単身・短針 (5)指揮・士気
(6)自己・事故

②
(1) 干　刻
刊潮～時穀～。

(2) 警　将
敬察官～障来～。

(3) 班　朗
判～労読～。

(4) 安　策
～案全対昨～。

(5) 幼　担
容児～誕任～。

(6) 敵　承
適チーム～勝知。

ポイント

① (1) 「完結」は「すべて終わること」、「簡潔《かんけつ》」は「簡単《かんたん》で、要領を得ている様子」という意味です。文の意味に合わせて使い分けましょう。

(4) 「単身」は、「ただひとり」という意味です。「短針《たんしん》」は、「時計などの時間を示す短い針《はり》」のことです。

② (1) 「干」は「ほす」、「刊」は「本などを出す」という意味があります。「刂」があるかないかに注意して、熟語《じゅくご》といっしょに覚えるようにしましょう。

最終チェック8

❶ □に漢字を書きましょう。

(1) 週《しゅう》□《かん》誌《し》を読む。

(2) 広い□《かん》たく地。

(3) 予習と□《ふく》習《しゅう》。

(4) □《ふく》数《すう》

7 国語

漢字

漢字の使い方(1)

7ページ

❶ (右から)(1)縦・従 (2)域・城 (3)皇・泉 (4)著・署 (5)幕・暮 (6)宅・宇 (7)腹・復・複 (8)賃・貸・貨

❷ (1)翌 (2)孝 (3)銭 (4)巻 (5)党・論 (6)熟・舌 (7)派・専

ポイント

❶ (1)「縦・従」は、「糸」があるかないかに注意しましょう。

(5)「巾」と「日」のちがいに注目して覚えましょう。

(7) 部首のちがい(「月」「彳」「衤」)に注目しましょう。「腹」の「月(にくづき)」は、「肉・体」を表しています。「腸」「脳」「肺」など、「月」を使った漢字には、体や体の働きに関係するものがたくさんあります。

❷ (5)「討論《とうろん》で言い合う」というように部首に注目するとまちがえにくくなります。

最終チェック5

❶ □に漢字を書きましょう。

(1) □《たて》書き　□《じゅう》業員《ぎょういん》

(2) □《おり》物《もの》の工場。　父の□《しょく》業《ぎょう》。

(3) □《きゅう》収《しゅう》する　学《がく》□《きゅう》会《かい》

(4) 議《ぎ》□《ろん》　一《いち》□《りん》車《しゃ》に乗る。

8 国語

漢字

漢字の使い方(2)

8ページ

❶ (右から)(1)聖・誠 (2)就・衆 (3)討・糖 (4)否・批 (5)乱・覧 (6)亡・棒 (7)存・尊 (8)詞・誌

❷ (1)劇・激 (2)装・操 (3)源・厳 (4)閣・革 (5)沿・延 (6)頂・庁 (7)憲・権

ポイント

❶ (7)「存」は「ある」、「尊」は「大事にする・たっとぶ」という意味から、それぞれ「現存《げんぞん》・生存《せいぞん》」、「尊重《そんちょう》」などと使います。いっしょに覚えておきましょう。

❷ (2)「装」は「よそおい・とりつけること・かざること」、「操」は「手であやつること」という意味から、それぞれ「服装《ふくそう》・包装《ほうそう》」、「操縦《そうじゅう》・体《たい》操《そう》」などと使います。

(5)「沿」は「そう」、「延」は「のばす」という意味から、それぞれ「沿《えん》岸《がん》・沿道《えんどう》」、「延長《えんちょう》・延期《えんき》」などと使います。

最終チェック6

❶ □に漢字を書きましょう。

(1) 文明の□《そん》続《ぞく》。

(2) 相手の意見を□《そん》重《ちょう》する。

(3) 試合が□《えん》期《き》される。

(4) □《えん》道《どう》でランナーを応えんする。

国語 漢字

5 漢字の読み方(3)

5ページ

❶ (1)かわら (2)とけい (3)まっさお (4)けさ
(5)くだもの (6)まいご (7)けしき (8)めがね
(9)へた (10)おとな (11)ともだち

❷ (右から) (1)きょう・こんにち (2)ついたち・いちにち
(3)ことし・こんねん (4)じょうず・うわて

ポイント

❶ (1)～(11)は、特別な読み方をする熟語《じゅくご》で、熟語《じゅくご》の形ではじめて読むことができます。ほかにも、「昨日（きのう）」「七夕（たなばた）」などがあります。

❷ (1)「きょう」、(2)「ついたち」、(3)「ことし」、(4)「じょうず」は特別な読み方です。それぞれのことばの意味と使い方を、しっかり覚えておきましょう。

最終チェック3

❶ ――の漢字の読みがなを書きましょう。

(1) 三月二日（　　）
(2) 七夕の行事。（　　）
(3) 今日の予定。（　　）
(4) ピアノが上手だ。（　　）
(5) 二人で遊ぶ。（　　）
(6) 近くの八百屋さん。（　　）
(7) 今朝のニュース。（　　）
(8) 父のうで時計。（　　）

国語 漢字

6 漢字の組み立て

6ページ

❶ (1)俳優・仁・俵 (2)株・模・権 (3)肺・臓・脳
(4)源・沿・激流 (5)若・蔵・蒸 (6)宣・宝・宗

❷ (1)展・届 (2)障・除 (3)訳・諸・訪

❸ (1)木 (2)手 (3)水

ポイント

❶ (3)「月（にくづき）」は「肉」の形が変化したものです。「月」のつく漢字には、体の器官に関係のある漢字が多くあります。また、「月（つき）」の漢字には「朗」「期」「朝」などがあります。

❷ (1)は「尸（しかばね）」、(2)は「阝（こざとへん）」、(3)は「言（ごんべん）」のつく漢字です。

❸ (3)「派」の「𠂢」は川から支流が分かれた様子を表しています。そこから「もとから分けられたもの・なかま」の意味になりました。「派《は》生《せい》」「流《りゅう》派《は》」などの熟語《じゅくご》があります。

最終チェック4

❶ □に漢字を書きましょう。

(1) 空《くう》□《ふく》
(2) □《きょう》囲《い》
(3) □《せ》中《なか》
(4) □《じゅ》木《もく》
(5) □《つくえ》
(6) 鉄《てつ》□《ぼう》
(7) 満《まん》□《ちょう》
(8) 感《かん》□《げき》
(9) □《せん》面《めん》所《じょ》

国語

3 漢字 漢字の読み方(1)

3ページ

1

(右から) (1)わ・ぶんかつ (2)よ・てんこ
(3)かいこ・ようさん (4)すな・さとう
(5)た・すいちょく (6)きず・けいしょう
(7)よ・かいぜん (8)ちち・にゅうせいひん

2

(1)あやま・ごじ (2)せん・あら
(3)きゅうすい・す (4)そんけい・うやま
(5)こと・いろん (6)しつぎおうとう・うたが
(7)みちすじ・てっきん

ポイント

1 (4)「さとお」と書かないようにします。
(5)「垂《た》れる」は、「雨垂《あまだ》れ」のように、ことばによっては「〜だれ」という読み方をすることもあります。
(6)「きづつく」と書かないようにします。

2 (1)「誤《あやま》る」、(2)「洗《あら》う」、(4)「敬《うやま》う」、(5)「異《こと》なる」、(6)「疑《うたが》い」は、送りがなもしっかり覚えておきましょう。
(4)「そんけえ」と書かないようにします。「敬老《けいろう》」「敬語《けいご》」「敬礼《けいれい》」の読みといっしょに覚えておきましょう。

最終チェック1

1 ――の漢字の読みがなを書きましょう。

(1) 西側の窓。（　　　）
(2) 父の好物。（　　　）
(3) 二階建ての家。（　　　）
(4) 反省する（　　　）

答えは12ページ

国語

4 漢字 漢字の読み方(2)

4ページ

1

(右から) (1)ほね・てっこつ (2)おが・はいけん
(3)とも・そな・ていきょう
(4)せい〈せ〉・せなか・はいけい
(5)し・と・へいかい (6)ふ・お・こうさん

2

(1)すがた・しせい (2)つう・いた
(3)なんみん・むずか (4)きざ・じこく
(5)ほきょう・おぎな (6)ふんき・ふる
(7)なみきみち・なら

ポイント

1 (3)「供《そな》える」、(5)「閉《し》める」「閉《と》じる」は、送りがなもしっかり覚えておきましょう。

2 (3)「供」は「子供」の場合「こども」ではなく、「こども」と読みます。
(7)「並」は、「なみ」「なら（ぶ）」などのほかに、中学校で「へい」という読み方も習います。「並立《へいりつ》」「並行《へいこう》」などの使い方も覚えておくとよいでしょう。

最終チェック2

1 ――の漢字の読みがなを書きましょう。

(1) 青空が広がる。（　　　）
(2) 西の方角。（　　　）
(3) 時を刻む。（　　　）
(4) 羊の放《はな》し飼い。（　　　）

くもんの小学 6 年生の総復習ドリル

答えとポイント

＋

［ 最終チェック問題 ］

国語・算数

＋

［ 先取りドリル ］

●中学国語…15～17ページ
●中学数学…21～18ページ

❶ **答えが合っていたら，「できたシール」をはりましょう。**

答えが合っていたら，まるをつけ，問題のところに「できたシール」（小さいシール）をはりましょう。（シールだけはってもよいです。）

❷ **まちがえたら，ポイントを読んで，正しく直しましょう。**

まちがえたところは，ポイントをよく読んで，もう一度やってみましょう。
英語は，読まれた英語（訳《やく》）で音声の英文とその訳《やく》がわかります。
英文の内容を確認《かくにん》しましょう。
正しく直せたら「できたシール」をはりましょう。

❸ **全問正解になったら，「合格シール」をはりましょう。**

「できたシール」を全部はれたら，ページの上に「合格シール」（大きいシール）をはりましょう。ページ全体に大きなまるをつけてから，シールをはってもよいです。

❹ **算数と国語は，最終チェックで最後のおさらいをしましょう。**

答えは「答えとポイント」の最後にあります。

国語の注意点

- 文や文章を使った問題では，文章中のことばを正解としています。似た言い方のことばで答えてもかまいません。
- （　）は，答えにあってもよいものです。〈　〉は，他の答え方です。
- 例 の答えでは，似た内容が書けていれば正解です。

しあげテスト
- 国語…13ページ
- 社会…14ページ
- 理科…22ページ
- 算数…23ページ
- 英語…36ページ

英語 40～36ページ 反対側からはじまります。

算数 35～24ページ 35ページからはじまります。

国語 1～12ページ このページからはじまります。

1 国語 漢字 漢字の書き(1)

❶ (1)創・恩 (2)胸・胃腸 (3)鋼・射 (4)窓・忘 (5)段・穀 (6)机・処 (7)灰・層

❷ (1)危ない (2)困る (3)至る (4)染める (5)認める (6)退ける

ポイント できなかったら、ここを読んで直そう！

❶ (1)「刂」、(2)「匈・勿」、(3)「岡・寸」、(4)「心」といったはねる部分に注意しましょう。(7)の「厂・尸」のように「たれ（厂・广・尸・疒など）」のつく漢字は、はらいの部分に注意しましょう。

❷ (4)「そまる」と読むことばでは「染まる」、(6)「しりぞく」「しりぞける」と読むことばでは「退く」「退ける」と送りがなをつけます。

2 国語 漢字 漢字の書き(2)

❶ (1)系 (2)秘密・盛 (3)将・樹 (4)我・紅茶 (5)私・拡 (6)幼・磁 (7)貴・遺

❷ (1)探す (2)捨てる (3)激しく (4)預ける (5)現す (6)裁く

ポイント

❶ (2)「必・成」、(3)「寸」、(4)「戈」の部分の「、」の打ち方に注意しましょう。

❷ (5)「あらわす」には「現す・表す・著す」などがあります。すべて送りがなは「す」であることを覚えておきましょう。中学校で習う読みですが、「本を書いて出す」意味では「著」を使います。

英語

復習

1回 アルファベット

学習日 月 日

合格シール
全問正解に
できたら
合格シール
をはろう！

064

音声を聞く準備をしましょう。

おうちのかたへ 》》 064 があるページは，音声を聞きながら学習を進めます。
数字は，「きくもん」アプリを使うときに入力する，ページ番号です。

音声の聞き方

音声アプリ「きくもん」 をダウンロード

❶くもん出版のガイドページにアクセス
❷指示にそって，アプリをダウンロード
❸アプリのトップページで「小学6年の総復習ドリル」を選ぶ
※「きくもん」アプリは無料ですが，ネット接続の際の通信料金は別途《べっと》発生いたします。

くもん出版のサイトから，ダウンロード

音声ファイルを
ダウンロードすることも
できます。

できたシール 〈アルファベットの大文字と小文字を書くことができる〉

1 次の大文字と小文字をなぞって書いたあと，もう1度ずつ書き写しましょう。

Aa Bb Cc Dd
Ee Ff Gg Hh
Ii Jj Kk Ll
Mm Nn Oo Pp
Qq Rr Ss Tt
Uu Vv Ww Xx
Yy Zz

できたシール 〈アルファベットの大文字を順番に書くことができる〉

2 音声を聞きましょう。次に，正しい大文字の順序になるように，文字があるものはなぞって書いて，空いているところには当てはまる文字を書きましょう。

A C F H J L M
O P R T V Y Z

できたシール 〈アルファベットの小文字を順番に書くことができる〉

3 音声を聞きましょう。次に，正しい小文字の順序になるように，文字があるものはなぞって書いて，空いているところには当てはまる文字を書きましょう。

b d e g i k n
q s u w x

英語の文

2回 I’m Kaito. I’m from Tokyo.

学習日 月 日

合格シール 全問正解にできたら合格シールをはろう！

063

できたシール 〈自こしょうかいの文を，音声で聞きとることができる〉

1 音声を聞いて，内容と合う絵をそれぞれ**ア**と**イ**から選んで（　　）に書きましょう。

(1)　（　　）

ア

イ

(2)　（　　）

ア

イ

(3)　（　　）

ア

イ

(4)　（　　）

ア

イ

できたシール 〈自こしょうかいの文を音声で聞いて，英語を選んで書くことができる〉

2 音声を聞いて，内容と合う英語を下の（　　）から選んで＿＿に書きましょう。

(1) ＿＿＿＿＿＿ badminton.

(I’m / I like / I live)

(2) I’m from ＿＿＿＿＿＿ .

(Aomori / Okayama / Fukuoka)

できたシール 〈I’ m ～.の文を見て書くことができる〉

3 音声を聞いてまねして言ったあと，英語の文を書きましょう。

(1) I’m Yoko.

＿＿＿＿＿＿＿＿＿＿＿＿

(2) I’m good at skiing.

＿＿＿＿＿＿＿＿＿＿＿＿

できなかったところは，もう一度やってみましょう。正しく直せたら**できたシール**をはりましょう。

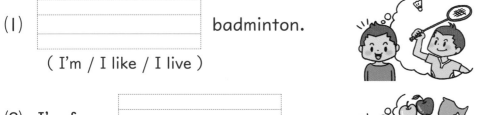

英語

英語の文

3回

What do you do on Sundays?

学習日　　月　　日

合格シール
全問正解にできたら合格シールをはろう！

062

できたシール 〈何曜日に何をするかをたずねる文と答える文を，音声で聞きとることができる〉

1 音声を聞いて，内容と合う絵を**ア**～**エ**から選んで（　　）に書きましょう。

ア

イ

ウ

エ

(1)（　　）　(2)（　　）　(3)（　　）　(4)（　　）

できたシール 〈何曜日に何をするかをたずねる文と答える文を音声で聞いて，英語を選んで書くことができる〉

2 音声を聞いて，内容と合う英語を下の（　　）から選んで［　　］に書きましょう。

(1) ［　　　　］ do you do on Mondays?

(Where / When / What)

I listen to music.

(2) What do you do on Thursdays?

I ［　　　　］ English.

(watch / study / play)

できたシール 〈何曜日に何をするかをたずねる文と答える文を見て書くことができる〉

3 音声を聞いてまねして言ったあと，英語の文を書きましょう。

(1) What do you do on Fridays?

(2) I go shopping.

4回 This is Shota. Who is he?

学習日
月　日

合格シール
全問正解にできたら合格シールをはろう！

061

できたシール〈人をしょうかいする文や人についてたずねる文を，音声で聞きとることができる〉

1 音声を聞いて，内容と合う絵をそれぞれ**ア**と**イ**から選んで（　）に書きましょう。

(1)（　　）

ア

イ

(2)（　　）

ア

イ

(3)（　　）

ア

イ

(4)（　　）

ア

イ

できたシール〈人をしょうかいする文や人についてたずねる文を音声で聞いて，英語を選んで書くことができる〉

2 音声を聞いて，内容と合う英語を下の（　）から選んで＿＿＿に書きましょう。

(1) This is Miyu. ＿＿＿＿＿＿ my sister.

(I am / He is / She is)

(2) Who is he?

＿＿＿＿＿＿ Akira. He is a cook.

(This is / He is / She is)

できたシール〈人をしょうかいする文を見て書くことができる〉

3 音声を聞いてまねして言ったあと，プロフィールを見て，英語の文を書きましょう。

名前：アヤミ
自分との関係：姉
得意なもの：テニス

This is Ayami.

(1) She is my sister.

＿＿＿＿＿＿＿＿＿＿＿＿＿＿＿＿

(2) She is good at tennis.

＿＿＿＿＿＿＿＿＿＿＿＿＿＿＿＿

できなかったところは，もう一度やってみましょう。正しく直せたら**できたシール**をはりましょう。

英語の文

5回 I want to go to India.

学習日 月 日

合格シール
全問正解にできたら合格シールをはろう！

060

できたシール 〈行きたい国についての文を，音声で聞きとることができる〉

1 音声を聞いて，内容と合う絵をそれぞれ**ア**と**イ**から選んで（　　）に書きましょう。

(1) (　　)

ア 

イ 

(2) (　　)

ア 

イ 

(3) (　　)

ア 

イ 

(4) (　　)

ア 

イ 

できたシール 〈行きたい国や場所についての文を音声で聞いて，英語を選んで書くことができる〉

2 音声を聞いて，内容と合う英語を下の（　　）から選んで［　　］に書きましょう。

(1) I ［　　　　］ to go to Australia.

(want / play / have)

(2) I want to ［　　　　］ a lake.

(visit / see / eat)

できたシール 〈行きたい国についてたずねる文と答える文を見て書くことができる〉

3 音声を聞いてまねして言ったあと，英語の文を書きましょう。

(1) Where do you want to go?

(2) I want to go to Canada.

英語

英語の文

6回 What do you have in summer?

学習日 月 日

合格シール 全問正解にできたら合格シールをはろう！

059

できたシール 〈季節の行事をしょうかいする文を，音声で聞きとることができる〉

1 音声を聞いて，内容と合う絵をそれぞれ**ア**と**イ**から選んで（　　）に書きましょう。

(1)（　　）

ア 

イ 

(2)（　　）

ア 

イ 

(3)（　　）

ア 

イ 

(4)（　　）

ア 

イ 

できたシール 〈季節の行事をしょうかいする文を音声で聞いて，英語を選んで書くことができる〉

2 音声を聞いて，内容と合う英語を下の（　　）から選んで ______ に書きましょう。

(1) ______ Children's Day in May.

(I like / We have / I'm)

(2) We have our swimming meet in ______ .

(summer / spring / fall)

できたシール 〈季節の行事をたずねる文と答える文を見て書くことができる〉

3 音声を聞いてまねして言ったあと，英語の文を書きましょう。

(1) What do you have in January?

______

(2) We have New Year's Day.

______

できなかったところは，もう一度やってみましょう。正しく直せたら**できたシール**をはりましょう。

I went to the zoo.

学習日 月 日

合格シール
全問正解にできたら合格シールをはろう！

058

できたシール 〈過去の文を，音声で聞きとることができる〉

1 音声を聞いて，内容と合う絵を**ア**～**エ**から選んで（　　）に書きましょう。

ア

イ

ウ

エ

(1)（　　）　(2)（　　）　(3)（　　）　(4)（　　）

できたシール 〈過去の文を音声で聞いて，英語を選んで書くことができる〉

2 音声を聞いて，内容と合う英語を下の（　　）から選んで　　に書きましょう。

(1) What　　　　　do?

(did you / do you / are you)

I went to Kyoto.

(2) What did you see?

I　　　　　temples.

(ate / saw / went)

できたシール 〈今年の思い出についての文を見て書くことができる〉

3 音声を聞いてまねして言ったあと，英語の文を書きましょう。

今年の思い出

行った場所：沖縄《おきなわ》
したこと：水泳を楽しんだ

(1) I went to Okinawa.

(2) I enjoyed swimming.

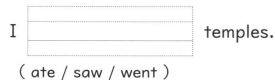

8回 It was delicious.

学習日　　月　　日

合格シール
全問正解にできたら合格シールをはろう！

057

できたシール〈過去のことやその感想についての文を，音声で聞きとることができる〉

1 音声を聞いて，内容と合う絵を**ア**～**エ**から選んで（　　）に書きましょう。

ア

イ

ウ

エ

(1)（　　）　(2)（　　）　(3)（　　）　(4)（　　）

できたシール〈小学校の一番の思い出についての文を音声で聞いて，英語を選んで書くことができる〉

2 音声を聞いて，内容と合う英語を下の（　　）から選んで＿＿に書きましょう。

(1) My best memory is our ＿＿＿＿＿＿＿＿.

(field trip / chorus contest / marathon)

(2) ＿＿＿＿＿＿ exciting.

(I am / It was / She is)

できたシール〈小学校の一番の思い出についての文を見て書くことができる〉

3 音声を聞いてまねして言ったあと，英語の文を書きましょう。

My best memory is our school festival.

(1) I enjoyed dancing.

＿＿＿＿＿＿＿＿＿＿＿＿＿＿＿＿

(2) It was fun.

＿＿＿＿＿＿＿＿＿＿＿＿＿＿＿＿

できなかったところは，もう一度やってみましょう。正しく直せたら**できたシール**をはりましょう。

英語

英語の文

9回

I want to be a tennis player.

学習日 月 日

合格シール
全問正解にできたら合格シールをはろう！

056

できたシール 〈将来《しょうらい》の夢についての文を，音声で聞きとることができる〉

1 音声を聞いて，内容と合う絵をそれぞれ**ア**と**イ**から選んで（　　）に書きましょう。

(1) （　　）

ア 

イ 

(2) （　　）

ア 

イ 

(3) （　　）

ア 

イ 

(4) （　　）

ア 

イ 

できたシール 〈将来《しょうらい》の夢についての文を音声で聞いて，英語を選んで書くことができる〉

2 音声を聞いて，内容と合う英語を下の（　　）から選んで＿＿に書きましょう。

(1) I ＿＿＿＿ to be a baker.

(am / like / want)

(2) I want to be a ＿＿＿＿ .

(cook / doctor / farmer)

できたシール 〈なりたい職業についてたずねる文と答える文を見て書くことができる〉

3 音声を聞いてまねして言ったあと，英語の文を書きましょう。

(1) What do you want to be?

＿＿＿＿＿＿＿＿＿＿＿＿＿＿＿＿

(2) I want to be a scientist.

＿＿＿＿＿＿＿＿＿＿＿＿＿＿＿＿

英語 しあげテスト

学習日　　月　　日

得点　　点

合格シール
全問正解に
できたら
合格シール
をはろう！

055

1 音声を聞いて，内容と合う絵をそれぞれ**ア**と**イ**から選んで（　　）に書きましょう。

（1つ10点）

(1)　（　　）

ア

イ

(2)　（　　）

ア

イ

(3)　（　　）

ア

イ

(4)　（　　）

ア

イ

2 次のプロフィールを見ながら音声を聞いてまねして言ったあと，英語の文を書きましょう。

（1つ15点）

名前：アオイ
自分との関係：姉
職業：デザイナー

This is Aoi.

(1)　She is my sister.

(2)　She is a designer.

3 次のインタビューを聞きながら，内容と合う英語の文を下から選んで，書きましょう。

（1つ15点）

(1)　What do you do on Saturdays?

(2)　What do you want to be?

（I play soccer.　　I play the guitar.
I want to be a musician.　　I want to go to Italy.）

算数

計算

1回

分数のかけ算とわり算

学習日　月　日

合格シール
全問正解にできたら合格シールをはろう！

⬇答え合わせをして、答えが合っていたら、ここに**できたシール**をはろう。

できたシール　〈分数×整数〉

1 次の計算をしましょう。

① $\frac{2}{7}\times3=$

② $\frac{2}{11}\times5=$

③ $\frac{1}{5}\times6=$

④ $\frac{3}{8}\times3=$

できたシール　〈分数×整数，約分あり〉

2 次の計算をしましょう。

① $\frac{3}{8}\times2=$

② $\frac{4}{9}\times6=$

③ $\frac{1}{5}\times5=$

④ $\frac{11}{12}\times8=$

できたシール　〈分数÷整数〉

3 次の計算をしましょう。

① $\frac{3}{7}\div2=$

② $\frac{4}{9}\div3=$

③ $\frac{7}{8}\div9=$

④ $\frac{3}{5}\div4=$

できたシール　〈分数÷整数，約分あり〉

4 次の計算をしましょう。

① $\frac{9}{10}\div3=$

② $\frac{5}{7}\div10=$

③ $\frac{8}{9}\div4=$

④ $\frac{9}{11}\div6=$

できなかったところは、もう一度やってみましょう。正しく直せたら**できたシール**をはりましょう。

2回 分数のかけ算

学習日　月　日

合格シール
全問正解にできたら合格シールをはろう！

できたシール 〈分数×分数〉

1 次の計算をしましょう。

① $\frac{2}{7}\times\frac{1}{3}=$

② $1\frac{1}{3}\times\frac{4}{5}=$

できたシール 〈分数×分数，１回約分あり〉

2 次の計算をしましょう。

① $\frac{3}{8}\times\frac{5}{6}=$

② $1\frac{1}{9}\times\frac{6}{7}=$

できたシール 〈分数×分数，２回約分あり〉

3 次の計算をしましょう。

① $\frac{5}{12}\times\frac{8}{15}=$

② $1\frac{2}{11}\times1\frac{9}{13}=$

できたシール 〈整数×分数〉

4 次の計算をしましょう。

① $2\times\frac{4}{7}=$

② $6\times\frac{8}{9}=$

できたシール 〈３つの分数のかけ算〉

5 次の計算をしましょう。

① $\frac{1}{4}\times\frac{2}{5}\times\frac{7}{9}=$

② $\frac{4}{7}\times\frac{5}{6}\times\frac{3}{8}=$

できたシール 〈計算のきまり〉

6 次の$\square$にあてはまる数を書いて，計算をしましょう。

① $\left(\frac{2}{7}\times\frac{4}{5}\right)\times\frac{5}{6}$

$=\square\times\left(\frac{4}{5}\times\frac{5}{6}\right)$

$=$

② $\frac{8}{9}\times\left(\frac{1}{4}+\frac{1}{8}\right)$

$=\frac{8}{9}\times\square+\frac{8}{9}\times\square$

$=$

できたシール 〈積とかけられる数の大小〉

7 次の$\square$にあてはまる不等号を書きましょう。

① $8\times\frac{7}{9}\ \square\ 8$

② $8\times\frac{9}{7}\ \square\ 8$

できなかったところは、もう一度やってみましょう。正しく直せたら**できたシール**をはりましょう。

くもんの小《しょう》学《がく》ドリルシリーズとの対《たい》照《しょう》表《ひょう》

総復習《そうふくしゅう》ドリルをやってみて、さらに基礎《きそ》からしっかり学習《がくしゅう》したいときには、この表《ひょう》にある小学《しょうがく》ドリルで学習《がくしゅう》するとよいでしょう。

算数

くもんの小学6年の総復習ドリル			くもんの小学ドリル
回	単元名	ページ	
1	分数のかけ算とわり算	54	6年生の分数
2	分数のかけ算	53	6年生の分数
3	分数のわり算	52	6年生の分数
4	線対称と点対称	51	6年生の数・量・図形
5	拡大図と縮図	50	6年生の数・量・図形
6	円の面積	49	6年生の数・量・図形
7	立体の体積	48	6年生の数・量・図形
8	比(1)	47	6年生の数・量・図形
9	比(2)	46	6年生の数・量・図形
10	比例(1)	45	6年生の数・量・図形
11	比例(2)	44	6年生の数・量・図形
12	反比例	43	6年生の数・量・図形
13	文字と式	42	6年生の数・量・図形
14	データの調べ方(1)	41	6年生の数・量・図形
15	データの調べ方(2)	40	6年生の数・量・図形
16	分数のかけ算とわり算(1)	39	6年生の文章題
17	分数のかけ算とわり算(2)	38	6年生の文章題
18	比と比例の問題	37	6年生の文章題
19	拡大図と縮図	36	6年生の文章題
20	場合の数(1)	35	6年生の文章題
21	場合の数(2)	34	6年生の文章題
22	いろいろな問題(1)	33	6年生の文章題
23	いろいろな問題(2)	32	6年生の文章題
24	いろいろな問題(3)	31	6年生の文章題

国語

くもんの小学6年の総復習ドリル			くもんの小学ドリル
回	単元名	ページ	
1	漢字の書き(1)	1	6年生の漢字
2	漢字の書き(2)	2	6年生の漢字
3	漢字の読み方(1)	3	6年生の漢字
4	漢字の読み方(2)	4	6年生の漢字
5	漢字の読み方(3)	5	6年生の漢字
6	漢字の組み立て	6	6年生の漢字
7	漢字の使い方(1)	7	6年生の漢字
8	漢字の使い方(2)	8	6年生の漢字
9	漢字の使い方(3)	9	6年生の漢字
10	漢字の使い方(4)	10	6年生の漢字
11	漢字の読み書き	11	6年生の漢字
12	熟語の組み立て(1)	12	6年生の言葉と文のきまり
13	熟語の組み立て(2)	13	6年生の言葉と文のきまり
14	慣用句・ことわざ・故事成語	14	6年生の言葉と文のきまり
15	文をつなぐことば	15	6年生の言葉と文のきまり
16	いろいろな表現	16	6年生の言葉と文のきまり
17	敬語の使い方	17	6年生の言葉と文のきまり
18	短歌と俳句	18	6年生の言葉と文のきまり
19	物語の読みとり(1)	19	6年生の文章の読解
20	物語の読みとり(2)	20	6年生の文章の読解
21	説明文の読みとり(1)	21	6年生の文章の読解
22	説明文の読みとり(2)	22	6年生の文章の読解
23	作文(1)	23	6年生の言葉と文のきまり
24	作文(2)	24	6年生の言葉と文のきまり

くもんの 小学6年の総復習ドリル

算《さん》数《すう》教《きょう》科《か》書《しょ》対《たい》照《しょう》表《ひょう》

小学6年生

くもんの小学6年の総復習ドリル			教科書のページ					
回数	単元名	ページ	東京書籍 新編　新しい算数　6	啓林館 わくわく算数　6	学校図書 みんなと学ぶ 小学校算数 6年	日本文教出版 小学算数　6年	教育出版 小学　算数　6	大日本図書 新版　たのしい算数　6年
1	分数のかけ算とわり算	54	32～38	36～41	44～57	35～42	24～36	32～44
2	分数のかけ算	53	39～49	42～55	60～73	43～58	56～69	99～113
3	分数のわり算	52	50～65	56～69	74～85, 117～119	59～72	70～84	115～132
4	線対称と点対称	51	8～23	10～25	12～29	11～26	38～53	16～29
5	拡大図と縮図	50	88～94	140～149	170～180	157～165	170～180	162～169
6	円の面積	49	120～132	88～97	128～135	109～120	107～121	45～55
7	立体の体積	48	134～141	98～105	143～153	121～130	146～154	89～97
8	比(1)	47	72～79	128～135	158～164	145～152	156～162	147～154
9	比(2)	46						
10	比例(1)	45	150～159	154～169	186～196	175～184	122～135	181～194
11	比例(2)	44						
12	反比例	43	166～172	174～179	199～203	188～193	136～141	195～200
13	文字と式	42	24～31	26～35	30～43	27～34	11～21	57～65
14	データの調べ方(1)	41	100～119, 190～195	106～123	86～101, 212～217	79～105	88～105	66～87
15	データの調べ方(2)	40						
16	分数のかけ算とわり算(1)	39	上の分数のかけ算, わり算のページに加えて, 66～70	上の分数のかけ算, わり算のページに加えて, 82～83	上の分数のかけ算, わり算のページに加えて, 126～127	上の分数のかけ算, わり算のページに加えて, 74～78	上の分数のかけ算, わり算のページ	上の分数のかけ算, わり算のページ
17	分数のかけ算とわり算(2)	38						
18	比と比例の問題	37	80～81, 161～165	136～137, 170～171	165～166, 197～198	153～155, 185～187	142, 163～166	155～156, 181～194
19	拡大図と縮図	36	95～97	150～151	181～182	166～169	181～183	170～173
20	場合の数(1)	35	176～185	70～81	106～116	131～141	194～205	133～143
21	場合の数(2)	34						
22	いろいろな問題(1)	33	148～149	198～201	—	—	—	—
23	いろいろな問題(2)	32	—	—	—	—	—	—
24	いろいろな問題(3)	31	—	182～183	—	—	—	—

3回 分数のわり算

できたシール 〈分数÷分数〉

1 次の計算をしましょう。

① $\frac{3}{5}\div\frac{1}{4}=$

② $1\frac{1}{6}\div\frac{2}{5}=$

できたシール 〈分数÷分数，１回約分あり〉

2 次の計算をしましょう。

① $\frac{4}{7}\div\frac{2}{5}=$

② $\frac{5}{8}\div1\frac{1}{6}=$

できたシール 〈分数÷分数，２回約分あり〉

3 次の計算をしましょう。

① $\frac{9}{10}\div\frac{3}{5}=$

② $1\frac{5}{12}\div1\frac{8}{9}=$

できたシール 〈整数÷分数〉

4 次の計算をしましょう。

① $5\div\frac{3}{4}=$

② $8\div\frac{6}{7}=$

できたシール 〈小数と分数のわり算〉

5 次の計算をしましょう。

① $0.7\div\frac{2}{5}=$

② $\frac{4}{9}\div0.6=$

できたシール 〈３つの分数のかけ算とわり算〉

6 次の計算をしましょう。

① $\frac{3}{5}\div\frac{4}{7}\times\frac{2}{3}=$

② $\frac{3}{4}\div\frac{7}{8}\div\frac{9}{14}=$

できたシール 〈分数，小数，整数のまじった計算〉

7 次の計算をしましょう。

① $\frac{2}{3}\times0.9\div2=$

② $\frac{3}{10}\div1.8\div4=$

できたシール 〈商とわられる数の大小〉

8 次の□にあてはまる不等号を書きましょう。

① $8\div\frac{7}{9}$ □ 8

② $8\div\frac{9}{7}$ □ 8

4回 線対称《せんたいしょう》と点対称《てんたいしょう》

学習日　月　日

合格シール
全問正解にできたら合格シールをはろう！

できたシール 〈線対称《せんたいしょう》な形〉

1 下の図は，線対称《せんたいしょう》な形です。次の問題に答えましょう。

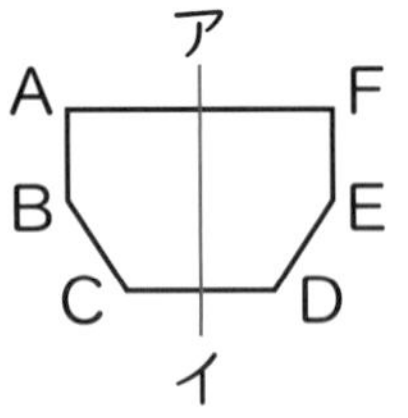

① 点 A《エー》に対応する点はどれですか。（　　）

② 辺 AB《エービー》に対応する辺はどれですか。（　　）

③ 角 C《シー》に対応する角はどれですか。（　　）

できたシール 〈点対称《てんたいしょう》な形〉

2 下の図は，点対称《てんたいしょう》な形です。次の問題に答えましょう。

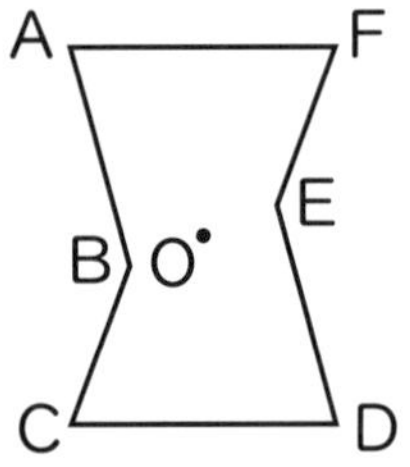

① 点 A《エー》に対応する点はどれですか。（　　）

② 辺 BC《ビーシー》に対応する辺はどれですか。（　　）

③ 角 F《エフ》に対応する角はどれですか。（　　）

できたシール 〈対称《たいしょう》な形をかく〉

3 次のような形をかきましょう。

① 直線アイが対称《たいしょう》の軸《じく》になるような線対称《せんたいしょう》な形

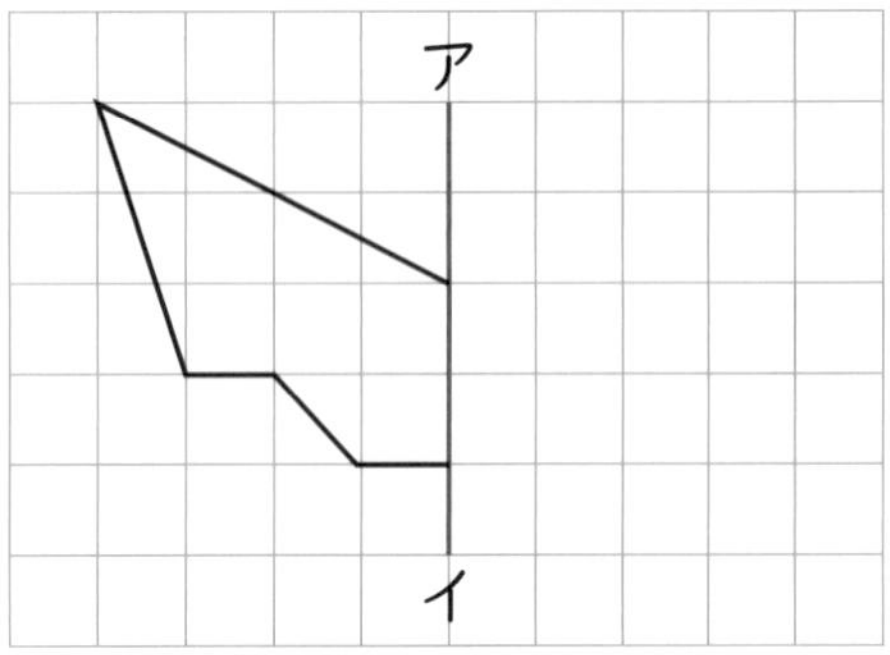

② 点 O《オー》が対称《たいしょう》の中心になるような，点《てん》対称《たいしょう》な形

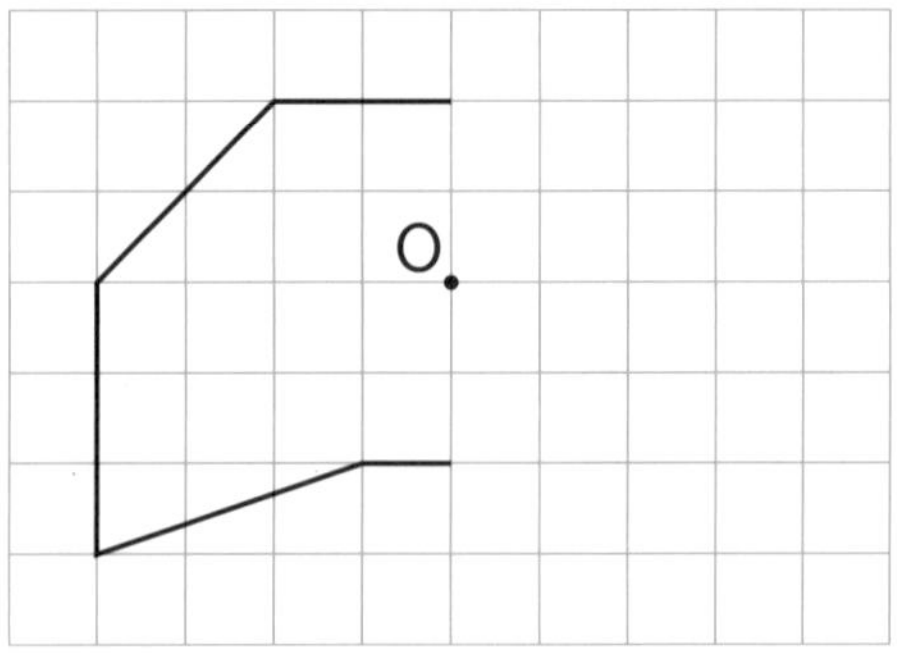

できたシール 〈多角形と対称《たいしょう》〉

4 下の図のうち，線対称《せんたいしょう》であり，点対称《てんたいしょう》でもある図形を記号で全部選びましょう。

Ⓐ 長方形

Ⓑ 平行四辺形

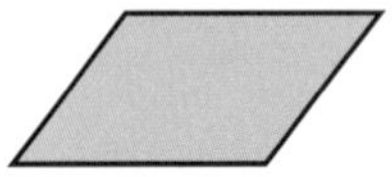

Ⓒ 正方形

Ⓓ 正三角形

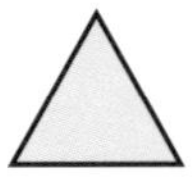

（　　）

拡大図《かくだいず》と縮図《しゅくず》

できたシール　〈拡大《かくだい》，縮小《しゅくしょう》した図形〉

1　下の図を見て，次の問題に記号で答えましょう。

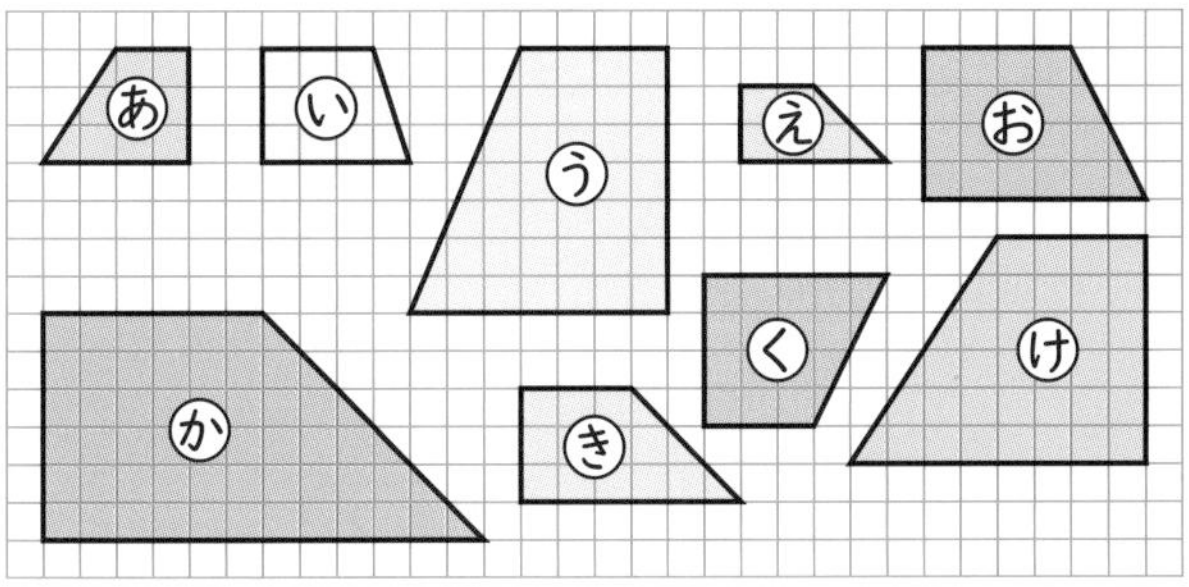

①　あの２倍の拡大図《かくだいず》はどれですか。（　　　）

②　かの $\frac{1}{3}$ の縮図《しゅくず》はどれですか。（　　　）

できたシール　〈拡大図《かくだいず》と縮図《しゅくず》の性質〉

2　下の三角形ＡＢＣ《エービーシー》と三角形ＤＥＦ《ディーイーエフ》は，縮図《しゅくず》と拡大図《かくだいず》の関係になっています。次の問題に答えましょう。

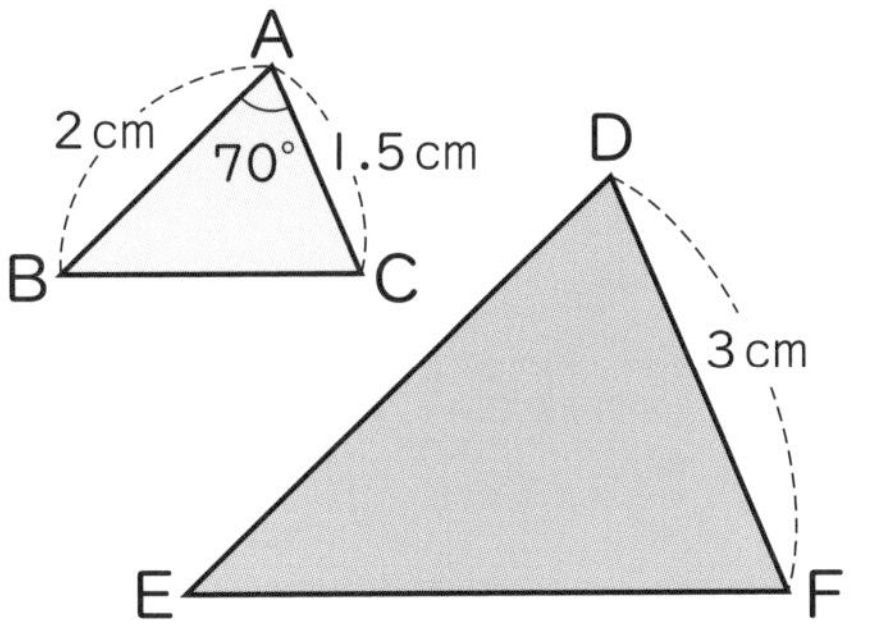

①　三角形ＤＥＦ《ディーイーエフ》は，三角形ＡＢＣ《エービーシー》の何倍の拡大図《かくだいず》ですか。（　　　）

②　辺ＤＥ《ディーイー》の長さは何cmですか。（　　　）

③　角Ｄ《ディー》の大きさは何度ですか。（　　　）

できたシール　〈三角形の縮図《しゅくず》をかく〉

3　右の三角形ＡＢＣ《エービーシー》の $\frac{1}{2}$ の縮図《しゅくず》をかきましょう。

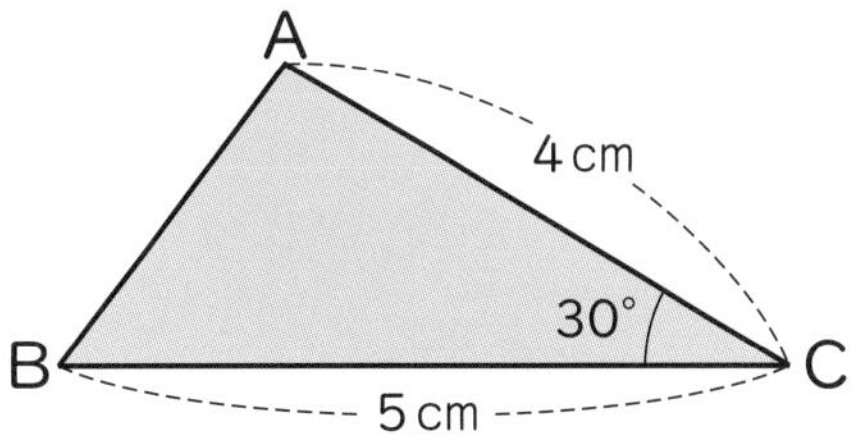

できたシール　〈1点をもとに拡大図《かくだいず》をかく〉

4　次の四角形ＡＢＣＤ《エービーシーディー》の２倍の拡大図《かくだいず》を点Ｂ《ビー》をもとにしてかきましょう。

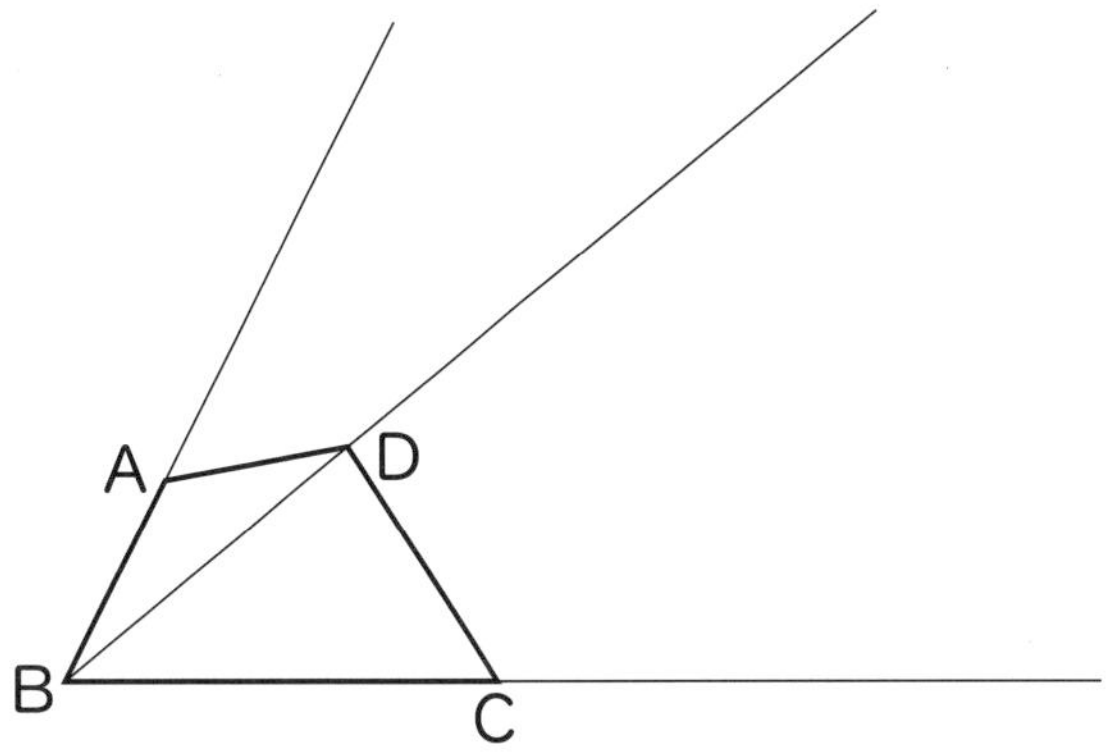

円の面積

できたシール　〈円の面積〉

1 次のような円の面積を求めましょう。

①　式

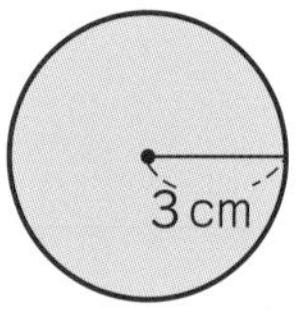

答え（　　　）

②　式

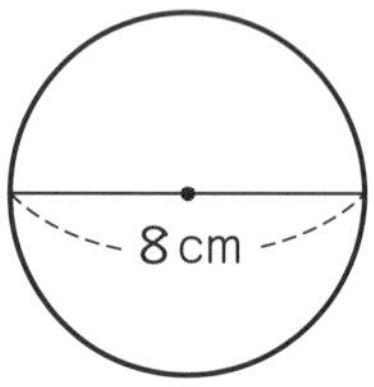

答え（　　　）

できたシール　〈円の $\frac{1}{2}$ の形の面積〉

2 次のような形の面積を求めましょう。

①　式

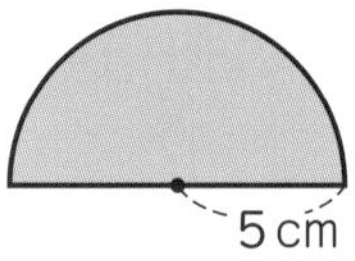

答え（　　　）

②　式

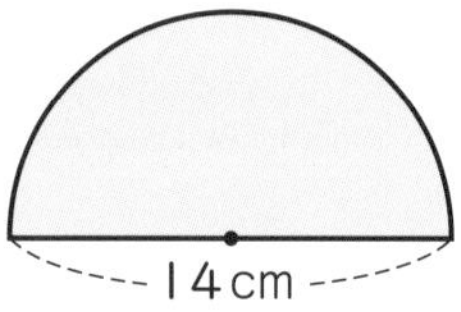

答え（　　　）

できたシール　〈円の $\frac{1}{4}$ の形の面積〉

3 次のような形の面積を求めましょう。

①　式

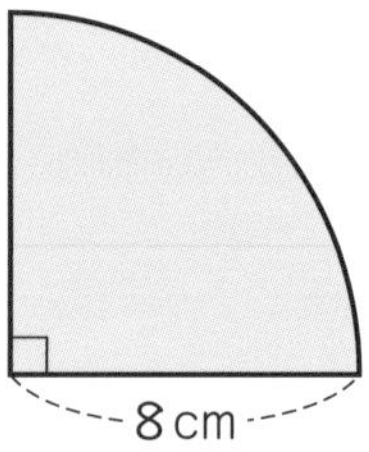

答え（　　　）

②　式

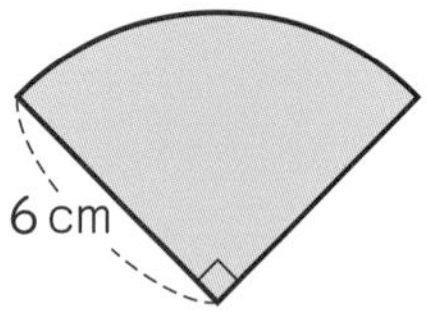

答え（　　　）

できたシール　〈いろいろな形の面積〉

4 次の図形の▭の部分の面積を求めましょう。

①　式

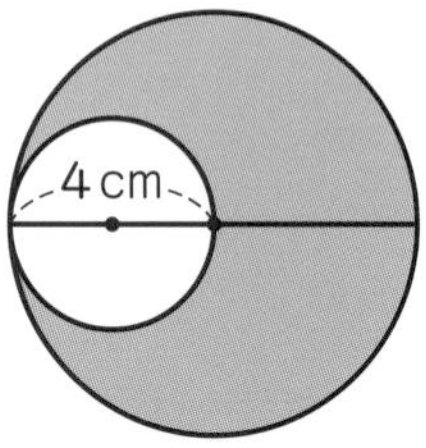

答え（　　　）

②　式

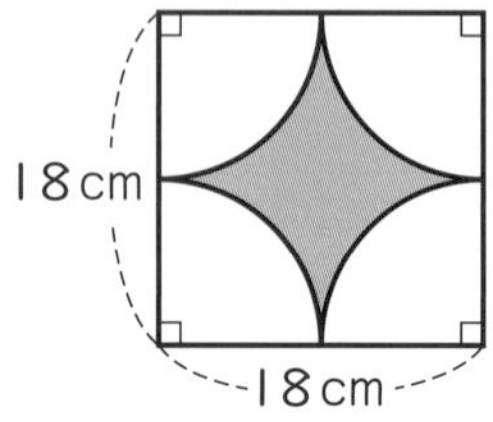

答え（　　　）

立体の体積

学習日
月　日

合格シール
全問正解にできたら合格シールをはろう！

できたシール 〈底面積がわかっている角柱の体積〉

1 次のような角柱の体積を求めましょう。

① 式

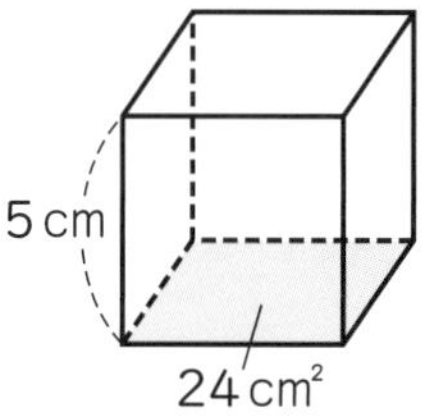

答え（　　　　）

② 式

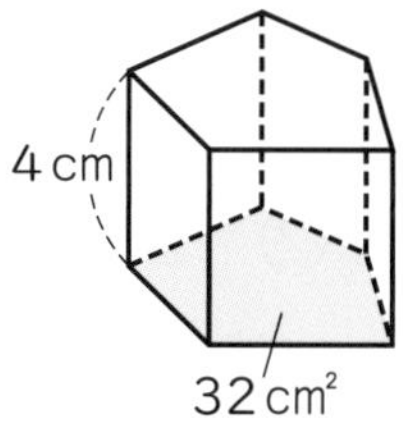

答え（　　　　）

できたシール 〈角柱の体積〉

2 次のような角柱の体積を求めましょう。

① 式

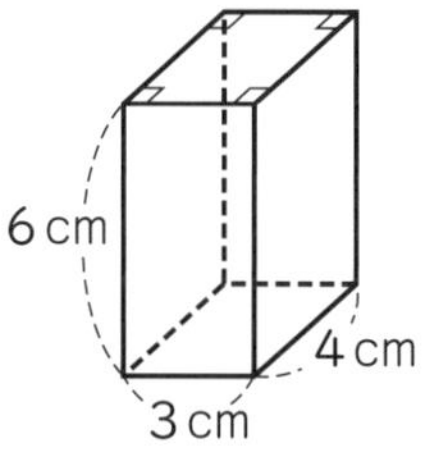

答え（　　　　）

② 式

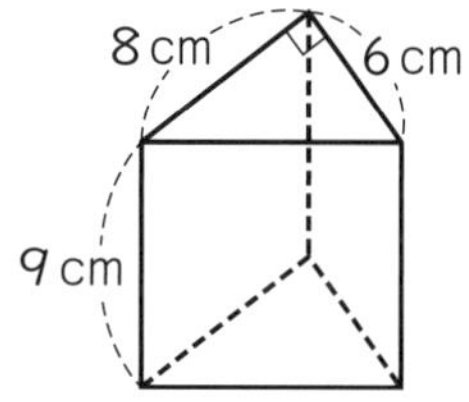

答え（　　　　）

できたシール 〈円柱の体積〉

3 次のような円柱の体積を求めましょう。

① 式

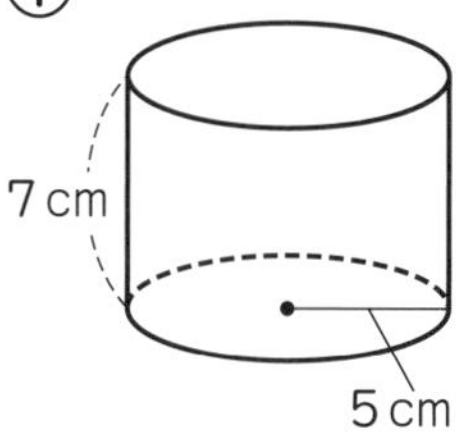

答え（　　　　）

② 式

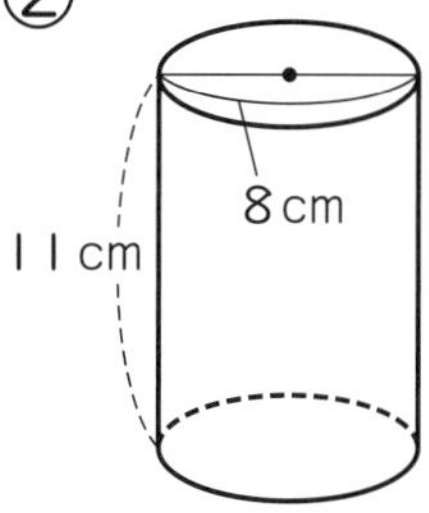

答え（　　　　）

できたシール 〈いろいろな立体の体積〉

4 次のような立体の体積を求めましょう。

① 式

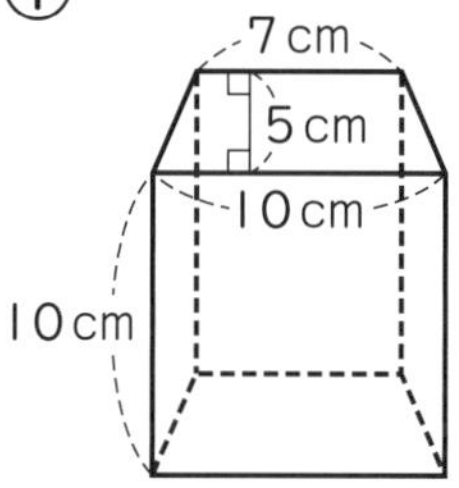

答え（　　　　）

② 式

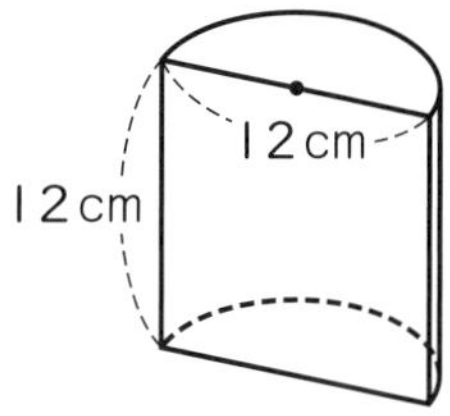

答え（　　　　）

できなかったところは、もう一度やってみましょう。正しく直せたら**できたシール**をはりましょう。

8回 比(1)

学習日 月 日

合格シール
全問正解にできたら合格シールをはろう！

できたシール 〈比の意味〉

1 下の長方形について，次の問題に答えましょう。

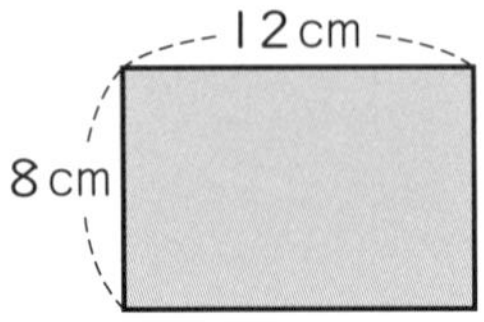

① 1cm を 1 として，縦《たて》と横の長さの比を表しましょう。
（　　　　）

② 2cm を 1 として，縦《たて》と横の長さの比を表しましょう。
（　　　　）

できたシール 〈比で表す〉

2 次の 2 つの量の比を書きましょう。

① 5cm のテープと 9cm のテープの長さの比 （　　　　）

② 7dL の牛乳《ぎゅうにゅう》と 11dL の牛乳《ぎゅうにゅう》の量の比 （　　　　）

できたシール 〈等しい比をさがす〉

3 次の比と等しい比を，下の□から全部見つけて，（　）に記号を書きましょう。

① 1：2 （　　　　）

㋐ 2：5　㋑ 3：6
㋒ 4：8　㋓ 5：9

② 4：3 （　　　　）

㋐ 2：1　㋑ 6：4
㋒ 8：6　㋓ 16：12

できたシール 〈等しい比をつくる〉

4 次の□にあてはまる数を書きましょう。

① 1：3＝2：□　② 4：7＝□：21

③ 8：12＝2：□　④ 25：15＝□：3

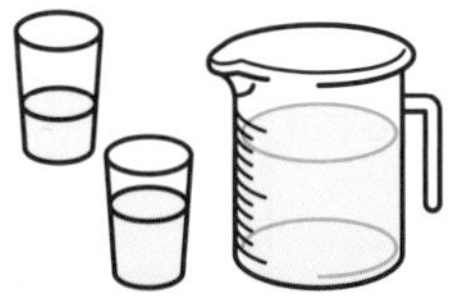

比(2)

学習日 月 日

合格シール
全問正解にできたら合格シールをはろう！

できたシール〈比と比の値《あたい》〉

1 下の長方形について□にあてはまる数を書きましょう。

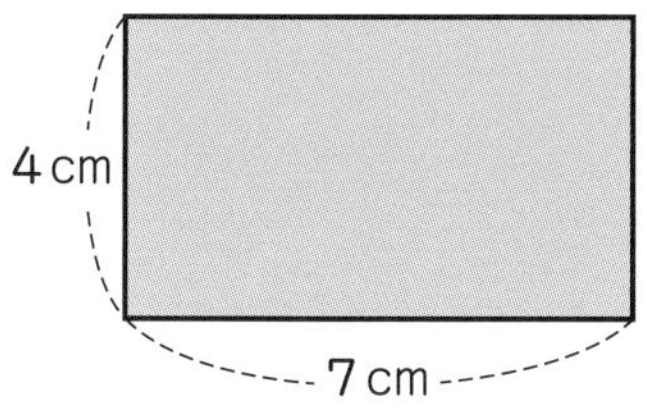

① 縦《たて》と横の長さの比を表しましょう。

4：□

② ①の比の値《あたい》を求めましょう。

4÷□＝$\frac{□}{□}$

できたシール〈比の値《あたい》を求める〉

2 次の比の値《あたい》を求めましょう。

① 2：3 (　　　)　② 4：6 (　　　)

③ 0.6：0.9 (　　　)　④ 3：2 (　　　)

できたシール〈分数の比と比を簡単《かんたん》にする〉

3 ミルクが $\frac{2}{3}$ L，コーヒーが $\frac{4}{5}$ L あります。次の問題に答えましょう。

① ミルクとコーヒーの量の比を，分数で書きましょう。(　　　)

② ①の比を簡単《かんたん》にしましょう。(　　　)

できたシール〈比を簡単《かんたん》にする〉

4 次の比を簡単《かんたん》にしましょう。

① 7：14 (　　　)　② 0.3：0.5 (　　　)

③ 1.2：2.1 (　　　)　④ $\frac{1}{4}$：$\frac{2}{9}$ (　　　)

10回 比例(1)

学習日　　月　　日

合格シール
全問正解にできたら合格シールをはろう！

できたシール 〈比例の式〉

1 下の表は，水そうに水を入れるときの時間x《エックス》分と水の深さy《ワイ》cmが比例する関係を表しています。次の問題に答えましょう。

時間x《エックス》(分)	1	2	3	4	5	6
水の深さy《ワイ》(cm)	3	6	9	12	15	18

① y《ワイ》の値《あたい》は，それに対応するx《エックス》の値《あたい》の何倍になっていますか。　(　　　　)

② □にあてはまる数を書いて，x《エックス》とy《ワイ》の関係を式に表しましょう。

$y=\square\times x$

できたシール 〈比例の関係〉

2 下の表は，底辺が5cmの平行四辺形の高さx《エックス》cmと面積y《ワイ》cm^2が比例する関係を表しています。次の問題に答えましょう。

高さx《エックス》(cm)	1	2	3	4	5
面積y《ワイ》(cm^2)	5	10	(あ)	20	(い)

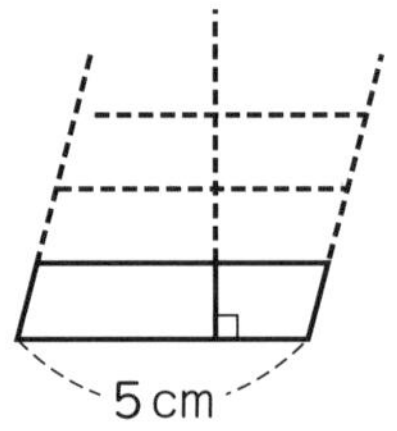

① 表の(あ)，(い)にあてはまる数を書きましょう。

(あ)(　　　)　　(い)(　　　)

② x《エックス》とy《ワイ》の関係を式に表しましょう。　(　　　　)

③ 高さが3.2cmのとき，面積は何cm^2ですか。

式

答え(　　　　)

できたシール 〈比例の式〉

3 次のx《エックス》とy《ワイ》の関係を式に表しましょう。

① 1個170円のパンを買うときの，パンの数x《エックス》個と代金y《ワイ》円

(　　　　)

② 正五角形の1辺の長さx《エックス》cmとまわりの長さy《ワイ》cm

(　　　　)

11回 比例(2)

学習日　　月　　日

合格シール
全問正解にできたら合格シールをはろう！

できたシール 〈比例のグラフをかく〉

1 下の表は，水そうに水を入れる時間 x《エックス》分と，たまる水の量 y《ワイ》L の関係を表しています。次の問題に答えましょう。

時間 x《エックス》(分)	0	1	2	3	4	5	6	7	8
水の量 y《ワイ》(L)	0	2	4	6	8	10	12	14	16

① 上の表をグラフに表しましょう。

② グラフは，折れ線になりますか，直線になりますか。

(　　　　　　)

③ グラフは縦軸《たてじく》と横軸《じく》の交わる 0 の点を通りますか，通りませんか。

(　　　　　　)

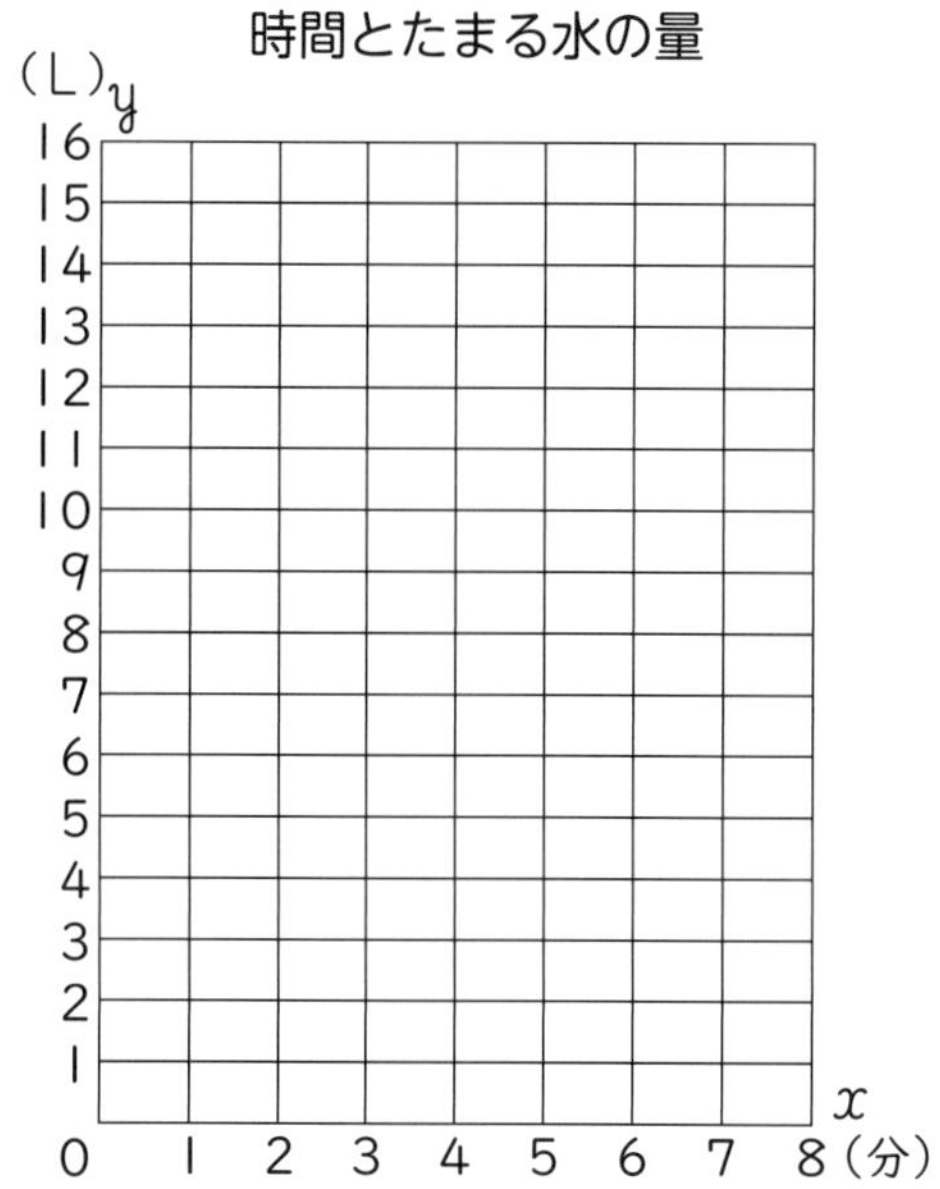

できたシール 〈比例のグラフを読む〉

2 右のグラフは，針金《はりがね》の長さ x《エックス》m と重さ y《ワイ》g の関係を表したものです。次の問題に答えましょう。

① 針金《はりがね》の重さは，長さに比例しますか。

(　　　　　　)

② この針金《はりがね》 2m の重さは何 g ですか。

(　　　　　　)

③ この針金《はりがね》 450g の長さは何 m ですか。

(　　　　　　)

④ この針金《はりがね》 1m の重さは何 g ですか。

(　　　　　　)

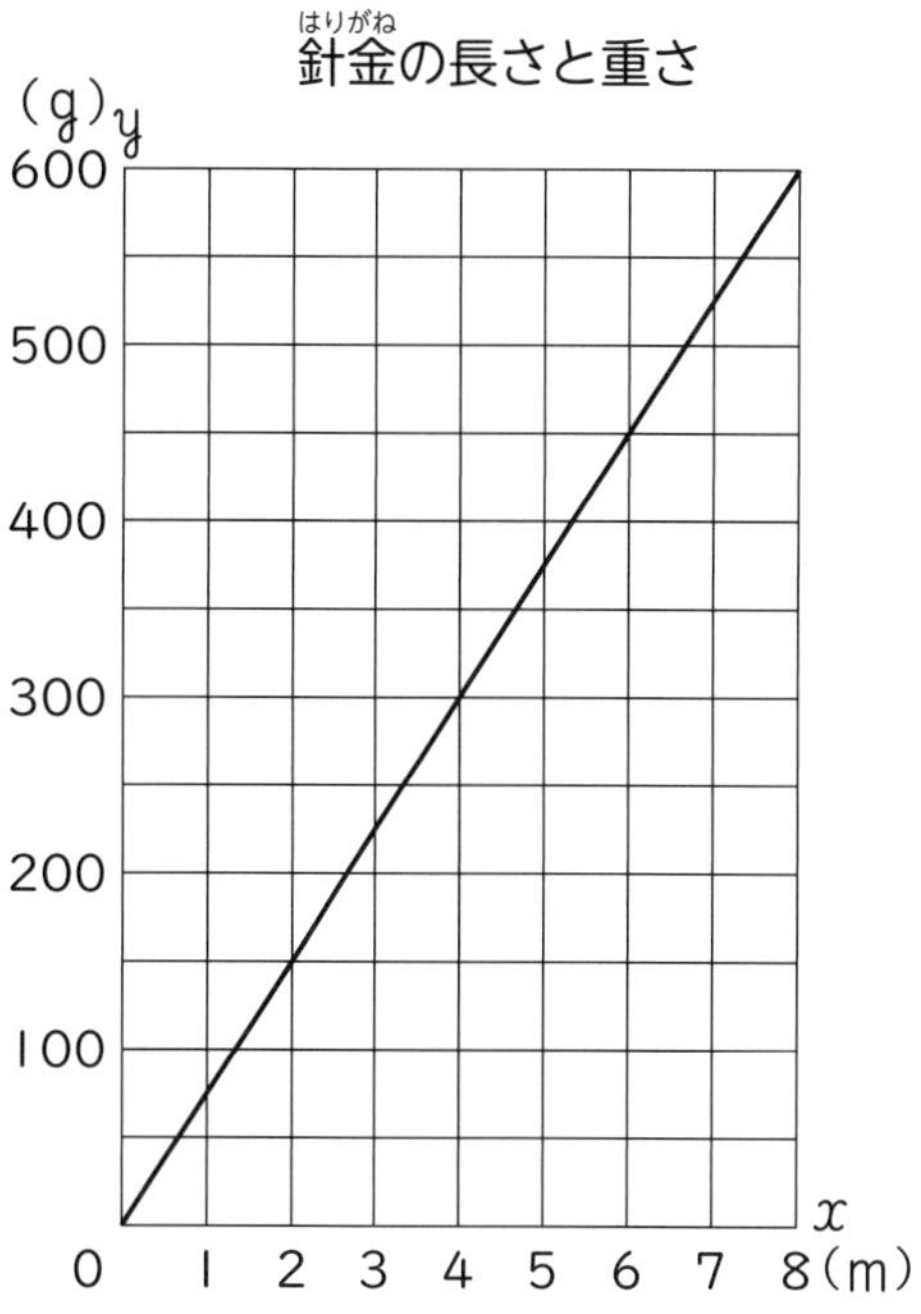

12回　反比例

できたシール　〈反比例の意味，式〉

1　下の表は，面積が 24cm^2 の長方形の縦《たて》の長さ x《エックス》cm と横の長さ y《ワイ》cm の関係を表しています。次の問題に答えましょう。

縦《たて》の長さ x《エックス》(cm)	1	2	3	4	5	6
横の長さ y《ワイ》(cm)	24	12	8	6	4.8	4

① 縦《たて》の長さ x《エックス》cm が 2 倍，3 倍，…になると，横の長さ y《ワイ》cm はどうなりますか。　（　　　　）

② 横の長さ y《ワイ》cm は縦《たて》の長さ x《エックス》cm に比例しますか，反比例しますか。　（　　　　）

③ x《エックス》の値《あたい》と y《ワイ》の値《あたい》の積は，いつもいくつになっていますか。　（　　　　）

④ □にあてはまる数を書いて，x《エックス》と y《ワイ》の関係を式に表しましょう。

$x \times y = \square$　　　$y = \square \div x$

できたシール　〈反比例の関係〉

2　下の表は，12L の水そうをいっぱいにするときの，1 分間に入れる水の量 x《エックス》L と，かかる時間 y《ワイ》分の関係を表しています。次の問題に答えましょう。

1 分間に入れる水の量 x《エックス》（L）	1	2	3	4	5	6
かかる時間 y《ワイ》（分）	12	6	4	3	2.4	2

① かかる時間 y《ワイ》分は，1 分間に入れる水の量 x《エックス》L に比例しますか，反比例しますか。　（　　　　）

② x《エックス》と y《ワイ》の関係を式に表しましょう。　（　　　　）

できたシール　〈反比例の式〉

3　次の x《エックス》と y《ワイ》の関係を式に表しましょう。

① 140km の道のりを走る自動車の，時速 x《エックス》km とかかる時間 y《ワイ》時間

（　　　　）

② 面積が 36cm^2 の三角形の底辺の長さ x《エックス》cm と高さ y《ワイ》cm

（　　　　）

13回　文字と式

学習日　　月　　日

合格シール
全問正解にできたら合格シールをはろう！

できたシール　〈x《エックス》を使って式に表す〉

1 次のことをx《エックス》を使った１つの式に表しましょう。

① １冊《さつ》x《エックス》円のノートを５冊《さつ》買ったときの代金は300円でした。

（　　　　　　　　）

② x《エックス》dLのジュースを3dL飲んだときの残りのジュースの量は4dLでした。

（　　　　　　　　）

③ 150gのかごにx《エックス》gのりんごを入れたときの重さは430gでした。

（　　　　　　　　）

④ x《エックス》個のおかしを６人で分けたら，１人分は８個でした。

（　　　　　　　　）

できたシール　〈x《エックス》とy《ワイ》を使って関係を式に表し，対応する値《あたい》を求める〉

2 次の問題に答えましょう。

① １辺の長さがx《エックス》cm，そのときのまわりの長さをy《ワイ》cmとして，正方形のまわりの長さを表す式を書きましょう。

（　　　　　　　　）

② ①の式で，x《エックス》の値《あたい》が2.5のとき，対応するy《ワイ》の値《あたい》を求めましょう。

式

答え（　　　　　　）

③ ①の式で，y《ワイ》の値《あたい》が28になるときの，x《エックス》の値《あたい》を求めましょう。

式

答え（　　　　　　）

できたシール　〈x《エックス》を使って式に表し，x《エックス》の値《あたい》を求める〉

3 ビニールのひもがあります。このひもを６等分すると，ちょうど25cmになりました。ビニールのひも全体の長さは何cmですか。全体の長さをx《エックス》cmとしてわり算の式に表し，答えを求めましょう。

式

答え（　　　　　　）

算数

データの活用

14回 データの調べ方(1)

学習日 月 日

合格シール 全問正解にできたら合格シールをはろう！

できたシール 〈平均《へいきん》値《ち》〉

1 下の表は，先週と今週に産まれたたまごの重さを記録したものです。次の問題に答えましょう。

先週と今週に産まれたたまごの重さ（g）

先週	56	64	55	59	60	
今週	60	62	58	56	59	59

① 先週産まれたたまごの重さの平均《へいきん》値《ち》を求めましょう。

式

答え（　　　　）

② 今週産まれたたまごの重さの平均《へいきん》値《ち》を求めましょう。

式

答え（　　　　）

できたシール 〈ドットプロット〉

2 下のドットプロットは，6年１組と２組で先週に，食事のときに主食として米飯を食べた回数をまとめたものです。次の問題に答えましょう。

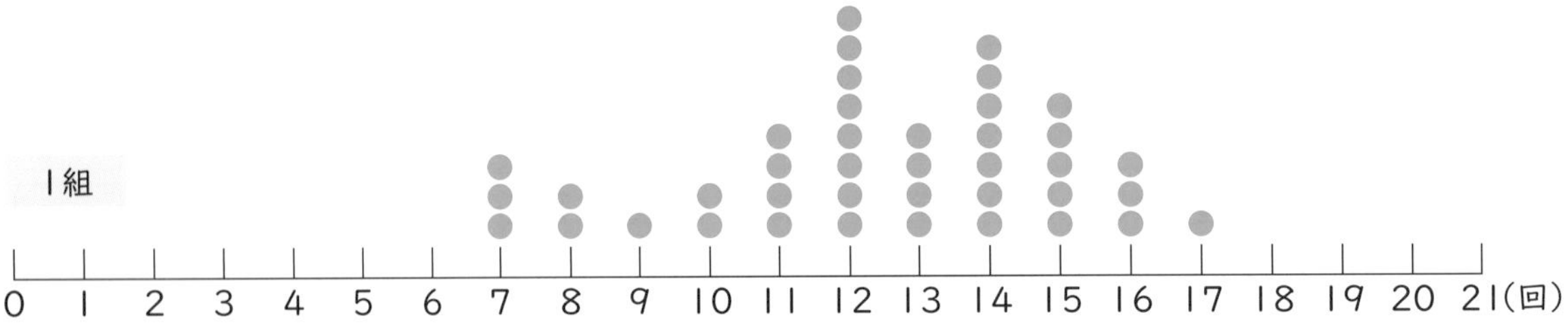

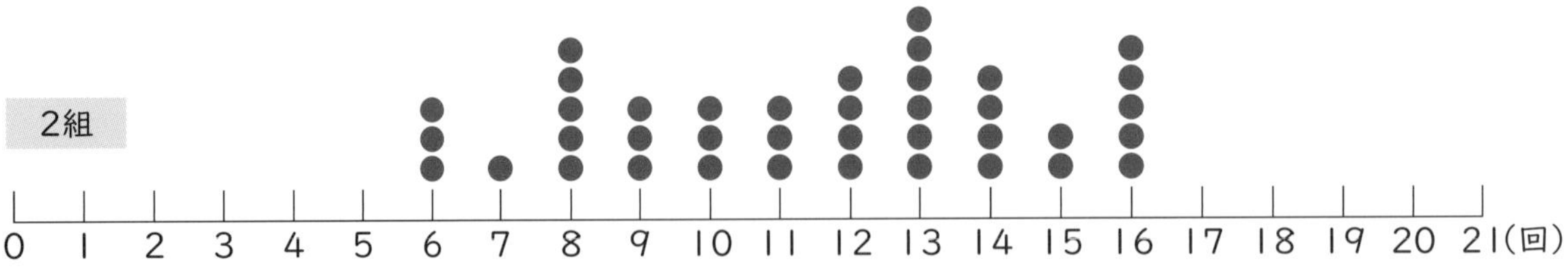

① １組と２組のうち，14回以上米飯を食べた人が多いのはどちらですか。

（　　　　）

② １組と２組の最頻《さいひん》値《ち》をそれぞれ求めましょう。

１組（　　　　）２組（　　　　）

③ 最頻《さいひん》値《ち》で比べると，どちらの方が米飯を多く食べたといえますか。（　　　　）

④ １組と２組の中央《ちゅうおう》値《ち》をそれぞれ求めましょう。

１組（　　　　）２組（　　　　）

⑤ 中央《ちゅうおう》値《ち》で比べると，どちらの方が米飯を多く食べたといえますか。

（　　　　）

できなかったところは、もう一度やってみましょう。正しく直せたら**できたシール**をはりましょう。

15回 データの調べ方(2)

学習日　　月　　日

合格シール
全問正解にできたら合格シールをはろう！

できたシール　〈ヒストグラム（柱状グラフ）〉

1 左下の表は，あるクラスで昨日の家庭学習の時間を調べて整理したものです。次の問題に答えましょう。

昨日の家庭学習の時間

家庭学習の時間（分）	人数（人）
0 以上 ～ 20 未満	2
20 ～ 40	8
40 ～ 60	12
60 ～ 80	9
80 ～ 100	6
100 ～ 120	2
120 ～ 140	1
合計	㊁

階級《かいきゅう》（表の左）　度数《どすう》（表の右）

昨日の家庭学習の時間

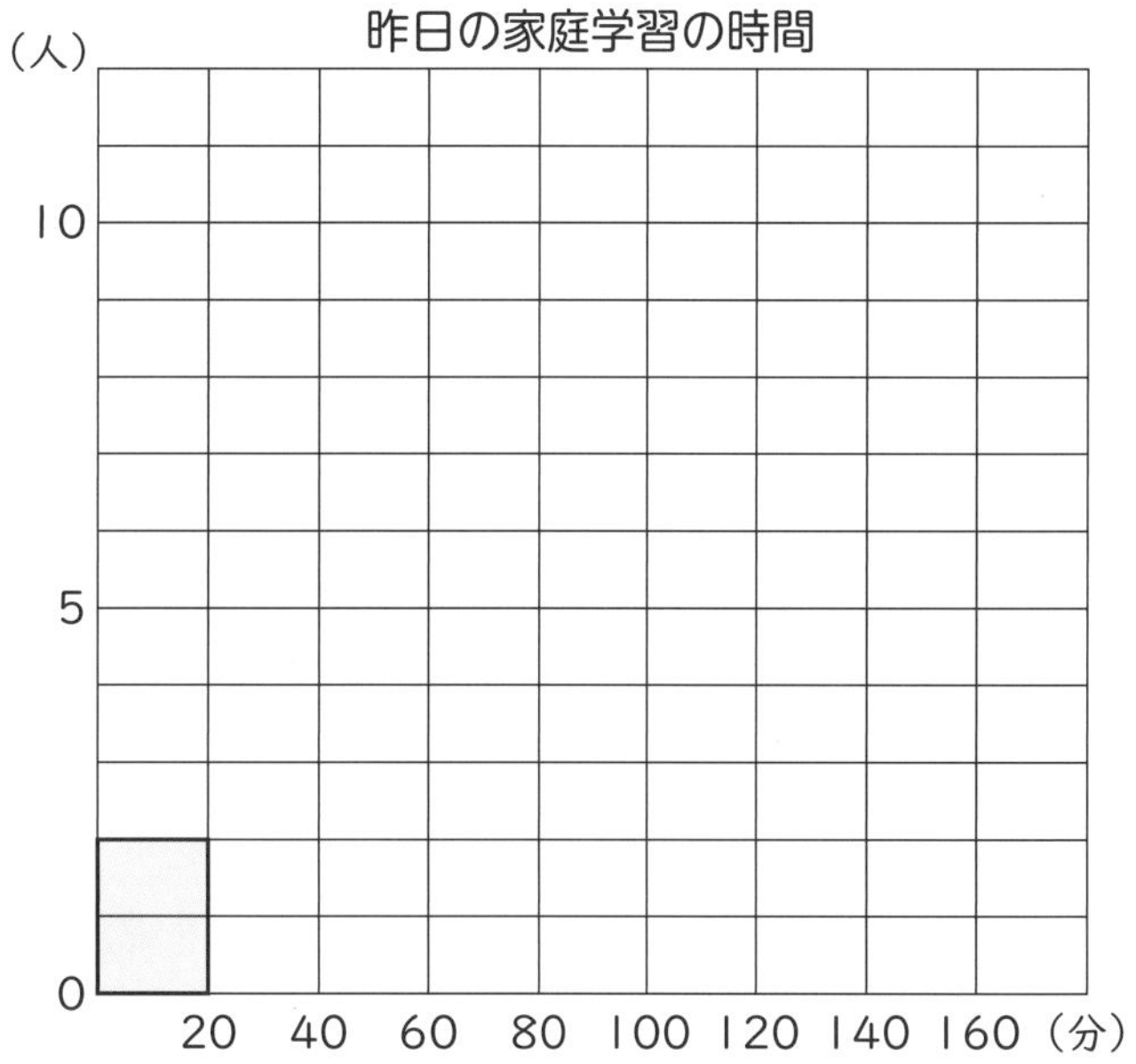

① 表の㊁にあてはまる，度数《どすう》の合計を求めましょう。

（　　　人）

② 家庭学習の時間のようすを，右上にヒストグラム（柱状グラフ）で表しましょう。

③ 0 分以上 20 分未満の階級《かいきゅう》の度数《どすう》はいくつですか。また，その割合《わりあい》は，全体の度数の何％ですか。

（　　　人，　　　％）

④ 度数《どすう》がいちばん多いのは，どの階級《かいきゅう》ですか。また，その割合は，全体の度数《どすう》の何％ですか。

（　　　分以上　　　分未満，　　　％）

⑤ 80 分以上の階級《かいきゅう》の度数《どすう》を求めましょう。

（　　　人）

文章題

16回 分数のかけ算とわり算(1)

学習日　月　日

合格シール
全問正解にできたらシールをはろう！

できたシール〈分数と分数のかけ算〉

1 1mの重さが$\frac{4}{9}$kgのアルミのパイプがあります。このパイプ$\frac{5}{6}$mの重さは何kgですか。

式

答え（　　　）

できたシール〈整数と分数のかけ算〉

2 1Lのペンキで$6m^2$の板をぬることができます。$\frac{8}{9}$Lでは，何m^2の板をぬることができますか。

式

答え（　　　）

できたシール〈分数と分数のわり算〉

3 ペンキ$\frac{7}{8}$dLで，$\frac{3}{4}m^2$のかべをぬることができます。このペンキ1dLでは，何m^2のかべをぬることができますか。

式

答え（　　　）

できたシール〈整数と分数のわり算〉

4 クッキーが3kgあります。これを$\frac{1}{5}$kgずつふくろに入れていくと，ふくろはいくつできますか。

式

答え（　　　）

できたシール〈3つの分数のかけ算〉

5 縦《たて》が$\frac{5}{6}$m，横が$\frac{7}{10}$m，高さが$\frac{2}{3}$mの直方体の体積は何m^3ですか。

式

答え（　　　）

できたシール〈3つの分数のかけ算とわり算〉

6 縦《たて》が$1\frac{1}{8}$m，横が$1\frac{1}{3}$mの長方形の花だんがあります。これと同じ面積で，縦《たて》が$1\frac{1}{5}$mの長方形の花だんをつくります。横の長さを何mにすればよいですか。

式

答え（　　　）

できなかったところは、もう一度やってみましょう。正しく直せたら**できたシール**をはりましょう。

分数のかけ算とわり算(2)

学習日　月　日

合格シール
全問正解にできたら合格シールをはろう！

できたシール 〈分数倍を求める〉

1 ジュースが大きいびんに 2L，小さいびんに $\frac{4}{5}$L 入っています。大きいびんのジュースの量は小さいびんのジュースの量の何倍ですか。

式

答え（　　　　）

できたシール 〈割合《わりあい》を分数で求める〉

2 かべにペンキを，はるきさんは $\frac{4}{7}$ m^2，お父さんは $\frac{8}{9}$ m^2 ぬりました。はるきさんがペンキをぬった面積は，お父さんがぬった面積のどれだけの割合《わりあい》ですか。

式

答え（　　　　）

できたシール 〈比べる量を求める〉

3 お兄さんの体重は 42kg で，弟の体重はお兄さんの体重の $\frac{4}{7}$ にあたります。弟の体重は何 kg ですか。

式

答え（　　　　）

できたシール 〈もとにする量を求める〉

4 しおりさんが草取りをした広さは $\frac{5}{6}$ m^2 です。これは，お母さんが草取りをした広さの $\frac{5}{8}$ にあたるそうです。お母さんが草取りをした広さは何 m^2 ですか。

式

答え（　　　　）

できたシール 〈分数の時間と，単位をかえて整数で表す時間〉

5 時速 45km の電車が $22\frac{1}{2}$ km の道のりを走りました。かかった時間は何時間ですか。時間を分数で表して答えましょう。また，それは何分かを求めましょう。

式

答え 時間（　　　　），分（　　　　）

できたシール 〈時間を分数で表して求める〉

6 時速 80km で走っている電車があります。この電車は 24 分間に何 km 進むことができますか。時間を分数で表して求めましょう。

式

答え（　　　　）

比と比例の問題

学習日　　月　　日

合格シール
全問正解にできたら合格シールをはろう！

できたシール 〈比の一方の量を求める〉

1 縦《たて》と横の長さの比が 3：4 になるような長方形の旗をつくります。縦《たて》の長さを 24cm にすると，横の長さは何 cm にすればよいですか。

式

答え（　　　　）

できたシール 〈全体の量を比で分ける〉

2 コーヒー牛乳《ぎゅうにゅう》を 1200mL つくろうと思います。コーヒーと牛乳《ぎゅうにゅう》を 3：2 の割合《わりあい》で混ぜるとき，コーヒーは何 mL 必要ですか。

式

答え（　　　　）

できたシール 〈何倍かを考えて求める〉

3 4L のガソリンで 48km 走る自動車があります。12L のガソリンでは，何 km 走ることができますか。ガソリンの量が何倍になるかを考えて求めましょう。

式

答え（　　　　）

できたシール 〈比例を使って全体の量を求める〉

4 画用紙が何枚《まい》か重ねてあります。全体の厚さは 7.5cm でした。厚さ 1cm 分の枚《まい》数は 36 枚《まい》でした。画用紙はおよそ何枚《まい》ありますか。

式

答え（　　　　）

できたシール 〈比例を使って必要な量を求める〉

5 くぎ 20 本の重さをはかったら 120g でした。このくぎ 300 本分の重さは何 g になりますか。

式

答え（　　　　）

できなかったところは、もう一度やってみましょう。正しく直せたら**できたシール**をはりましょう。

拡大図《かくだいず》と縮図《しゅくず》

学習日　月　日

合格シール
全問正解にできたら合格シールをはろう！

できたシール 〈縮尺《しゅくしゃく》を求める〉

1 ゆうとさんの家から，こうきさんの家までのきょりは 1km です。このきょりを 10cm でかいた地図があります。この地図の縮尺《しゅくしゃく》(縮《ちぢ》めた割合《わりあい》)を分数と比のそれぞれの形で表しましょう。

式

答え　分数（　　　），比（　　　）

できたシール 〈縮尺《しゅくしゃく》から実際のきょりを求める〉

2 あさひさんの家から駅までは，$\frac{1}{50000}$ の縮図《しゅくず》で 8cm はなれています。実際は何 km はなれていますか。

式

答え（　　　）

できたシール 〈縮尺《しゅくしゃく》から縮図《しゅくず》上のきょりを求める〉

3 ほのかさんの学校の校舎のはしからはしまでの長さは 240m あります。この長さを $\frac{1}{2000}$ の縮図《しゅくず》に表そうと思います。何 cm にすればよいですか。

式

答え（　　　）

できたシール 〈縮図《しゅくず》をかいて実際の長さを求める〉

4 次の図のような川はば AB《エービー》 の実際のきょりは約何 m ですか。方眼を使って $\frac{1}{200}$ の縮図《しゅくず》をかいて求めましょう。

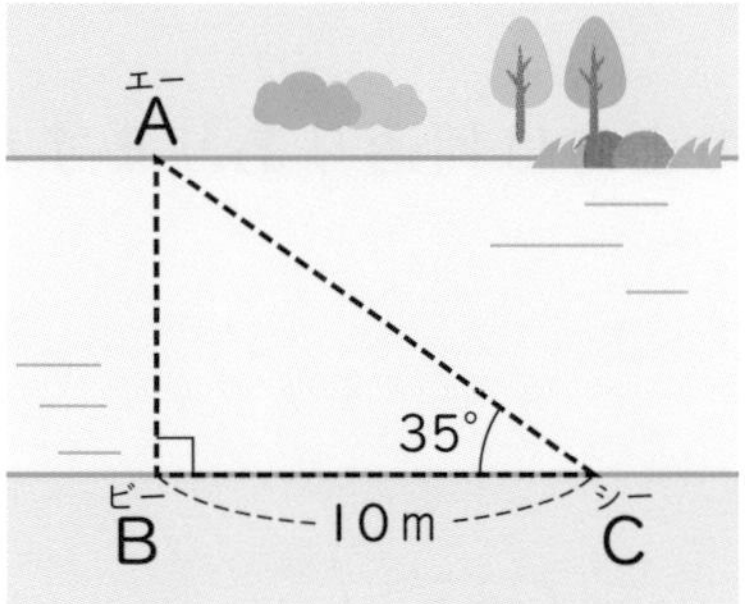

式

答え（　　　）

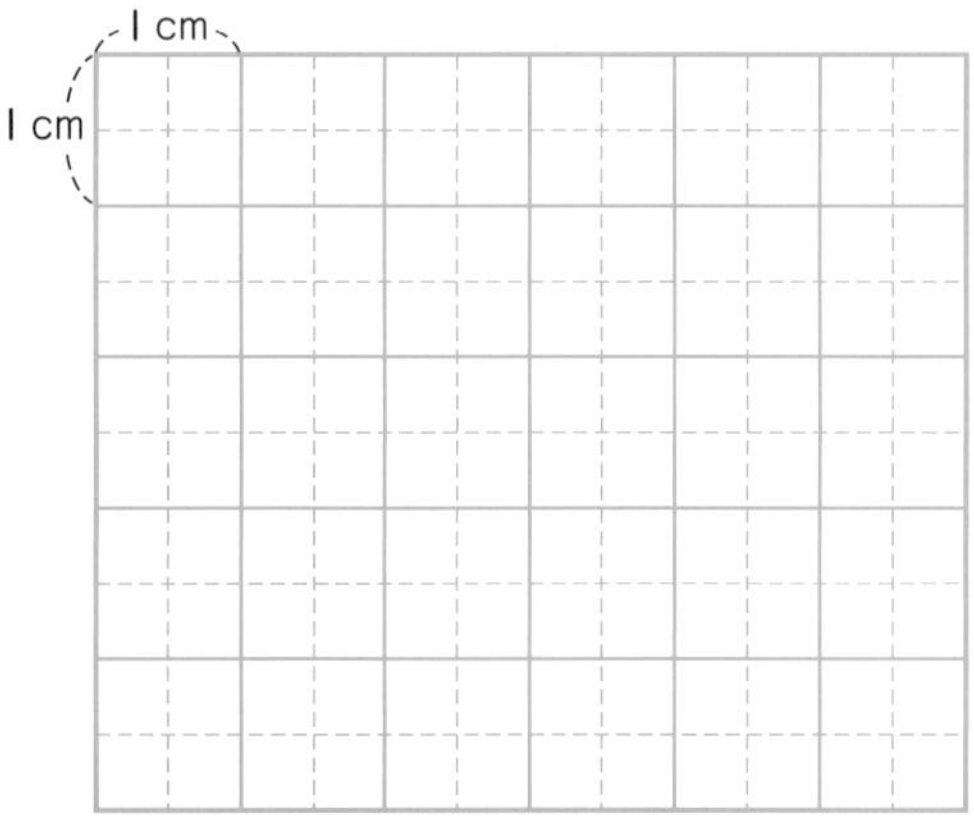

場合の数(1)

できたシール 〈3人の並《なら》び方〉

1 あきらさん，けんたさん，たくやさんの３人が１列に並《なら》びます。並《なら》ぶ順序は，どのような並《なら》び方がありますか。並《なら》び方を全部書きましょう。

答え（　　　　）

できたシール 〈4人の並《なら》び方〉

2 A《エー》，B《ビー》，C《シー》，D《ディー》の４人でリレーをします。走る順序は何通りありますか。

答え（　　　　）

できたシール 〈4つのうち 2つを取り出す並《なら》べ方〉

3 [1]，[2]，[3]，[4]の４枚《まい》の数字カードのうち，２枚《まい》を使って２けたの数をつくります。できる２けたの数を全部書きましょう。

答え（　　　　）

できたシール 〈10円玉の表と裏《うら》の出方〉

4 10円玉１個を続けて３回投げます。このときの表と裏《うら》の出方は何通りありますか。

答え（　　　　）

場合の数(2)

できたシール 〈4つのうち２つを取り出す組み合わせ〉

1 A《エー》，B《ビー》，C《シー》，D《ディー》の４チームでサッカーの試合をします。どのチームもちがったチームと１回ずつ試合をします。どんな組み合わせがありますか。組み合わせを全部書きましょう。

答え（　　　）

できたシール 〈5つのうち２つを取り出す組み合わせ〉

2 １円玉，５円玉，10円玉，50円玉，100円玉が１個ずつあります。このうち２個を取り出すと，どんな金額になりますか。全部の場合を書きましょう。

答え（　　　）

できたシール 〈4種類のうち２つを取り出す組み合わせ，重複あり〉

3 ふくろの中に，赤，白，青，黄の４種類の玉が，それぞれ２個ずつ入っています。ふくろの中から玉を２個だけ取り出します。どんな色の組み合わせがあるか，全部の場合を書きましょう。

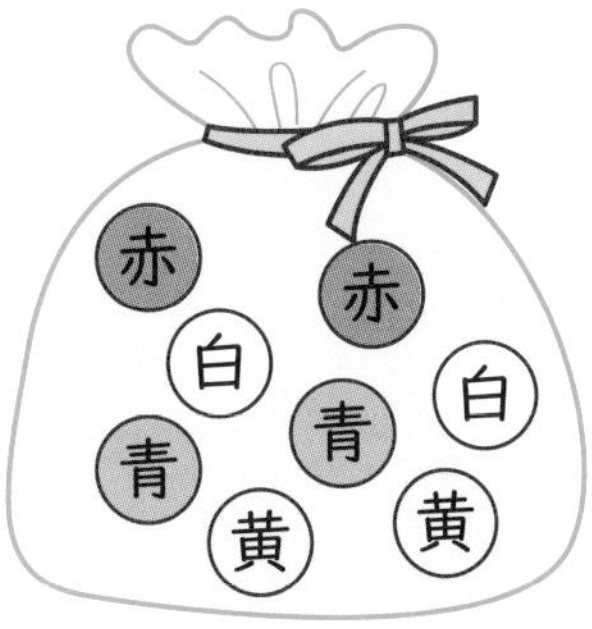

答え（　　　）

できたシール 〈3つの組み合わせ〉

4 １g，２g，４gの３種類の分銅が１個ずつあります。これらを使ってはかることができる重さを全部書きましょう。

１g　２g　４g

答え（　　　）

22回 いろいろな問題(1)

学習日　月　日

合格シール
全問正解にできたら合格シールをはろう！

できたシール 〈全体に対する割合《わりあい》を考えて求める〉

1 全体の面積が 420m^2 の公園があります。そのうちの $\frac{1}{3}$ は広場で，広場の $\frac{4}{7}$ はしばふになっています。しばふの面積は何 m^2 ですか。

式

答え（　　　）

できたシール 〈1日にできる仕事の割合《わりあい》を求める〉

2 ある仕事を仕上げるのに，A《エー》さん 1 人では 5 日間，B《ビー》さん 1 人では 20 日間かかります。仕事全体の量を 1 として，次の問題に答えましょう。

① A《エー》さんが，1 日にできる仕事の量は，仕事全体のどれだけの割合《わりあい》ですか。

（　　　）

② A《エー》さんと B《ビー》さんの 2 人がいっしょに仕事をすると，1 日にできる仕事の量は，仕事全体のどれだけの割合《わりあい》になりますか。

式

答え（　　　）

できたシール 〈全体を 1 として考える〉

3 ある仕事を仕上げるのに，A《エー》さん 1 人では 12 日間，B《ビー》さん 1 人では 24 日間かかります。この仕事を A《エー》さんと B《ビー》さんの 2 人ですると，何日間で仕上げることができますか。

式

答え（　　　）

できたシール 〈残りの割合《わりあい》を求める〉

4 みなとさんは，家から駅まで行くのに，歩いて 7 分かかります。家から駅までの道のりを 1 として，5 分歩くと，残りの道のりは全体のどれだけの割合《わりあい》になりますか。

式

答え（　　　）

できたシール 〈走った時間を求める〉

5 そうたさんは，家から駅まで行くのに，歩けば 12 分，走れば 6 分かかります。そうたさんは，はじめ 8 分歩き，そのあと走って駅まで行きました。走った時間は何分ですか。

式

答え（　　　）

23回 いろいろな問題(2)

学習日　月　日

合格シール
全問正解にできたら合格シールをはろう！

できたシール 〈鉄橋をわたる電車の長さを求める〉

1 秒速 20m で走る電車が，長さ 150m の鉄橋をわたり始めてから，すっかりわたり終わるまでに，12 秒かかりました。この電車の長さは何 m ですか。

式

答え（　　　　）

できたシール 〈出会うまでの時間を求める〉

2 りんさんとはなさんは 720m はなれたところにいます。2 人は同時に向かいあって出発しました。りんさんは分速 55m，はなさんは分速 65m で歩いています。2 人は何分後に出会いますか。

式

答え（　　　　）

できたシール 〈追いつくまでの時間を求める〉

3 450m 先を分速 60m で歩いている弟を，はるかさんが分速 150m の速さの自転車で追いかけました。はるかさんが弟に追いつくのは何分後ですか。

式

答え（　　　　）

できたシール 〈貯金がたまる時間を求める〉

4 来月から，さくらさんは毎月 150 円ずつ，お兄さんは毎月 300 円ずつ貯金することにしました。2 人の貯金の合計が 3600 円になるのは何か月後ですか。

式

答え（　　　　）

できたシール 〈水がいっぱいになる時間〉

5 水が 192L 入る水そうに水を入れます。1 分間に 9L の水が出るじゃ口と 1 分間に 7L の水が出るじゃ口を同時に開いたとき，水そうは何分でいっぱいになりますか。

式

答え（　　　　）

文章題

24回 いろいろな問題(3)

学習日　月　日

合格シール
全問正解にできたら合格シールをはろう！

できたシール 〈2人の金額を求める〉

1 1500円を姉と妹で分けました。姉の分のお金の $\frac{1}{3}$ は，妹の分のお金のちょうど $\frac{1}{2}$ でした。次の問題に答えましょう。

① 妹の分のお金は何円ですか。

式

答え（　　　　　）

② 姉の分のお金は何円ですか。

式

答え（　　　　　）

できたシール 〈ガムの個数を求める〉

2 50円のガムと90円のガムをあわせて12個買ったら，代金は800円でした。50円のガムを何個買いましたか。

式

答え（　　　　　）

できたシール 〈仕事の速さを考えて求める〉

3 A《エー》のプリンターは6分間に36枚《まい》，B《ビー》のプリンターは14分間に70枚《まい》印刷することができます。速く印刷できるのは，どちらのプリンターですか。

式

答え（　　　　　）

できたシール 〈何倍かを考えて求める〉

4 めいさんの身長は144cmです。お母さんの身長は，めいさんの身長の $\frac{1}{6}$ だけ高いそうです。お母さんの身長は何cmですか。

式

答え（　　　　　）

できなかったところは、もう一度やってみましょう。正しく直せたら**できたシール**をはりましょう。

算数 しあげテスト

学習日　月　日　得点　点

合格シール　全問正解にできたら合格シールをはろう！

1 次の計算をしましょう。（１つ５点）

① $1\frac{1}{14}\times2\frac{1}{3}=$　　② $6\frac{2}{3}\div2\frac{2}{9}=$　　③ $0.6\div\frac{8}{15}=$

2 下の図は，点対称《てんたいしょう》な形です。次の問題に答えましょう。（１つ５点）

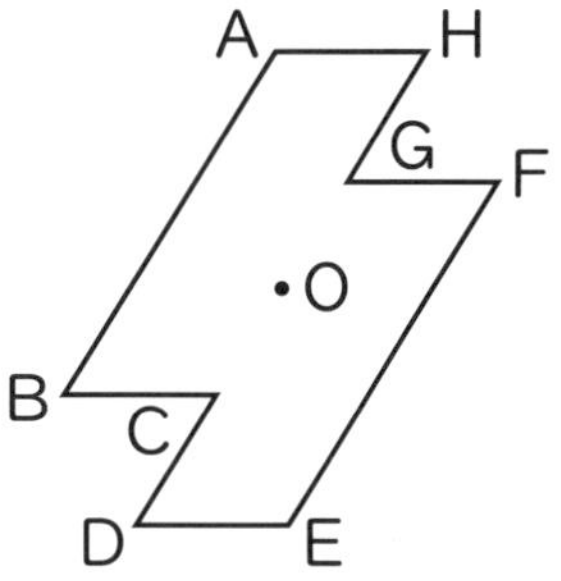

① 点 B《ビー》 に対応する点はどれですか。（　　）

② 辺 CD《シーディー》 に対応する辺はどれですか。（　　）

③ 角 A《エー》 に対応する角はどれですか。（　　）

3 縦《たて》が 30cm，横が 40cm，高さが 60cm の直方体の水そうに水を入れます。

（①10点，②③１つ15点）

① x《エックス》 cm の高さまで水を入れたときの水の量を y《ワイ》 cm^3 として，水の量を求める式を書きましょう。（　　）

② x《エックス》の値《あたい》が 10 のとき，対応する y《ワイ》の値《あたい》を求め，水そうの水の量を答えましょう。

式

答え（　　）

③ y《ワイ》の値《あたい》が 30000 のとき，対応する x《エックス》の値《あたい》を求め，水の高さを答えましょう。

式

答え（　　）

4 ノートが何冊《さつ》か重ねてあります。全体の重さは 1040g でした。もう２冊《さつ》重ねて重さを量ると，1300g でした。（１つ15点）

① ノート１冊《さつ》の重さは何 g ですか。

式

答え（　　）

② はじめにノートは何冊《さつ》ありましたか。

式

答え（　　）

理科 しあげテスト 1

学習日　　月　　日　　得点　　点

合格シール
全問正解にできたら合格シールをはろう！

1 右の図は，人が食べたものの消化に関係する臓器《ぞうき》を表したものです。ただし，食べたものが通らない臓器もふくまれています。次の問題に答えなさい。（1つ10点）

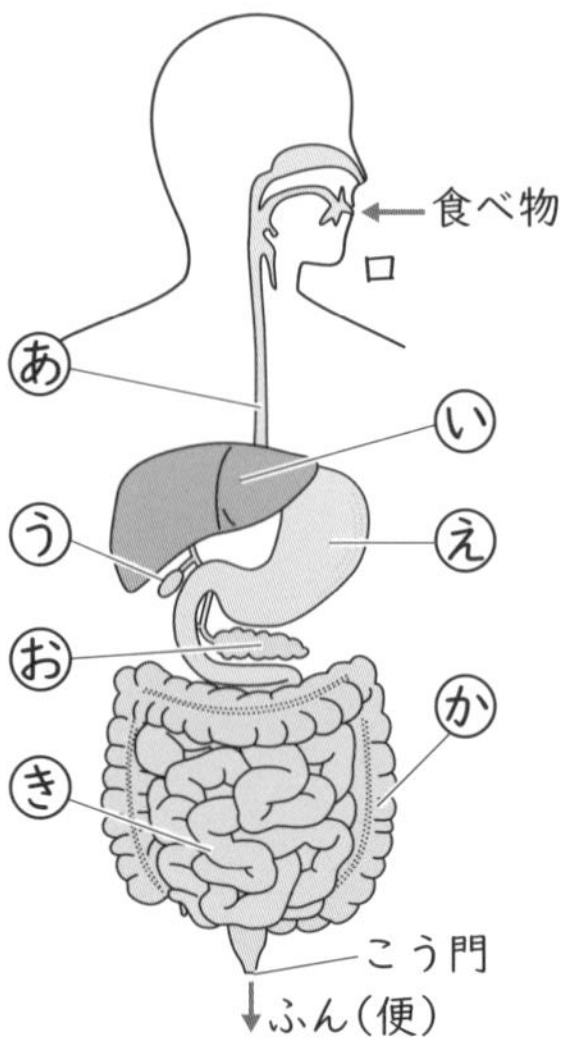

① あ～きから，口から食べたものが通る臓器をすべて選び，食べたものが通る順にならべかえなさい。（　　　　　　）

② 食べたものが通る，①の通り道を何というか答えなさい。（　　　　　　）

③ あ～きのうち，おもに養分と水分が吸収《きゅうしゅう》される臓器を1つ選び，記号で答えなさい。また，その臓器の名前を書きなさい。

記号（　　　）名前（　　　　　　）

2 図1は，地球と太陽，月の位置関係を表したものです。次の問題に答えなさい。（1つ10点）

図1

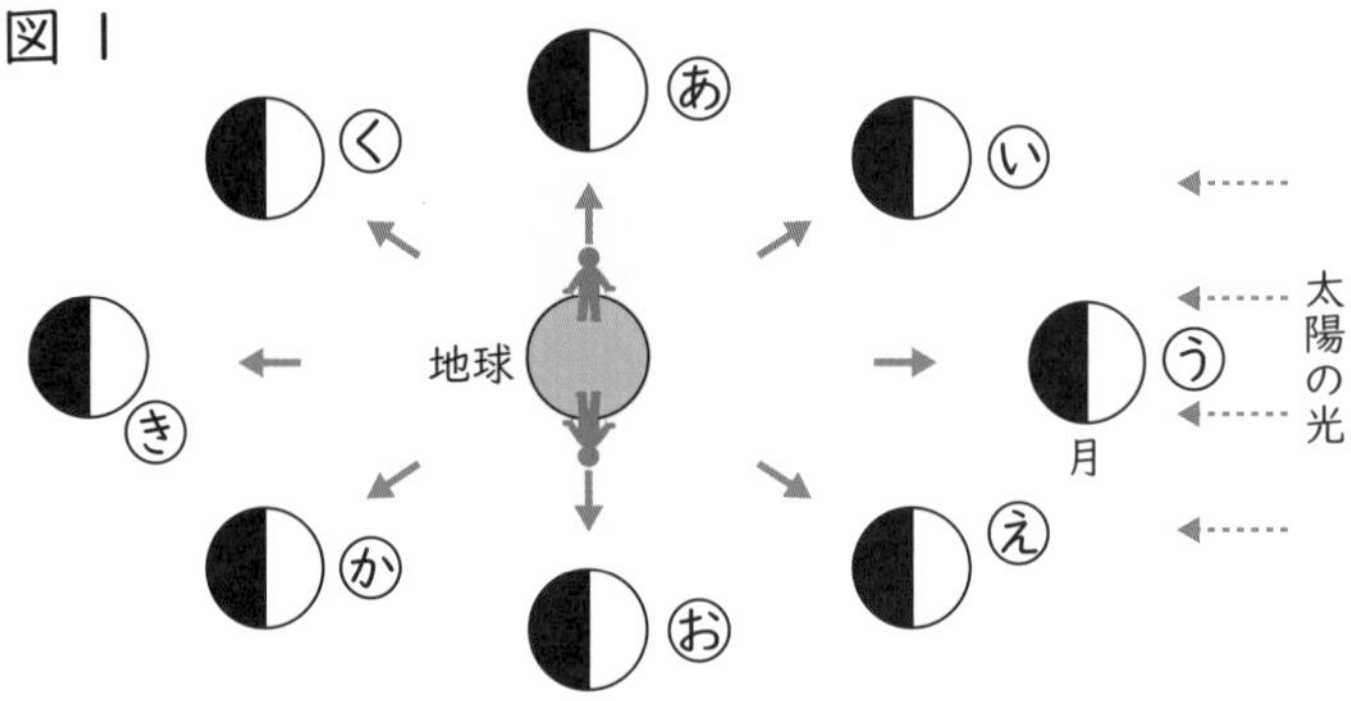

① 図2，図3のような形の月を見ることができるのは，図1のあ～くのどの位置のときですか。それぞれ1つ選び，記号で答えなさい。

図2（　　　）図3（　　　）

図2

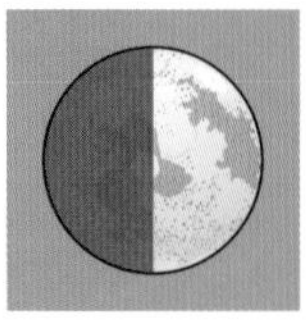

図3

② 月がかがやいて見える理由を，次の㋐～㋒から1つ選び，記号で答えなさい。

㋐ 月がみずから光を出しているから。

㋑ 太陽の光を反射《はんしゃ》しているから。

㋒ 月はつねに同じ面を地球に向けているから。

（　　　）

3 あるがけで，図1のようなしま模様《もよう》が見られました。あには，図2のようなものがふくまれていました。次の問題に答えなさい。（1つ10点）

図1

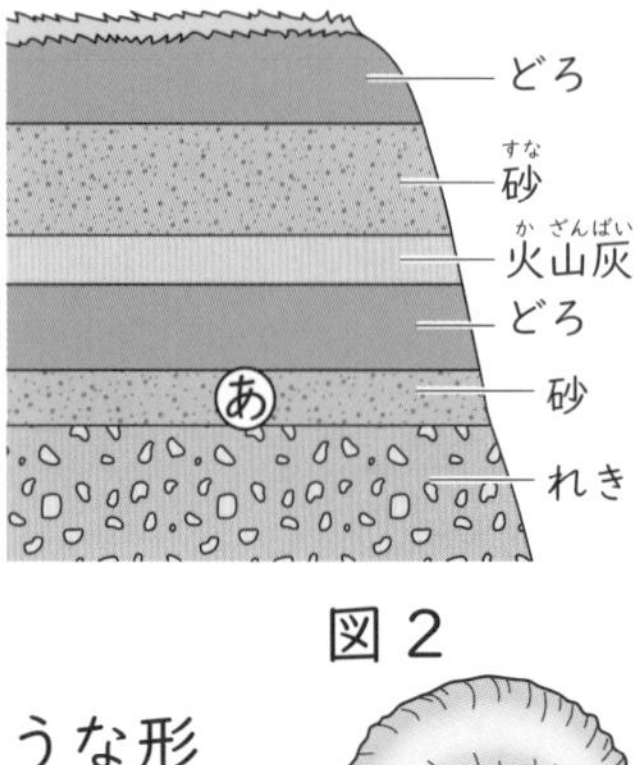

図2

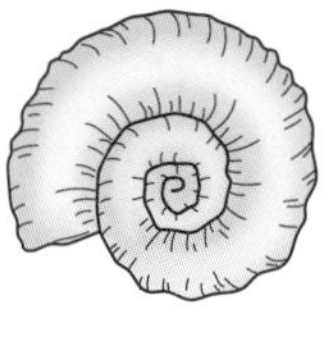

① 図1のように，どろ，砂《すな》，火山灰《かざんばい》などが積み重なっているものを何というか答えなさい。（　　　　　　）

② 図2のような，大昔の生きものの体や生活のあとが残ったものを何というか答えなさい。（　　　　　　）

③ 図1で，火山灰の層のつぶは，砂の層のつぶと比べてどのような形のちがいがあるか答えなさい。

（　　　　　　　　　　　　　　）

理科 しあげテスト 2

学習日　　月　　日

得点　　点

合格シール
全問正解にできたら合格シールをはろう！

1 気体検知管を使って，集気びんの中でろうそくが燃える前後の，空気にふくまれる酸素と二酸化炭素の割合《わりあい》を調べ，結果を表にまとめました。次の問題に答えなさい。（1つ10点）

	あ	い
う	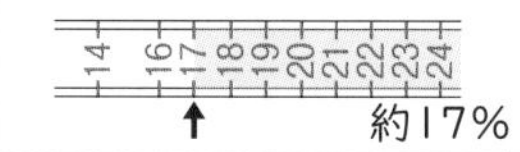 約17%	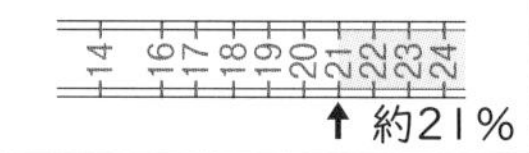 約21%
え	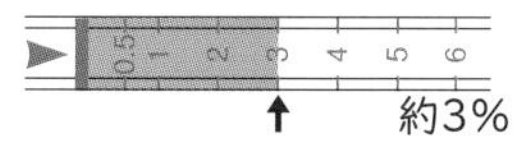 約3%	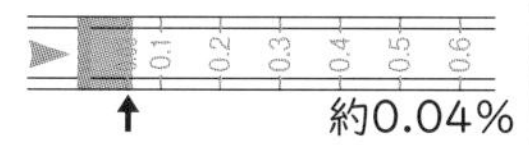 約0.04%

① 燃える前の気体の結果を表しているのは，表のあ，いのどちらですか。記号で答えなさい。（　　）

② 酸素と二酸化炭素のうち，えにあてはまるものを答えなさい。（　　）

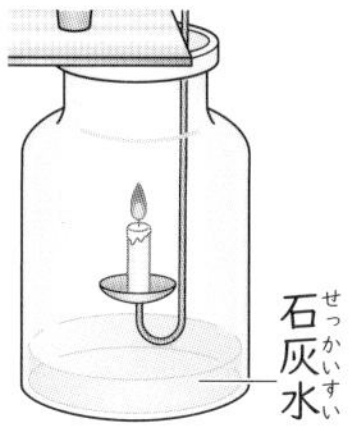

③ 図のように，石灰水《せっかいすい》を入れた集気びんの中でろうそくを燃やしたあと，ふたをして集気びんをよくふると，石灰水はどのようになるか答えなさい。
（　　　　　　　　　　）

2 右の図のように，てこを使っておもりを持ち上げます。次の問題に答えなさい。（1つ5点）

① あ～うの点をそれぞれ何というか答えなさい。
あ（　　　）い（　　　）う（　　　）

② いの位置を変えずにあ，うの位置を変えて，てこを持つ手ごたえをできるだけ小さくする方法を，次のア～エから２つ選び，記号で答えなさい。（　　）（　　）

ア　あの位置をいに近づける。　イ　あの位置をいから遠ざける。
ウ　うの位置をいに近づける。　エ　うの位置をいから遠ざける。

③ あ～うの点のならび順が図と同じ道具を，次のア～エから１つ選び，記号で答えなさい。

ア　ピンセット　イ　空きかんつぶし器　ウ　くぎぬき　エ　せんぬき（　　）

3 右の表は，水よう液あ～えについて性質を調べた結果をまとめたものです。次の問題に答えなさい。ただし，水よう液あ～えは，うすい塩酸，食塩水，アンモニア水，炭酸水のいずれかです。（①②1つ10点，③20点）

水よう液	あ	い	う	え
におい	ない	ある	ある	ない
青色のリトマス紙の変化	青色→赤色	青色→変化なし	青色→赤色	青色→変化なし
蒸発皿《じょうはつざら》に入れて熱する	何も残らない。	何も残らない。	何も残らない。	固体が残る。

① 青色のリトマス紙を赤色に変える性質を何というか答えなさい。（　　）

② 水よう液あ～えのうち，石灰水に入れたときに白くにごるのはどれか記号で答えなさい。（　　）

③ 水よう液うにアルミニウムを入れるととけました。どのようにとけるか答えなさい。
（　　　　　　　　　　）

社会 しあげテスト 1

学習日　月　日　　得点　点

合格シール
全問正解にできたら合格シールをはろう！

1 日本国憲法《けんぽう》について，次の問題に答えなさい。（1つ6点）

(1) 日本国憲法について，（　）にあてはまることばを書きなさい。

> 日本国憲法の3つの原則とは，①（　　　　）の尊重《そんちょう》，②国民（　　　　），③（　　　　）主義のことである。

(2) 図の①「国会」，②「内閣《ないかく》」の役割《やくわり》について正しいものをア～ウからそれぞれ1つ選び，記号で答えなさい。

①（　　　）②（　　　）

ア 法律《ほうりつ》を制定する。
イ 予算や法律にもとづき政治を行う。
ウ 国民の権利《けんり》を守り問題を解決する。

(3) 図のⒶⒷにあてはまることばを書きなさい。

Ⓐ（　　　　）Ⓑ（　　　　）

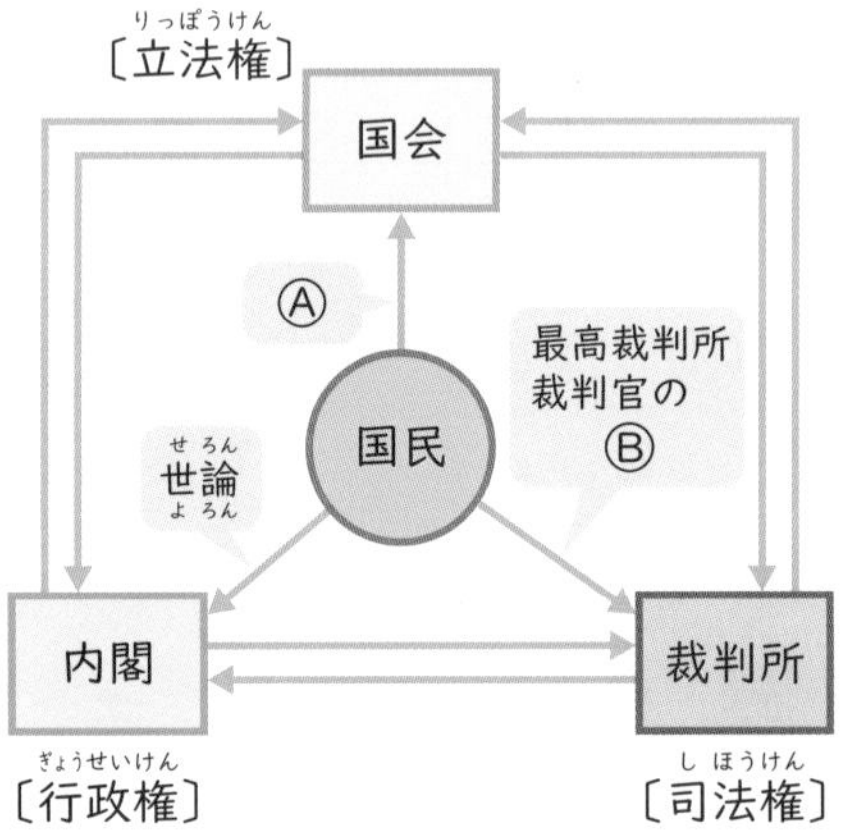

2 縄文《じょうもん》・弥生《やよい》時代の土器について，次の問題に答えなさい。（1つ5点）

(1) 右の写真は，縄文土器か弥生土器か答えなさい。

（　　　　　　）

(2) (1)で，そのように判断した理由を書きなさい。

（　　　　　　　　　　　　）

3 右の年表について，次の問題に答えなさい。（1つ6点）

(1) 年表の①～⑥にことばを書き入れて，年表を完成させなさい。

①（　　　　）
②（　　　　）
③（　　　　）
④（　　　　）
⑤（　　　　）
⑥（　　　　）

年代	できごと
1185年	壇ノ浦《だんのうら》の戦いで（　①　）が敗れる
1192年	（　②　）が征夷大将軍《せいいたいしょうぐん》になる
1274・1281年	（　Ⓐ　）
1333年	（　③　）がほろびる
1338年	足利《あしかが》氏が京都に（　④　）を開く
1397年	義満《よしみつ》が（　⑤　）を建てる
1467年	（　⑥　）がおこり，都が戦場になる
1573年	信長《のぶなが》が（　④　）をほろぼす
1577年	信長が安土《あづち》で楽市《らくいち》・楽座《らくざ》を始める
1582年	秀吉《ひでよし》が（　Ⓑ　）を始める
1590年	秀吉が天下を統一する

(2) Ⓐの1274年と1281年に，外国からせめられたできごとをなんというか答えないさい。（　　　　）

(3) Ⓑの全国の田畑の調査を何というか答えないさい。（　　　　）

社会 しあげテスト 2

学習日　月　日　得点　点

合格シール
全問正解に
できたら
合格シール
をはろう！

1 右の年表について，次の問題に答えなさい。（１つ８点）

(1) ①～③にあてはまる言葉を書きなさい。

①(　　　　)　②(　　　　)

③(　　　　)

(2) 明治の初めころ，西洋文化が入ってきて生活が洋風化していった様子を何というか，４字の漢字で書きなさい。

(　　　　)

年代	できごと
1894 年	①（　　）戦争が始まる
1904 年	②（　　）戦争が始まる
1914 年	第一次世界大戦が始まる
1937 年	日中戦争が始まる
1940 年	日独伊《にちどくい》三国同盟《どうめい》が結ばれる
1945 年	③（　　）によって原爆《げんばく》が落とされる

2 第二次世界大戦前後の日本について，次の問題に答えなさい。

(1) （　）にあてはまることばを書きなさい。（１つ８点）

1914 年におきた第一次世界大戦のあと，民主主義の考えが広まり，1925 年には満 25 才以上の①(　　　　)に②(　　　　)があたえられた。
満州事変《まんしゅうじへん》を経て，1941 年③(　　　　)が始まった。1945 年８月６日④(　　　　)に，９日長崎に原爆が落とされ，８月 15 日，日本は降伏《こうふく》した。

(2) 第二次世界大戦後の日本のようすを説明した文を，古い順にならべかえて記号で答えなさい。（12点）

(　　→　　→　　→　　)

㋐ 沖縄が返還《へんかん》される。
㋑ 日本国憲法《けんぽう》が公布《こうふ》される。
㋒ 日中《にっちゅう》平和友好条約が結ばれる。
㋓ 東日本大震災《だいしんさい》が起こる。

3 日本と世界のつながりについて，次の問題に答えなさい。（１つ８点）

(1) 次の説明に合う国を，右の地図の①～④の番号で答えなさい。

㋐ 日本が石油を多く輸入している国。

(　　　)

㋑ ４か国の内で，熱帯雨林の森林破壊《はかい》が進行している国。(　　　)

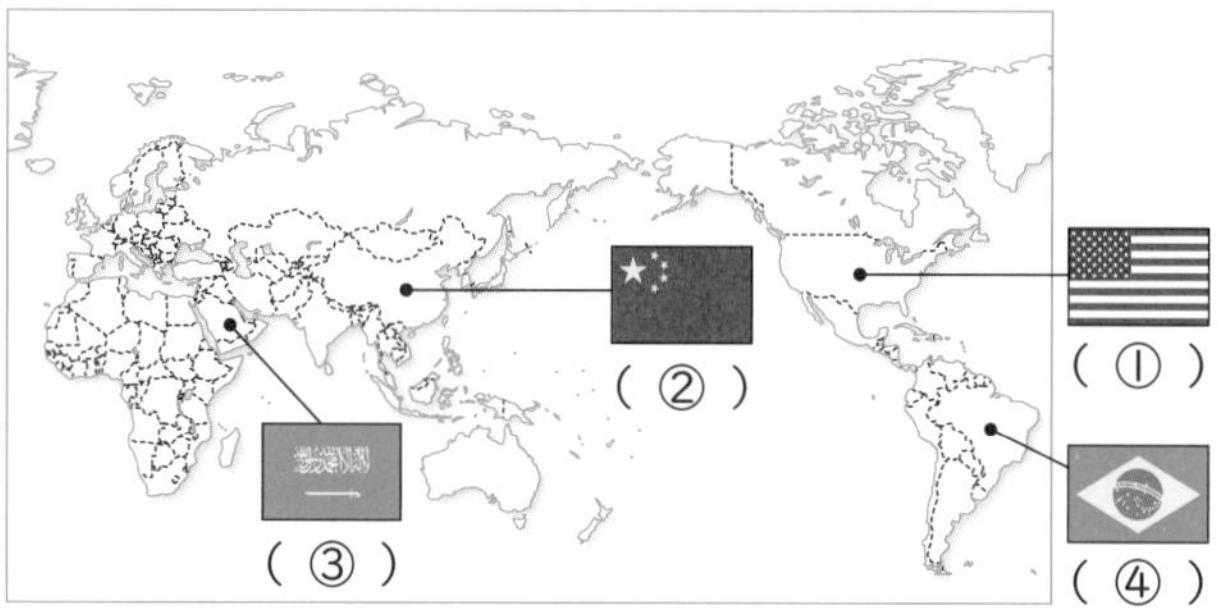

(2) 子どもの貧困《ひんこん》をなくすために活動している国際連合の組織は何か，書きなさい。

(　　　　)

国語 しあげテスト

学習日　月　日
得点　点

合格シール
全問正解にできたら合格シールをはろう！

次の文章を読んで、問題に答えましょう。

[1]①せんめん器をお風呂《ふろ》にうかべると、水にうかびます。

[2]せんめん器をお風呂《ふろ》にしずめようとすると、おし返されます。これはせんめん器におしのけられた水が、元にもどろうとしておし返しているのです。せんめん器をおししずめるには、その分だけの水の重さをおしのける力が②ひつようです。

[3]水は、おししずめられた分だけおし返してきます。このおし返してきた力をうく力という意味で「浮力《ふりょく》」と言います。おしのけた水の重さの分だけ、うかぶ力が働くのです。

[4]茶碗《ちゃわん》をそっと横向きに入れると茶碗《ちゃわん》はしずみます。茶碗《ちゃわん》の方が水よりも重たいのです。

[5]□、茶碗《ちゃわん》を上向きにそっとうかべると茶碗《ちゃわん》はうかびます。茶碗《ちゃわん》はごはんを入れるために大きく空洞《くうどう》が空いた器《うつわ》になっています。水にうかべると、この空洞《くうどう》の部分も水をおしのけます。そのため、うく力が大きくなって、水より重たい茶碗《ちゃわん》を水の上にうかべてしまうのです。そのため、茶碗《ちゃわん》に水を入れて空《くう》洞《どう》をなくすと、茶碗《ちゃわん》はしずんでしまいます。

[6]おしのける水の量が多いと、うかぶ力も強くなります。

[7]水にうかぶためには重さだけではなく形が大切です。形によって、水をおしのける力は変わります。どんな形がうかびやすいか、茶碗《ちゃわん》やお皿、タッパーなどさまざまな食器や容《い》れ物で試《ため》してみましょう。

（『子どもが伸びる「理科力」のススメ』稲垣栄洋〈東京堂出版〉より）

1 ――①・②を漢字で書きましょう。（一つ10点）

①（　　）　②（　　）

2 「浮力《ふりょく》」とは何ですか。次の（　）に合う言葉を書きましょう。（15点）

せんめん器をお風呂《ふろ》にしずめようとしたときに、（　　　　）。

3 □に合うことばを、下の□から選んで書きましょう。（10点）

〔　　〕

だから　つまり　ところが

4 茶碗《ちゃわん》は、どのように水に入れるとしずみますか。方法を二つ書きましょう。（一つ10点）

〔　　〕
〔　　〕

5 水にうかぶために大切なことを二つ書きましょう。（一つ10点）

〔　　〕
〔　　〕

6 [1]～[7]の段落《だんらく》を内容上、三つに分ける場合、どのようになりますか。一つ選んで、○をつけましょう。（15点）

ア（　）[1]～[2]／[3]～[5]／[6]～[7]
イ（　）[1]～[3]／[4]～[5]／[6]～[7]
ウ（　）[1]～[3]／[4]～[6]／[7]

作文(2)

1 できたシール

〈くわしい様子の文が書ける〉

絵を見て、〈　〉のことばを使って、文を作りましょう。

〈風・はらはら〉

(1) 木の葉が、

〈ぴかぴか・窓《まど》ガラス〉

(2) わたしは、

〈宝石《ほうせき》・きらきら〉

(3) 夜空の星が、

2 できたシール

〈くわしい様子を文章で書ける〉

絵を見て、〈　〉のことばを使って、作文を書きましょう。

〈映《えい》画《が》・家族・うとうと〉

〈ぺこぺこ・食事〉

23回　作文(1)

学習日　　月　　日

合格シール　全問正解にできたら合格シールをはろう！

1　できたシール

〈「どんな」「どのように」を使うことができる〉

絵を見て、□に合うことばを□から選んで書きましょう。

(1)

(2)

(1) お湯をわかして、□（▲どんな）お茶をみんなに入れた。

冷たい・熱い・大きい

(2) 急に雨が降《ふ》ってきたので、□（▲どのように）家に帰ってきた。

ゆっくり・たいへん・急いで

2　できたシール

〈たとえの表現「――（の）ように」を使うことができる〉

□に合うことばを□から選んで書きましょう。

(1) もみじが□ように赤くそまる。

(2) 会場は、水を□ように静まり返った。

(3) ほおを□ような風がふいた。

打った・燃える・なでる

3　できたシール

〈受け身の表現を使うことができる〉

次の□に合うことばを□から選んで、受け身の形に直して書きましょう。

学校から帰ると、母に牛乳《ぎゅうにゅう》を買ってくるように□。道のと中で、野中さんの家の犬に□。お店で代金をはらうと、店員さんにおつりを□。

わたした・たのんだ・ほえた

4　できたシール

〈「そうだ」の表現を使うことができる〉

次の□に合うことばを□から選んで、「そうだ」をつけた形に直して書きましょう。

弟とスケートをしに行った。弟は、スケートをするのは初めてなので、今にも□。弟の話では、来月、修学旅行でスキーにも□。

転ぶ・行く

説明文の読みとり⑵

次の文章を読んで、問題に答えましょう。

1 「わたしって何？　わたしという人間は、どういう存在《そんざい》？」

2 だれもが自分についてそう考え始める時期があります。この時期が、人間としての大人へのスタートといえます。

3 わたしがこういうことについてあれこれ思うようになったのは、十一、二さいのころでした。「わたしって何か」という、もやもやした気持ちを整理するために、理科で習った生物の分類を当てはめて考えをまとめ始めました。物事の本質がつかみにくいときは、わかっている部分から確かめながら前へ進むのが、とりあえずいちばんよい方法のように思います。理科のやり方でいくと、「わたし」というものはまずこういうものになります。

4 生物で、動物で、人間で、女性で、○さいで、身長○センチ*で、体重○キロ*で、他人から見てその人だと見分けられる顔や声や体を持っている。これは「外側のわたし」です。

5 わたしが知りたいのは「内側のわたし」です。いろんなことで喜んだり、悲しんだり、うきうきしたり、ビクビクしたり、ほっとしたり、毎日いろんなことを感じているわたしは、「なぜ、そう感じるのか？」を知りたくなりました。

＊センチ…センチメートル。　＊キロ…キログラム。

（『10代の哲学Ⅰ　わたしはだれ？』「『わたし』のつくり方」里中満智子〈ポプラ社〉より）

1 できたシール

〈筆者の思ったことを読みとることができる〉

十一、二さいのころ、筆者があれこれ思うようになった「こういうこと」とは、どんなことですか。

「わたしって(1)（　　　　　　）？　わたしという人間は、(2)（　　　　　　）？」ということ。

2 できたシール

〈段落《だんらく》の関係がわかる〉

「こういうもの」とありますが、理科のやり方でいくと、「わたし」はどういうものになるのですか。それが説明されている段落《だんらく》の番号を書きましょう。

□の段落《だんらく》

3 できたシール

〈筆者の考えを読みとることができる〉

筆者は、何を知りたいと思うようになったのですか。（　）に合うことばを書きましょう。

「外側のわたし」ではなく、「(1)（　　　　　　）」を知りたいと思った。わたしは、毎日喜んだり悲しんだり、いろんなことを感じているが、「(2)（　　　　　　）？」を知りたくなった。

説明文の読みとり(1)

学習日

月　日

合格シール

全問正解にできたら合格シールをはろう！

次の文章を読んで、問題に答えましょう。

（ヒヒとチンパンジーを研究した結果、サル類もかりをすることが確認《かくにん》された。）

1　人類とサル類は、どこで区別したらよいのだろうか。これはとても難《むずか》しい問題だ。キースという英国の人類学者は、脳《のう》の大きさで区別しようとした。つまり、脳《のう》の容量が七〇〇シーシー*以上がヒトで、それ以下がサルだというのである。ところが、アウストラロピテクスが発見されて、その脳《のう》容量がわずか平均四五〇シーシーということがわかり、キースの説はだめになった。アウストラロピテクスは、九〇〜三〇〇万年前にアフリカにすんでいた人類である。

2　雑食*としゅりょうがヒトの特ちょうだといわれたこともある。しかしこの考えはまったく採用できないことは、先に述べたヒヒとチンパンジーの話からもわかるだろう。残った有力な説の一つは、「人類とは道具を使う動物だ。」という説である。

3　実はこの説も、チンパンジーの研究から破れ去ったのである。チンパンジーは、簡単《かんたん》だが道具を使うことができる。

＊シーシー…立方センチメートルのこと。記号は「cc」。　＊雑食…肉類も野菜類も食べること。

（『人類誕生のなぞをさぐる――アフリカの大森林とサルの生態』河合雅雄〈大日本図書〉より）

1　できたシール

〈文章の話題の中心を読みとることができる〉

1の段落《だんらく》に書かれている筆者の疑問《ぎもん》を、一文で書きぬきましょう。

（　　　　）

2　できたシール

〈段落《だんらく》の要点を要約することができる〉

ヒトとサルの区別について、1・2・3の段落《だんらく》には、どのように書かれていますか。（　）に合うことばを書きましょう。

1

（キースは、(1)（　　　）の大きさで区別しようとしたが、発見されたアウストラロピテクスの脳《のう》容量が平均(2)（　　　）シーシーだとわかり、この説はだめになった。）

2

（(3)（　　　）と(4)（　　　）がヒトの特ちょうという考えもあるが、まったく採用できない。）

3

（2の段落《だんらく》の「人類とは(5)（　　　）を使う動物だ。」という説も、チンパンジーが(6)（　　　）を使うことがわかり、破れ去った。）

できなかったところは、もう一度やってみましょう。正しく直せたら**できたシール**をはりましょう。

物語の読みとり⑵

学習日　　月　　日

合格シール
全問正解にできたら合格シールをはろう！

次の文章を読んで、問題に答えましょう。

（太《ふとし》は、はまと御船《みふね》島を往復する遠泳に参加することになった。）

赤いふんどしに赤いはちまきをしめた十六名の少年たちも立ち上がった。だれも口をきかない。どんなに泳ぎに自信がある者でも、やはり不安になっているのだ。その不安に打ち勝とうと、心の底ではガンバロウッとさけんでいるのだった。太《ふとし》も体をふるわせながらさけんでいた。ガンバロウッ。少年たちが海に入っていくときの静けさは、そうした静けさだった。だれも何も言わなかった。

背中《せなか》からは、いちだんと大きくなった声えんが聞こえた。

「がんばれえっ。太《ふとし》兄ちゃん。」

近くで健二《けんじ》の声がした。ふり向かないまま、太《ふとし》はうなずいた。

（『少年の海』横山充男〈文研出版〉より）

1　できたシール

〈登場人物の気持ちや行動を読みとることができる〉

⑴海に入っていく太《ふとし》たちは、どんな気持ちでしたか。

①（　　　　　　）になっていて、それに打ち勝とうと、心の底では②（　　　　　　）と思う気持ち。

⑵健二《けんじ》の声がしたとき、太《ふとし》はどうしましたか。

（　　　　　　　　　　）

次の文章を読んで、問題に答えましょう。

黒い円い大きなものが、天井《てんじょう》から落ちてずうっとしずんで、また上へのぼって行きました。キラキラッと黄金《きん》のぶちがひかりました。

「*かわせみだ。」

子供《こども》らのかには首をすくめて言いました。

お父さんのかには、遠《とお》めがねのような両方の目をあらん限り延《の》ばして、よくよく見てから言いました。

「そうじゃない、あれは*やまなしだ、流れて行くぞ、ついて行ってみよう、ああ、いいにおいだな。」

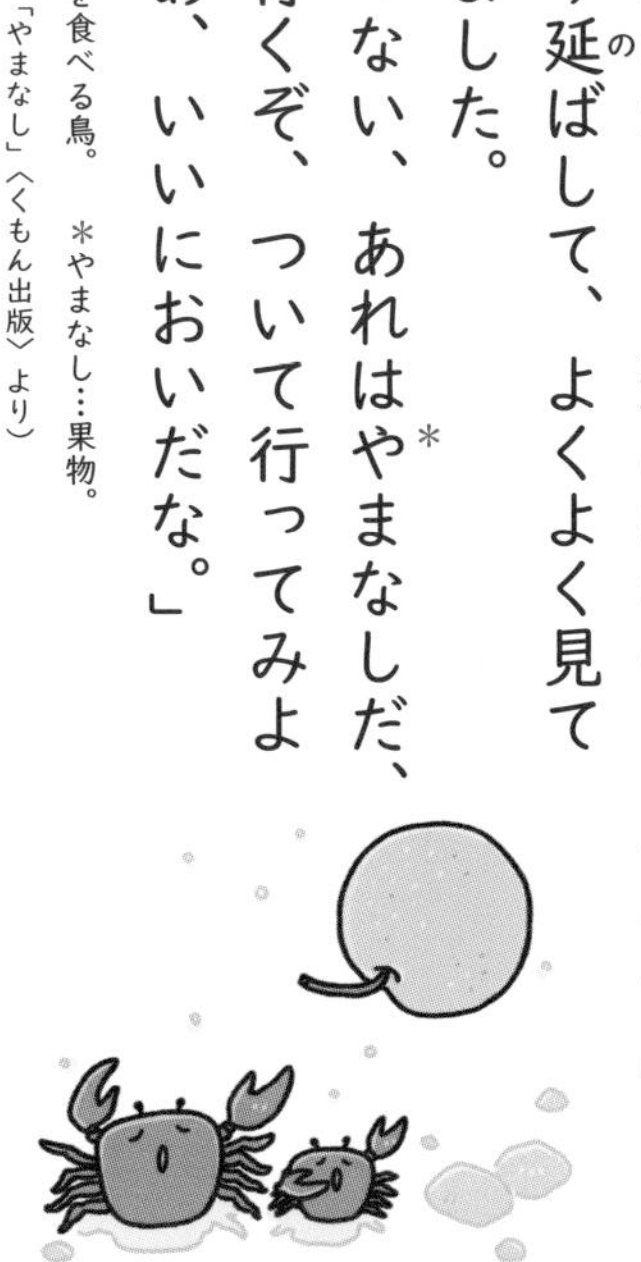

*かわせみ…魚などを食べる鳥。　*やまなし…果物。

（『宮沢賢治絵童話集⑤』「やまなし」〈くもん出版〉より）

2　できたシール

〈登場人物の気持ちや行動を読みとることができる〉

⑴子供《こども》らのかにが、首をすくめたのはなぜですか。一つ選んで、○をつけましょう。

ア（　）お父さんのかにがこわかったから。
イ（　）かわせみに食べられたくなかったから。
ウ（　）かわせみをもっとよく見たかったから。

⑵やまなしをよく見るために、お父さんのかには、どうしましたか。

（　　　　　　　　　　）

19回 物語の読みとり(1)

学習日　月　日

合格シール
全問正解にできたら合格シールをはろう！

次の文章を読んで、問題に答えましょう。

大きな*湾《わん》の左右の*岬《みさき》には、それぞれが向かい合うようにして、二つの灯台が立っていた。左が鳶岬《とびみさき》。右が西崎《にしざき》。

御船《みふね》島は、はまから見ると、この二つの灯台を直線で結んだちょうど真ん中に位置していた。てっぺんにこんもりと樹木《じゅもく》をしげらせた、丸い小さな島だ。湾《わん》と*外海《そとうみ》の境目にうかぶ島は、なるほどその名のとおり、はるかな海へとこぎ出していくふねの後ろ姿《すがた》にも見えた。

＊湾…海が陸地に深く入りこんだ所。　＊岬…海や湖につき出ている陸地のはし。
＊外海…陸地に囲まれていない、広い海。
（『少年の海』横山充男〈文研出版〉より）

1 できたシール
〈場面の様子や設定を読みとることができる〉

(1)はまから見ると、「御船《みふね》島」は、どんな位置にあるのですか。

鳶岬《とびみさき》と西崎《にしざき》の①（　　　　）を直線で結んだ、ちょうど②（　　　　）に位置していた。

(2)「御船《みふね》島」は、その名のとおり、何のように見えたのですか。

（　　　　）

次の文章を読んで、問題に答えましょう。

（千草《ちぐさ》と卓《たく》おじさんは、アイルランドのコークという駅で列車を降《お》りた。）

街灯もうす暗いし、こんなにさみしいところで降《お》りて、これからおじさんは、いったいどうするつもりだろう。すでに時刻《じこく》は夜の九時半を回っている。今日、とまるところは、ちゃんと決まっているんだろうか。

千草《ちぐさ》は、長旅でくたくたにつかれ果てているうえ、不安と心細さで、気分が悪くなりそうだった。

けれど卓《たく》おじさんは、少しもあせっている様子もなく、むしろ、なつかしそうに、駅舎をふり返ったり、駅周辺をながめ回している。

（『汽車にのって』三輪裕子〈講談社〉より）

2 できたシール
〈登場人物の様子を読みとることができる〉

(1)列車から降《お》りた千草《ちぐさ》は、どんな様子でしたか。一文で書きぬきましょう。

（　　　　）

(2)駅の周辺を見ている卓《たく》おじさんは、どんな様子でしたか。

（少しもあせっている様子もなく、むしろ、（　　　　）に、駅舎をふり返ったり、駅周辺をながめ回していた。）

できなかったところは、もう一度やってみましょう。正しく直せたら**できたシール**をはりましょう。

18回 短歌と俳句《はいく》

1 できたシール 〈短歌・俳句《はいく》の決まりがわかる〉

次の文章の（　）に合うことばを、[　]から選んで書きましょう。

短歌は、五・七・五・七・七の(1)（　　）で、俳句《はいく》は五・七・五の(2)（　　）で作られるのが原則です。また、(3)（　　）には、季節を表す「(4)（　　）」を入れるのが決まりになっています。

[短歌・俳句《はいく》・季語・十七音・三十一音]

2 できたシール 〈短歌を五つに分けることができる〉

次の短歌を、〈例〉のように｜を引いて、五つに分けましょう。

〈例〉春過ぎて｜夏きたるらし｜白たへ《(え)》の｜…

(1) 東《ひんがし》の野にかぎろひ《(い)》の立つ見えて　かへ《(え)》りみすれば月かたぶきぬ

(2) 金色《こんじき》のちひ《(い)》さき鳥のかたちして　銀杏《いちょう》ちるなり夕日の岡に

3 できたシール 〈短歌・俳句《はいく》の組み立てがわかる〉

一つの短歌、俳句《はいく》になるように、番号をつけましょう。

(1)
（１）柿《かき》くへ《(え)》ば
（　）法隆寺《ほうりゅうじ》
（　）鐘《かね》が鳴るなり

(2)
（１）夏草《なつくさ》や
（　）夢の跡《あと》
（　）兵《つわもの》どもが

(3)
（１）五月雨《さみだれ》の
（４）青田《あおた》すゞ《(ず)》しく
（　）眺《なが》むれば
（　）晴れ間にいでて
（　）風わたるなり

4 できたシール 〈俳句《はいく》の季語とその季節がわかる〉

次の俳句《はいく》の「季語」に――を引き、その季節を□に書きましょう。

〈例〉名月や池をめぐりて夜もすがら……［秋］

(1) 赤とんぼ筑波《つくば》に雲もなかりけり……□

(2) 五月雨《さみだれ》を集めて早し最上川《もがみがわ》……□

(3) 雪とけて村いっ《(つ)》ぱいの子どもかな……□

17回 敬語《けいご》の使い方

学習日　月　日

合格シール　全問正解にできたら合格シールをはろう！

1 できたシール

〈敬語《けいご》の種類がわかる〉

——の敬語《けいご》の種類を［　］から選んで、記号を書きましょう。

(1) これは、わたしのカバンです。（　　）

(2) 校長先生が、講演会に出席される。（　　）

(3) お客様が、明日の予定をお話しになる。（　　）

(4) 兄が校門で先生をお待ちする。（　　）

(5) 山本先生が、寺のそうじをなさる。（　　）

(6) 朝、八時に出発しましょう。（　　）

(7) 母は、先生からの手紙を拝見《はいけん》した。（　　）

［㋐尊敬語《そんけいご》　㋑けんじょう語　㋒ていねい語］

2 できたシール

〈「お（ご）——になる」「お（ご）——する」の使い方がわかる〉

——のことばを、「お（ご）——になる」か「お（ご）——する」を使って、正しい敬語《けいご》に直しましょう。

(1) 父が先生と会う日は、明日です。（　　）

(2) 先生が日曜日のぼくの予定を聞く。（　　）

(3) わたしが先生に試合の結果を報告する。（　　）

3 できたシール

〈尊敬《そんけい》を表す特別なことばがわかる〉

——のことばを、尊敬《そんけい》を表す特別なことばに書き直しましょう。

(1) 校長先生が、「がんばれ。」と言う。（　　）

(2) 校長先生が、わたしの家に来る。（　　）

(3) お客様が、お茶を飲む。（　　）

(4) お客様が、ぼくに本をくれる。（　　）

4 できたシール

〈けんじょうを表す特別なことばがわかる〉

——のことばを、けんじょうを表す特別なことばに書き直しましょう。

(1) 母が「よろしく。」と言っていました。（　　）

(2) 先生のご自宅《じたく》でケーキを食べる。（　　）

(3) 校長先生のお話を聞く。（　　）

(4) 先生のお宅《たく》に行くのは母です。（　　）

できなかったところは、もう一度やってみましょう。正しく直せたら**できたシール**をはりましょう。

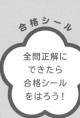

16回 いろいろな表現

学習日　月　日

合格シール
全問正解にできたら合格シールをはろう！

1 できたシール 〈「そうだ」「ようだ」の使い方がわかる〉

人から聞いた言い方の文に「聞」、様子をおし量る言い方の文に「お」と書きましょう。

(1) あの星が北極星だそうだ。……（　　）

(2) もうすぐ音楽が終わりそうだ。……（　　）

(3) どうも、かぜをひいたようだ。……（　　）

(4) 放課後、合唱の練習をするそうだ。（　　）

2 できたシール 〈「そうだ」の使い方がわかる〉

次の文を「そうだ」を使って、①人から聞いた言い方と、②様子をおし量る言い方に書きかえましょう。

〈例〉雨が降《ふ》る。

① 雨が降《ふ》るそうだ。

② 雨が降《ふ》りそうだ。

(1) 美しい花がさく。

①（　　）

②（　　）

(2) 今日は暖《あたた》かくなる。

①（　　）

②（　　）

3 できたシール 〈受け身の文を書くことができる〉

――のことばを主語にして、受け身の文にかえます。（　）に合うことばを書きましょう。

〈例〉父が弟を呼《よ》んだ。→弟が父に（呼《よ》ばれた。）

(1) 妹がわたしに追いついた。
→わたしは、妹に（　　）。

(2) 先生が、わたしの作品をほめた。
→わたしの作品が、先生に（　　）。

(3) 先生が、黒板の字を消した。
→黒板の字が、先生に（　　）。

4 できたシール 〈たとえの表現がわかる〉

次の文は、――のことばを、何にたとえていますか。たとえている表現を書きましょう。

(1) 遠くに見える家々の明かりが、星のようにまたたいて見える。（　　）

(2) 色とりどりの打ち上げ花火は、夜空にさく花のようだ。（　　）

15回 文をつなぐことば

学習日　月　日

合格シール
全問正解にできたら合格シールをはろう！

できたシール
〈文をつなぐことばがわかる〉

1 （　）に合うことばを、[　]から選んで書きましょう。

(1) その手紙は縦《たて》書《が》きですか。（　　）、横書きですか。

(2) 一生けんめい練習をした。（　　）、試合に負けてしまった。

(3) はげしい雨が降《ふ》ってきた。（　　）、強い風がふいてきた。

(4) 電車がおくれた。（　　）、約束の時間に行けなかった。

さらに・それとも
だから・しかし

できたシール
〈文をつなぐことばの働きがわかる〉

2 [　]のことばと同じ働きをすることばを、[　]から選んで書きましょう。

(1) まだ宿題が終わっていない。[だから]、遊びに行けない。…（　　）

(2) もう宿題はやってしまった。[けれども]、遊びには行かない。…（　　）

また・でも・それで

できたシール
〈文をつなぐことばを使うことができる〉

3 正しくつながるほうのことばを、○で囲みましょう。

(1) 春になった（が／ので）、桜の花がさいた。

(2) 寒かった（が／ので）、外で元気に遊んだ。

できたシール
〈文をつなぐことばを使い、二つの文に分けることができる〉

4 次の文を、[　]のことばを使って、意味を変えずに二つの文に書き直しましょう。

〈例〉駅に行ったが、兄には会えなかった。
〔駅に行った。しかし、兄には会えなかった。〕

(1) 大声で呼《よ》んだけれども、聞こえなかった。
（　　　　）

(2) 夏休みに山に行ったし、海にも行った。
（　　　　）

(3) 空腹《くうふく》だったから、おやつを食べた。
（　　　　）

また・しかし・さて・それで

できなかったところは、もう一度やってみましょう。正しく直せたら**できたシール**をはりましょう。

慣用句・ことわざ・故事成語《こじせいご》

学習日　月　日

合格シール
全問正解にできたら合格シールをはろう！

1 できたシール

〈慣用句の使い方がわかる〉

次の慣用句を使った文の、（　）にあてはまることばを、[　]から選んで書きましょう。

(1)（　　）をすますと、かすかに風の音が聞こえる。

(2) もう一歩のところで敗れた兄は、（　　）を落として帰ってきた。

(3) 弟に（　　）を持たせようと、ゲームにわざと負けてあげた。

(4) 母のおつかいに出た弟は、とちゅうの本屋で（　　）を売っている。

(5) 昨日のけんかを（　　）に流して、仲直りをした。

(6) 君とは、（　　）を割《わ》って話し合いたい。

(7) 校長先生の尊《とうと》いお話に、（　　）を正して聞き入った。

水・腹・油・耳
えり・花・かた

2 できたシール

〈意味の似たことわざがわかる〉

次のことわざと意味の似たことわざを、[　]から選んで、記号を書きましょう。

(1) ねこに小判…（　　）

(2) 弘法《こうぼう》にも筆の誤《あやま》り…（　　）

(3) のれんにうでおし…（　　）

(4) 転ばぬ先のつえ…（　　）

㋐ 備えあればうれいなし
㋑ ぶたにしんじゅ
㋒ ぬかにくぎ
㋓ かっぱの川流れ

3 できたシール

〈故事成語《こじせいご》の意味がわかる〉

次の故事成語《こじせいご》の意味に合うほうの記号に、〇をつけましょう。

(1) 五十歩《ごじっぽ》百歩《ひゃっぽ》

㋐ 大きな差のないこと。

㋑ わずかに前に進むこと。

(2) 漁《ぎょ》夫《ふ》の利《り》

㋐ とってきたえものの利益を、みんなで平等に分けること。

㋑ 両者が争っている間に、他の者が利益を横取りすること。

13回 熟語《じゅくご》の組み立て(2)

学習日 月 日

合格シール
全問正解にできたら合格シールをはろう！

1

できたシール

〈三字熟語《じゅくご》の組み立てがわかる〉

次の組み立てに合う熟語《じゅくご》を、[ ]から選んで書きましょう。

(1) ●—●—●（一字ずつの意味を並《なら》べる。）
（　　）（　　）

(2) ●—●●（上の字が下の語の性質や状態を限定する。）
（　　）（　　）

(3) ●●—●（下の字が上の語にいろいろな意味をそえる。）
（　　）（　　）

典型的・市町村・全世界・解決策・新製品・上中下

2

できたシール

〈不・未・非・無のつく熟語《じゅくご》がわかる〉

——の漢字はまちがって使われています。[ ]から合う漢字を選んで、□に書きましょう。

(1) 未便 □

(2) 非効 □

(3) 無熟 □

(4) 不科学的 □

不・未・非・無

3

できたシール

〈不・未・非・無のつく三字熟語《じゅくご》がわかる〉

□に最も合う漢字を[不・未・非・無]から選んで、三字の熟語《じゅくご》を作りましょう。

(1) □公平

(2) □完成

(3) □常識

(4) □制限

(5) □成年

(6) □売品

(7) □可能

(8) □意識

4

できたシール

〈三字熟語《じゅくご》・四字熟語《じゅくご》の組み立てがわかる〉

〈例〉のように、次の熟語《じゅくご》に—を入れて、それぞれの語に分けましょう。

〈例〉準|優勝　上|中|下

(1) 国際化

(2) 衣食住

(3) 新記録

(4) 最年少

(5) 春夏秋冬

(6) 入学試験

(7) 穀倉地帯

(8) 卒業式

できなかったところは、もう一度やってみましょう。正しく直せたら**できたシール**をはりましょう。

熟語《じゅくご》の組み立て(1)

学習日　　月　　日

合格シール
全問正解にできたら合格シールをはろう！

1

できたシール

〈二字熟語《じゅくご》の組み立てがわかる〉

次の組み立てに合う熟語《じゅくご》を[　]から選んで、（　）に記号を書きましょう。

(1) 反対（対《つい》）になる意味の漢字を組み合わせた熟語《じゅくご》。……（　　）

(2) 似たような意味の漢字を組み合わせた熟語《じゅくご》。……（　　）

(3) 「乗車」のように、「―に」「―を」の部分が下に来る熟語《じゅくご》。……（　　）

(4) 「山寺」のように、上が下を修飾《しゅうしょく》する熟語《じゅくご》。……（　　）

㋐ 納税《のうぜい》　㋑ 往復　㋒ 寒冷　㋓ 幼虫《ようちゅう》

2

できたシール

〈組み立てを考えて熟語《じゅくご》を書くことができる〉

□に合う漢字を書いて、次の組み立てに合う熟語《じゅくご》を作りましょう。

(1) 反対（対《つい》）になる意味の漢字を組み合わせた熟語《じゅくご》。

① 増□《ぞうげん》　② 夫□《ふさい》

(2) 似たような意味の漢字を組み合わせた熟語《じゅくご》。

① 温□《おんだん》　② 永□《えいきゅう》

3

できたシール

〈二字熟語《じゅくご》の組み立てと意味がわかる〉

次の組み立てに合う熟語《じゅくご》を、下の[　]から選んで□に書きましょう。また、その熟語《じゅくご》の意味を〈例〉のように（　）に書きましょう。

(1) 上の漢字が、下の漢字を修飾《しゅうしょく》する熟語《じゅくご》。

〈例〉多数（多い数。）

① □□（　　）　② □□（　　）

(2) 「―に」「―を」の部分が、下に来る熟語《じゅくご》。

〈例〉作曲（曲を作る。）

① □□（　　）　② □□（　　）

消火　深海　損得　軽傷　絵画　防犯　表現

4

できたシール

〈熟語《じゅくご》の意味がわかる〉

次の意味に合う熟語《じゅくご》を、――の漢字を使って、□に書きましょう。

(1) 席に着く。　□□

(2) 大きな差。　□□

11回　漢字の読み書き

学習日　月　日

合格シール
全問正解にできたら合格シールをはろう！

1 できたシール

〈漢字の正しい読み方がわかる〉
――の漢字の読みがなを書きましょう。

(1) 祖母の看病（　　）をする。

(2) 絹（　　）でできた純白（　　）のドレス。

(3) 推理（　　）小説を二冊（　　）買う。

(4) 学校の裏（　　）にある郵便局（　　）。

(5) 今晩（　　）は、誕生日（　　）のお祝いだ。

(6) 天皇陛下（　　）と皇后陛下（　　）。

(7) 卵（　　）の割引券（　　）を配る。

(8) 縮尺（　　）五分の一の図で実際の寸法（　　）を計算する。

2 できたシール

〈漢字が正しく書ける〉
□に漢字を書きましょう。

(1) 部屋を□《かた》づける。

(2) 主人に□《ちゅう》実《じつ》な犬。

(3) □《きょう》里《り》の組合に□□《かめい》する。

(4) □□《えんそう》会《かい》の招待券《しょうたいけん》を二《に》□《まい》もらう。

(5) ほら□《あな》にワインを□□《ちょぞう》する。

(6) □□《りんじ》列車の□□《ざせき》を予約する。

(7) □□《うちゅう》の研究に□□《いよく》的《てき》に取り組む。

できなかったところは、もう一度やってみましょう。正しく直せたら**できたシール**をはりましょう。

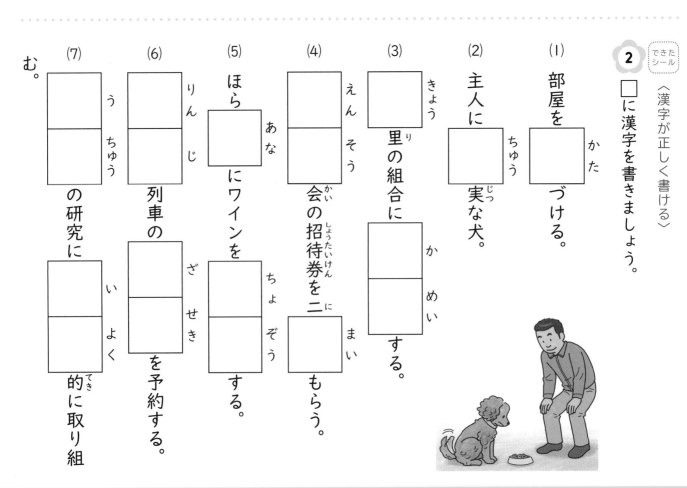

10回 漢字の使い方(4)

学習日　月　日

合格シール
全問正解にできたら合格シールをはろう!

1 できたシール

〈同じ読み方をすることばを漢字で正しく書ける〉

[□]と読む漢字を、□に書きましょう。

(1) [カンケツ] 物語が□□する。□□な文章。

(2) [シカイ] □□者《しゃ》・雨で□□が悪い。

(3) [キリツ] □□を守る。全員□□する。

(4) [タンシン] □□ふにんの父。時計の□□。

(5) [シキ] 楽団の□□者《しゃ》。□□を高める。

(6) [ジコ] □□しょうかい・交通《こうつう》□□

2 できたシール

〈まちがっている漢字を正しく書き直すことができる〉

まちがって使われている漢字の横に――を引いて、右側に正しい漢字を書きましょう。

〈例〉 新切《しんせつ》な人《ひと》に合《あ》う。（親　会）

(1) 刊潮《かんちょう》の時穀《じこく》を調《しら》べる。

(2) 敬察官《けいさつかん》になるのが障来《しょうらい》の夢《ゆめ》だ。

(3) 判《はん》ごとに分《わ》かれて労読《ろうどく》する。

(4) 市《し》や県《けん》が地域《ちいき》の案全対昨《あんぜんたいさく》を立《た》てる。

(5) 容児《ようじ》クラスの誕任《たんにん》の先生《せんせい》。

(6) 適《てき》チームからの試合《しあい》の申《もう》し込《こ》みを勝知《しょうち》する。

9回 漢字の使い方(3)

学習日　月　日

合格シール
全問正解にできたら合格シールをはろう！

1 できたシール

〈同じ訓読みの漢字が正しく書ける〉

□と読む漢字を、□に書きましょう。

(1) ね
- 木の□元《もと》。
- □段《だん》が高い。

(2) しお
- □からい味。
- □が満ちる。

(3) おさ(める)
- 国を□める。
- 学問を□める。
- 税金を□める。
- 成功を□める。

(4) あたた(かい)
- □かい部屋。
- □かい料理。

2 できたシール

〈同じ訓読みの漢字を正しく書き直すことができる〉

――の漢字は、まちがって使われています。□に正しい漢字を書きましょう。

(1) 自分の姿《すがた》を鏡に写す。　□《うつ》

(2) 気の住むまで遊びたい。　□《す》

(3) 銀行に努める。　□《つと》

(4) 紙が敗れる。　□《やぶ》

(5) 墓に花を備える。　□《そな》

(6) バスから下りる。　□《お》

できなかったところは、もう一度やってみましょう。正しく直せたら**できたシール**をはりましょう。

漢字の使い方(2)

学習日　月　日

合格シール
全問正解にできたら合格シールをはろう！

1

できたシール

〈同じ音読みの漢字が正しく書ける〉

□と読む漢字を、□に書きましょう。

(1) セイ　□火《か》台《だい》　□実《じつ》

(2) シュウ　□職《しょく》　民《みん》□

(3) トウ　□論《ろん》　砂《さ》□

(4) ヒ　□定《てい》　□評《ひょう》

(5) ラン　混《こん》□　一《いち》□表《ひょう》

(6) ボウ　□命《めい》　鉄《てつ》□

(7) ソン　□在《ざい》　□敬《けい》

(8) シ　歌《か》□を覚える。　雑《ざっ》□を読む。

2

できたシール

〈文中で同じ音読みの漢字を正しく書ける〉

□に漢字を書きましょう。

(1) 演《えん》□《げき》を見て、感《かん》□《げき》する。

(2) ぶ台□《そう》置《ち》を□《そう》作《さ》する。

(3) 資《し》□《げん》のむだづかいは□《げん》禁《きん》だ。

(4) 内《ない》□《かく》の改《かい》□《かく》が行われる。

(5) 私《し》鉄《てつ》□《えん》線《せん》の工事が□《えん》期《き》される。

(6) 山《さん》□《ちょう》の展望台《てんぼうだい》から県《けん》□《ちょう》の建物が見える。

(7) □《けん》法《ぽう》で、個人の□《けん》利《り》が認《みと》められている。

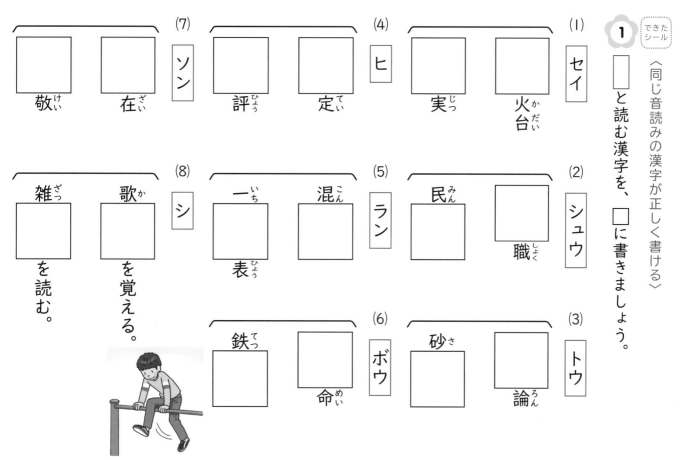

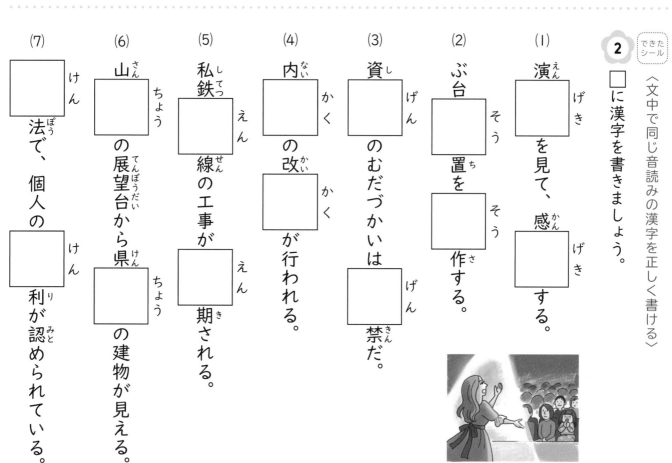

漢字の使い方(1)

学習日　月　日

合格シール
全問正解にできたら合格シールをはろう！

1 できたシール

〈形の似た漢字が正しく書ける〉

□に漢字を書きましょう。

(1) □《たて》と横。　□《したが》う

(2) 地《ち》□《いき》　□《じょう》下《か》町《まち》

(3) □《こう》后《ごう》　温《おん》□《せん》

(4) □《ちょ》者《しゃ》　消《しょう》防《ぼう》□《しょ》

(5) 開《かい》□《まく》　□《く》らす

(6) 自《じ》□《たく》　□《う》宙《ちゅう》

(7) 空《くう》□《ふく》　□《ふく》習《しゅう》　□《ふく》数《すう》

(8) □《ちん》金《ぎん》　本を□《か》す。　□《か》物《もっ》列車

2 できたシール

〈形の似た漢字を正しく書き直すことができる〉

——の漢字は、まちがって使われています。□に正しい漢字を書きましょう。

(1) 習□《よく》日《じつ》の朝。

(2) 親《おや》老□《こう》行《こう》

(3) つり浅□《せん》

(4) 単行本の上《じょう》下《げ》券□《かん》。

(5) 政《せい》堂□《とう》の代表者による討《とう》輪□《ろん》会《かい》。

(6) 熱□《じゅく》した果物《くだもの》に告□《した》つづみを打つ。

(7) 印象《いんしょう》脈□《は》の絵画を尊□《せん》門《もん》に研究する。

できなかったところは、もう一度やってみましょう。正しく直せたら**できたシール**をはりましょう。

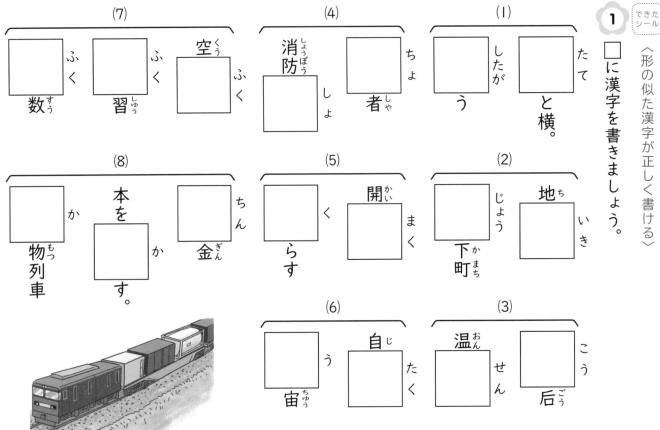

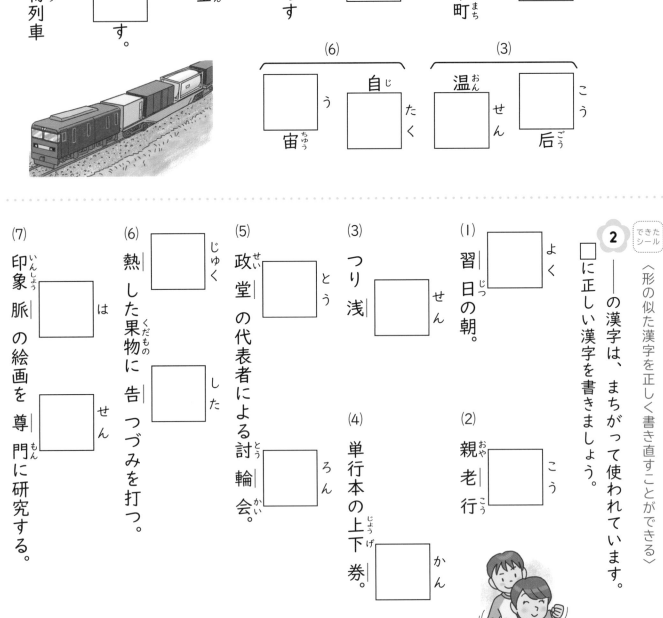

漢字の組み立て

学習日　月　日

合格シール
全問正解にできたら合格シールをはろう！

1

できたシール

〈同じ部分（部首）をもつ漢字が正しく書ける〉

次の部首をもつ漢字を書きましょう。

(1) 亻（にんべん）…映画《えいが》・□□《はいゆう》・□《じん》義《ぎ》・米《こめ》□《だわら》

(2) 木（きへん）…□《かぶ》式《しき》会社・□《も》造《ぞう》紙《し》・□《けん》利《り》

(3) 月（にくづき）…□《はい》活量《かつりょう》・心《しん》□《ぞう》・頭《ず》□《のう》

(4) 氵（さんずい）…水《すい》□《げん》地《ち》・□《えん》岸《がん》・□□《げきりゅう》

(5) 艹（くさかんむり）…□《わか》い・冷《れい》□《ぞう》庫《こ》・水《すい》□《じょう》気《き》

(6) 宀（うかんむり）…□《せん》言《げん》・□《たから》箱《ばこ》・□《しゅう》教《きょう》

2

できたシール

〈同じ部分（部首）をもつ漢字が正しく書ける〉

□に漢字を書きましょう。

(1) □《てん》覧会《らんかい》の案内が□《とど》く。

(2) □《しょう》害物《がいぶつ》を取り□《のぞ》く。

(3) 通《つう》□《やく》として□《しょ》外国《がいこく》を□《ほう》問《もん》する。

3

できたシール

〈部首の意味や働きがわかる〉

上の部首をもつ漢字は、どんな事がらと関係がありますか。□に合う漢字一字のことばを書きましょう。

(1) 木（樹・机・棒）…□に関係がある。

(2) 扌（捨・操・拝）…□に関係がある。

(3) 氵（潮・洗・派）…□に関係がある。

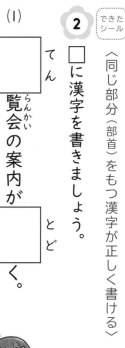

漢字の読み方⑶

学習日　月　日

合格シール
全問正解にできたら合格シールをはろう！

1 できたシール

〈特別な読み方をする熟語《じゅくご》が読める〉

——の漢字の読みがなを書きましょう。

⑴ 河原（　　）
⑵ 時計（　　）
⑶ 真っ青（　　）
⑷ 今朝（　　）
⑸ 果物（　　）
⑹ 迷子（　　）
⑺ 景色（　　）
⑻ 眼鏡（　　）
⑼ 下手（　　）
⑽ 大人（　　）
⑾ 友達（　　）

2 できたシール

〈文中で特別な読み方をする熟語《じゅくご》が読める〉

——の漢字の読みがなを書きましょう。

⑴
今日（　　）は、いい天気だ。
今日（　　）の社会情勢について考える。

⑵
一月一日（　　）に家族で写真をとった。
昨日は、楽しい一日（　　）だった。

⑶
今年（　　）の目標を立てる。
今年度《ど》（　　）の売り上げ。

⑷
あの人は、歌が上手（　　）だ。
あの人のほうが一枚《いちまい》上手（　　）だ。

できなかったところは、もう一度やってみましょう。正しく直せたら**できたシール**をはりましょう。

4回 漢字の読み方(2)

学習日　月　日

合格シール
全問正解にできたら合格シールをはろう！

1 できたシール

〈漢字のいろいろな読み方がわかる〉

——の漢字の読みがなを書きましょう。

(1) 魚の骨。　鉄骨

(2) 拝む　拝見する

(3) お供　供える　提供

(4) 背くらべ　背中　背景

(5) 閉める　閉じる　閉会

(6) 降る　降りる　降参する

2 できたシール

〈文中で漢字の二通りの読み方がわかる〉

——の漢字の読みがなを書きましょう。

(1) 姿を鏡に映《うつ》して、姿勢を正す。

(2) 痛れつな批判《ひはん》に胸《むね》を痛める。

(3) 難民問題の解決は難しい。

(4) 時は刻まれ、開演時刻がせまる。

(5) 補強工事の説明にことばを補う。

(6) 主人公が奮起する姿に気持ちが奮い立つ。

(7) 並木道に桜の木が五十本並んでいる。

3回 漢字の読み方(1)

学習日　月　日

合格シール
全問正解にできたら合格シールをはろう！

1 できたシール

〈漢字の二通りの読み方がわかる〉

——の漢字の読みがなを書きましょう。

(1) 割る（　　）　分割（　　）

(2) 呼ぶ（　　）　点呼（　　）

(3) 蚕のまゆ。（　　）　養蚕（　　）

(4) 砂はま（　　）　砂糖（　　）

(5) 垂れる（　　）　垂直（　　）

(6) 傷つく（　　）　軽傷（　　）

(7) 善い（　　）　改善（　　）

(8) 牛の乳。（　　）　乳製品（　　）

2 できたシール

〈文中で漢字の二通りの読み方がわかる〉

——の漢字の読みがなを書きましょう。

(1) 誤（　　）って誤字（　　）を書いてしまう。

(2) 洗（　　）たく機で洋服を洗（　　）う。

(3) 吸水（　　）シートで、水を吸（　　）う。

(4) 尊敬（　　）の念をもって年長者を敬（　　）う。

(5) 例年と異（　　）なる計画に異論（　　）を唱える。

(6) 質疑応答（　　）して、疑（　　）いがなくなる。

(7) 駅への道筋（　　）に、鉄筋（　　）コンクリートの建物が立ち並《なら》ぶ。

できなかったところは、もう一度やってみましょう。正しく直せたら**できたシール**をはりましょう。

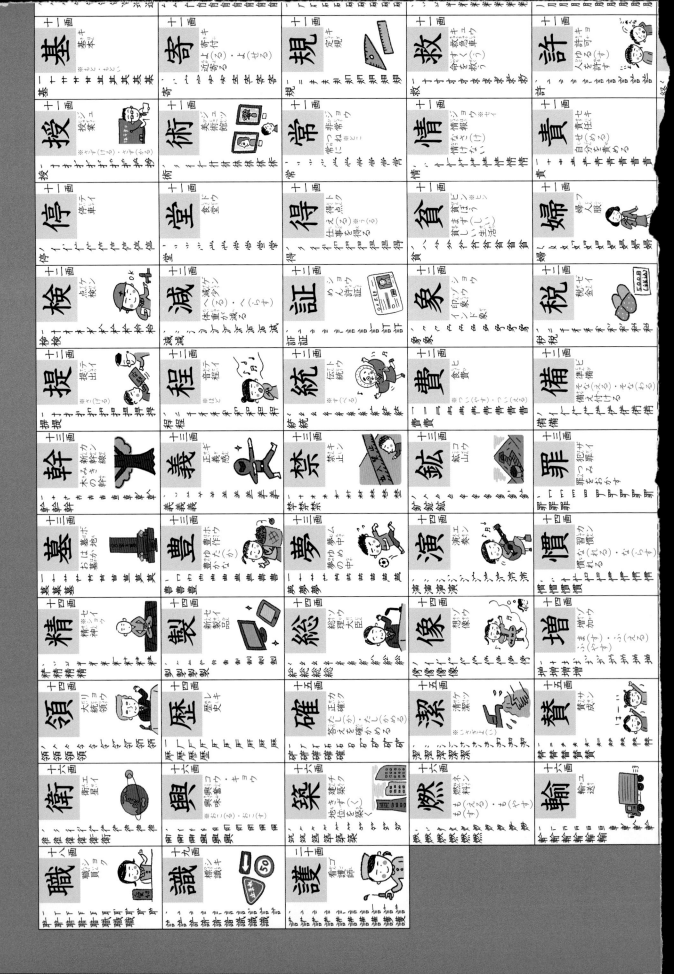

基 十一画
キ　基本《きほん》
※もと・もとい

授 十一画
ジュ　授業《じゅぎょう》
※さず(ける)・さず(かる)

停 十一画
テイ　停車《ていしゃ》

検 十二画
ケン　点検《てんけん》

提 十二画
テイ　提出《ていしゅつ》
※さ(げる)

幹 十三画
カン　新幹線《しんかんせん》
みき　木の幹《みき》

墓 十三画
ボ　墓地《ぼち》
はか　お墓《はか》

精 十四画
セイ ※ショウ　精神《せいしん》

領 十四画
リョウ　大統領《だいとうりょう》

衛 十六画
エイ　衛星《えいせい》

職 十八画
ショク　職員《しょくいん》

寄 十一画
キ　寄付《きふ》
よ(る)・よ(せる)　近寄《ちかよ》る

術 十一画
ジュツ　美術館《びじゅつかん》

堂 十一画
ドウ　食堂《しょくどう》

減 十二画
ゲン　減少《げんしょう》
へ(る)・へ(らす)　体重《たいじゅう》が減《へ》る

程 十二画
テイ　音程《おんてい》
※ほど

義 十三画
ギ　正義感《せいぎかん》

豊 十三画
ホウ　豊作《ほうさく》
ゆた(か)　豊《ゆた》かな

製 十四画
セイ　新製品《しんせいひん》

歴 十四画
レキ　歴史《れきし》

興 十六画
コウ・キョウ　興奮《こうふん》　興味《きょうみ》
※おこ(る)・おこ(す)

識 十九画
シキ　標識《ひょうしき》

規 十一画
キ　定規《じょうぎ》

常 十一画
ジョウ　非常《ひじょう》
つね ※とこ　常《つね》に

得 十一画
トク　得点《とくてん》
え(る) ※う(る)　仕事《しごと》を得《え》る

証 十二画
ショウ　めん許証《きょしょう》

統 十二画
トウ　伝統《でんとう》
※す(べる)

禁 十三画
キン　禁止《きんし》

夢 十三画
ム　夢中《むちゅう》
ゆめ　夢《ゆめ》の中《なか》

総 十四画
ソウ　総理大臣《そうりだいじん》

確 十五画
カク　正確《せいかく》
たし(か)・たし(かめる)　答《こた》えを確《たし》かめる

築 十六画
チク　建築《けんちく》
きず(く)　地位《ちい》を築《きず》く

護 二十画
ゴ　看護師《かんごし》

救 十一画
キュウ　救急車《きゅうきゅうしゃ》
すく(う)　命《いのち》を救《すく》う

情 十一画
ジョウ ※セイ　情報《じょうほう》
なさ(け)　情《なさ》けない

貧 十一画
ビン ※ヒン　貧乏《びんぼう》
まず(しい)　貧《まず》しい生活《せいかつ》

象 十二画
ショウ　印象《いんしょう》
ゾウ　インド象《ぞう》

費 十二画
ヒ　食費《しょくひ》
※つい(やす)・つい(える)

鉱 十三画
コウ　鉱山《こうざん》

演 十四画
エン　演奏《えんそう》

像 十四画
ゾウ　想像《そうぞう》

潔 十五画
ケツ　清潔《せいけつ》
※いさぎよ(い)

燃 十六画
ネン　燃料《ねんりょう》
も(える)・も(やす)

許 十一画
キョ　許可《きょか》
ゆる(す)　人《ひと》を許《ゆる》す

責 十一画
セキ　責任《せきにん》
せ(める)　自分《じぶん》を責《せ》める

婦 十一画
フ　婦人服《ふじんふく》

税 十二画
ゼイ　税金《ぜいきん》

備 十二画
ビ　準備《じゅんび》
そな(える)・そな(わる)　備《そな》え付《つ》ける

罪 十三画
ザイ　犯罪《はんざい》
つみ　罪《つみ》をおかす

慣 十四画
カン　習慣《しゅうかん》
な(れる)・な(らす)　慣《な》れる

増 十四画
ゾウ　増加《ぞうか》
ま(す)・ふ(える)
ふ(やす)

賛 十五画
サン　賛成《さんせい》

輸 十六画
ユ　輸送《ゆそう》

5年生で習

久　三画　キュウ ※ク　持久力《じきゅうりょく》　ひさ（しい）　久《ひさ》しぶり　ノ ク 久

士　三画　シ　博士《はくし》　一 十 士

支　四画　シ　支店《してん》　ささ（える）　心《こころ》の支《ささ》え　一 十 ㄔ 支

比　四画　ヒ　比率《ひりつ》　くら（べる）　長《なが》さを比《くら》べる　一 ヒ ヒ' 比

仏　四画　ブツ　大仏《だいぶつ》　ほとけ　仏様《ほとけさま》　ノ イ 仏 仏

句　五画　ク　文句《もんく》　ノ 勹 勺 句 句

史　五画　シ　世界史《せかいし》　丶 口 口 史 史

示　五画　ジ ※シ　展示《てんじ》　しめ（す）　示《しめ》す　一 二 亍 亓 示

犯　五画　ハン　犯人《はんにん》　※おか（す）　ノ 犭 犭 犯 犯

布　五画　フ　毛布《もうふ》　ぬの　布《ぬの》　ノ ナ 才 右 布

在　六画　ザイ　現在《げんざい》　あ（る）　在《あ》る　一 ナ 𠂇 才 存 在

団　六画　ダン ※トン　団体《だんたい》　丨 冂 冃 円 団 団

任　六画　ニン　担任《たんにん》　まか（せる）・まか（す）　人任《ひとまか》せ　ノ イ 亻 仁 任 任

囲　七画　イ　周囲《しゅうい》　かこ（む）・かこ（う）　線《せん》で囲《かこ》む　丨 冂 冃 冃 用 囲 囲

応　七画　オウ　応用《おうよう》　反応《はんのう》　こた（える）　丶 亠 广 广 広 応 応

志　七画　シ　志望校《しぼうこう》　こころざ（す）・こころざし　志《こころざし》を立《た》てる　一 十 士 𠮷 志 志 志

似　七画　※ジ　に（る）　似《に》顔絵《がおえ》　ノ イ 亻 亻 佀 似 似

序　七画　ジョ　順序《じゅんじょ》　丶 亠 广 庀 序 序 序

条　七画　ジョウ　条件《じょうけん》　ノ ク 夂 夂 冬 条 条

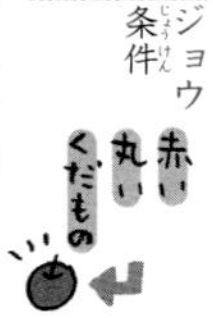

状　七画　ジョウ　状態《じょうたい》　丨 丬 丬 丬 丬 状 状

価　八画　カ　価格《かかく》　※あたい　ノ イ 亻 仁 価 価 価 価

河　八画　カ　山河《さんが》　かわ　河《かわ》　丶 氵 氵 汀 汀 河 河 河

居　八画　キョ　住居《じゅうきょ》　い（る）　居間《いま》　コ コ 尸 尸 尸 居 居 居

効　八画　コウ　効果《こうか》　き（く）　薬《くすり》が効《き》く　丶 亠 ナ 六 方 交 交 効

妻　八画　サイ　夫妻《ふさい》　つま　妻《つま》　一 ㇇ 彐 彐 事 妻 妻 妻

性　八画　セイ ※ショウ　女性《じょせい》　丶 丷 忄 忄 忄 性 性 性

毒　八画　ドク　消毒《しょうどく》　一 十 キ 主 责 毒 毒 毒

版　八画　ハン　版画《はんが》　丿 丿 片 片 片 版 版 版

肥　八画　ヒ　肥料《ひりょう》　こ（える）・こえ　こ（やす）・こ（やし）　丿 刀 月 月 肌 肥 肥 肥

非　八画　ヒ　非常口《ひじょうぐち》　丿 ナ ヨ ヨ 非 非 非 非

故　九画　コ　事故《じこ》　※ゆえ　一 十 古 古 古 古 故 故 故

厚　九画　※コウ　あつ（い）　ぶ厚《あつ》い　一 厂 厂 厂 戸 戸 戸 厚 厚

査　九画　サ　検査《けんさ》　一 十 才 木 木 杏 杏 杳 査

政　九画　セイ ※ショウ　政治《せいじ》　※まつりごと　一 丅 F 正 正 正 政 政 政

祖　九画　ソ　祖母《そぼ》　丶 ㇇ 礻 礻 礻 初 衵 祖 祖

桜　十画　※オウ　さくら　桜並木《さくらなみき》　一 十 才 木 木 杪 杪 桜 桜 桜

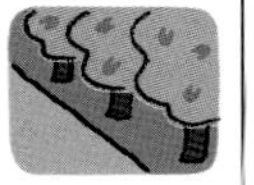

格　十画　カク ※コウ　合格《ごうかく》　一 十 才 木 木 杪 枚 格 格 格

個　十画　コ　三個《さんこ》　ノ イ 亻 们 们 们 個 個 個 個

耕　十画　コウ　農耕《のうこう》　たがや（す）　畑《はたけ》を耕《たがや》す　一 二 三 丰 耒 耒 耒 耕 耕 耕

航　十画　コウ　航海《こうかい》　ノ 丿 力 月 舟 舟 舟 舟 舫 航

造　十画　ゾウ　構造《こうぞう》　つく（る）　造《つく》る

能　十画　ノウ　才能《さいのう》

破　十画　ハ　破《は》かい　やぶ（る）・やぶ（れる）　紙《かみ》を破《やぶ》る

粉　十画　フン　花粉《かふん》　こ・こな　小麦粉《こむぎこ》

脈　十画　ミャク　山脈《さんみゃく》

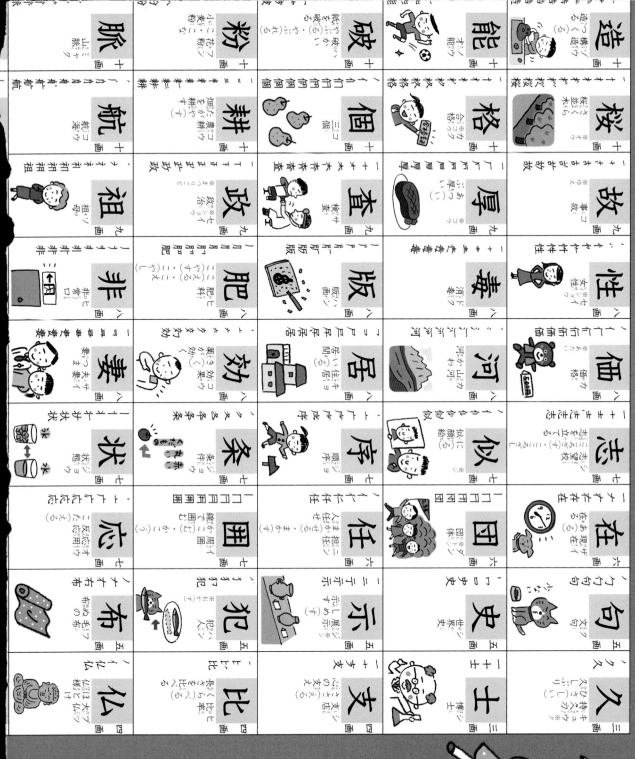

※ ポスターは、はさみで切り取ってから広げましょう。

党 十画
トウ　政党《せいとう》

郷 十一画
キョウ ※ゴウ　故郷《こきょう》

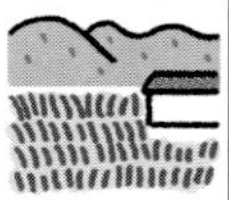

脳 十一画
ノウ　頭脳《ずのう》

貴 十二画
キ　貴族《きぞく》
※たっと(い)・とうと(い)
たっと(ぶ)・とうと(ぶ)

創 十二画
ソウ　創作《そうさく》
つく(る)　創《つく》る

傷 十三画
ショウ　負傷《ふしょう》
きず　傷口《きずぐち》
※いた(む)・いた(める)

預 十三画
ヨ　預金《よきん》
あず(ける)・あず(かる)
荷物《にもつ》を預《あず》ける

層 十四画
ソウ　高層《こうそう》ビル

誕 十五画
タン　誕生日《たんじょうび》

糖 十六画
トウ　砂糖《さとう》

臓 十九画
ゾウ　心臓《しんぞう》

納 十画
ノウ ※ナッ・ナ・ナン・トウ　収納《しゅうのう》
おさ(める)・おさ(まる)
税金《ぜいきん》を納《おさ》める

済 十一画
サイ　経済《けいざい》
す(む)・す(ます)
使用済《しようず》み

閉 十一画
ヘイ　閉会《へいかい》
と(じる)・し(める)
し(まる) ※と(ざす)

勤 十二画
キン ※ゴン　勤務《きんむ》
つと(める)・つと(まる)
会社《かいしゃ》に勤《つと》める

装 十二画
ソウ ※ショウ　包装紙《ほうそうし》
※よそお(う)

蒸 十三画
ジョウ　蒸気《じょうき》
※む(す)・む(れる)
む(らす)

裏 十三画
※リ
うら　裏側《うらがわ》

認 十四画
※ニン
みと(める)
認《みと》め印《いん》

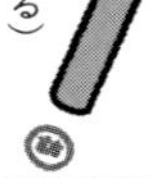

潮 十五画
チョウ　満潮《まんちょう》
しお　潮風《しおかぜ》

奮 十六画
フン　興奮《こうふん》
ふる(う)
奮《ふる》い立《た》つ

俳 十画
ハイ　俳優《はいゆう》

視 十一画
シ　視力《しりょく》

訪 十一画
ホウ　訪問《ほうもん》
たず(ねる) ※おとず(れる)
家《いえ》を訪《たず》ねる

筋 十二画
キン　筋肉《きんにく》
すじ　筋道《すじみち》

尊 十二画
ソン　尊敬《そんけい》
たっと(い)・とうと(い)
たっと(ぶ)・とうと(ぶ)

聖 十三画
セイ　聖火《せいか》

閣 十四画
カク　天守閣《てんしゅかく》

暮 十四画
※ボ
く(れる)・く(らす)
夕暮《ゆうぐ》れ

敵 十五画
テキ　強敵《きょうてき》
※かたき

厳 十七画
ゲン ※ゴン　時間厳守《じかんげんしゅ》
きび(しい) ※おごそ(か)
厳《きび》しい寒《さむ》さ

班 十画
ハン　班長《はんちょう》

捨 十一画
シャ　四捨五入《ししゃごにゅう》
す(てる)
ごみを捨《す》てる

密 十一画
ミツ　秘密《ひみつ》

敬 十二画
ケイ　尊敬《そんけい》
うやま(う)
人《ひと》を敬《うやま》う

痛 十二画
ツウ　苦痛《くつう》
いた(い)・いた(む)
いた(める)

誠 十三画
セイ　誠実《せいじつ》
※まこと

疑 十四画
ギ　疑問《ぎもん》
うたが(う)
常識《じょうしき》を疑《うたが》う

模 十四画
モ ボ　模様《もよう》
規模《きぼ》

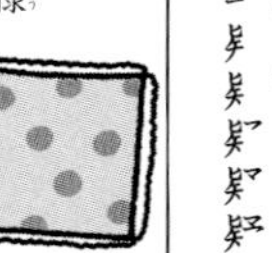

論 十五画
ロン　結論《けつろん》

縮 十七画
シュク　短縮《たんしゅく》
ちぢ(む)・ちぢ(まる)・ちぢ(める)・ちぢ(れる)・ちぢ(らす)

秘 十画
ヒ　秘境《ひきょう》
※ひ(める)

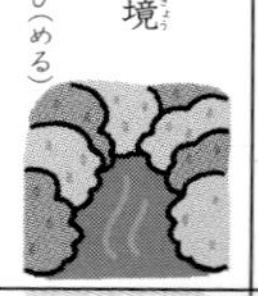

推 十一画
スイ　推理《すいり》
※お(す)

訳 十一画
ヤク　通訳《つうやく》
わけ
言《い》い訳《わけ》

裁 十二画
サイ　裁判《さいばん》
さば(く) ※た(つ)
罪《つみ》を裁《さば》く

晩 十二画
バン　毎晩《まいばん》

暖 十三画
ダン　温暖《おんだん》
あたた(か)・あたた(かい)
あたた(まる)・あたた(める)

誤 十四画
ゴ　誤字《ごじ》
あやま(る)
読《よ》み誤《あやま》る

遺 十五画
イ ※ユイ　文化遺産《ぶんかいさん》

激 十六画
ゲキ　急激《きゅうげき》
はげ(しい)
激《はげ》しい雨《あめ》

優 十七画
ユウ　優勝《ゆうしょう》
※やさ(しい)・すぐ(れる)

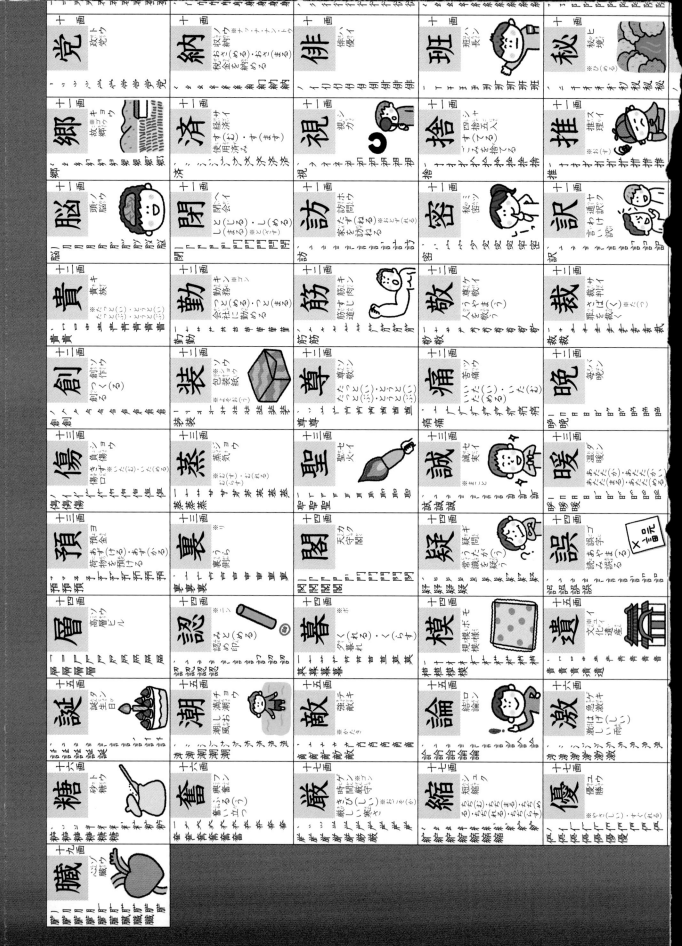

…う漢字

- 6年生で習う一九一字の漢字を、画数順にならべています。
- 漢字の読みは赤い字、使い方の例は黒い字です。音読みはかたかな、訓読みはひらがなでしめしています。
- （　）は送りがなです。
- ※は、小学校では習わない読み方です。

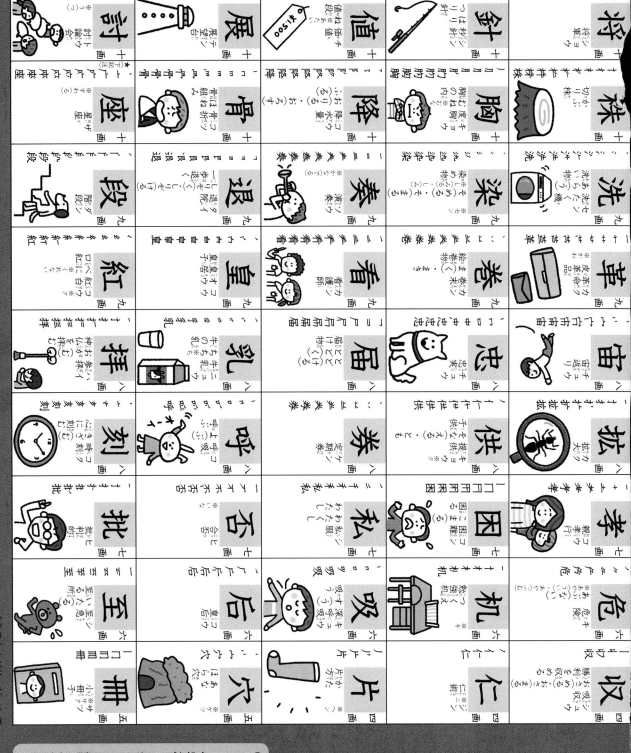

収（四画）シュウ／おさ(める)・おさ(まる)　吸収《きゅうしゅう》　勝利《しょうり》を収《おさ》める

仁（四画）ジン　※ニ　仁術《じんじゅつ》

片（四画）※ヘン／かた　片方《かたほう》

穴（五画）※ケツ／あな　ほら穴《あな》

冊（五画）サツ　※サク　小冊子《しょうさっし》

危（六画）キ／あぶ(ない)・※あや(うい)・あや(ぶむ)　危険《きけん》

机（六画）※キ／つくえ　勉強机《べんきょうづくえ》

吸（六画）キュウ／す(う)　深呼吸《しんこきゅう》　吸《す》う

后（六画）コウ　皇后《こうごう》

至（六画）シ／いた(る)　至急《しきゅう》　至《いた》る所《ところ》

孝（七画）コウ　親孝行《おやこうこう》

困（七画）コン／こま(る)　困難《こんなん》　困《こま》る

私（七画）シ／わたくし・わたし　私服《しふく》

否（七画）ヒ／※いな　合否《ごうひ》

批（七画）ヒ　批判的《ひはんてき》

拡（八画）カク　拡大《かくだい》

供（八画）キョウ　※ク／そな(える)・とも　提供《ていきょう》　子供《こども》

券（八画）ケン　定期券《ていきけん》

呼（八画）コ／よ(ぶ)　呼吸《こきゅう》　呼《よ》ぶ

刻（八画）コク／きざ(む)　時刻《じこく》　心《こころ》に刻《きざ》む

宙（八画）チュウ　宙返《ちゅうがえ》り

忠（八画）チュウ　忠実《ちゅうじつ》

届（八画）とど(ける)・とど(く)　届《とど》け物《もの》

乳（八画）ニュウ／ちち　※ち　牛乳《ぎゅうにゅう》　牛《うし》の乳《ちち》

拝（八画）ハイ／おが(む)　参拝《さんぱい》　神仏《しんぶつ》を拝《おが》む

革（九画）カク／※かわ　革命《かくめい》　皮革品《ひかくひん》

巻（九画）カン／ま(く)・まき　巻末《かんまつ》　絵巻物《えまきもの》

看（九画）カン　看護師《かんごし》

皇（九画）コウ・オウ　皇居《こうきょ》　皇子《おうじ》

紅（九画）コウ　※ク／べに　※くれない　紅白《こうはく》　口紅《くちべに》

洗（九画）セン／あら(う)　洗《せん》たく機《き》　洗《あら》い物《もの》

染（九画）※セン／そ(める)・そ(まる)・※し(みる)・し(み)　染《そ》め物《もの》

奏（九画）ソウ／※かな(でる)　演奏《えんそう》

退（九画）タイ／しりぞ(く)・しりぞ(ける)　退院《たいいん》　一歩退《いっぽしりぞ》く

段（九画）ダン　階段《かいだん》

株（十画）かぶ　切《き》り株《かぶ》

胸（十画）キョウ／むね　※むな　度胸《どきょう》　胸《むね》の内《うち》

降（十画）コウ／お(りる)・お(ろす)・ふ(る)　降水量《こうすいりょう》

骨（十画）コツ／ほね　骨折《こっせつ》　骨組《ほねぐ》み

座（十画）★（下記注）ザ／※すわ(る)　星座《せいざ》

将（十画）ショウ　将軍《しょうぐん》

針（十画）シン／はり　秒針《びょうしん》　つり針《ばり》

値（十画）チ／ね　※あたい　価値《かち》　値段《ねだん》

展（十画）テン　展望台《てんぼうだい》

討（十画）トウ／※う(つ)　討論会《とうろんかい》

★「座」の書き順は、「座→座→座」と書く場合もあります。

イラスト：ゼリービーンズ

経 十一画 ケイ ※キョウ へ(る) 経過 年を経る

接 十一画 セツ ※つ(ぐ) 接続

務 十一画 ム つと(める)・つと(まる) 勤務 司会を務める

絶 十二画 ゼツ た(える)・た(やす)・た(つ) 絶対

評 十二画 ヒョウ 好評

資 十三画 シ 資料

境 十四画 キョウ ※ケイ さかい 国境 境目

態 十四画 タイ 態度

質 十五画 シツ ※シチ・チ 質問

講 十七画 コウ 講演

険 十一画 ケン けわ(しい) 危険 険しい道

設 十一画 セツ もう(ける) 建設 席を設ける

略 十一画 リャク 略図

測 十二画 ソク はか(る) 測定 速さを測る

復 十二画 フク 復習

飼 十三画 シ か(う) 飼育係 飼い犬

構 十四画 コウ かま(える)・かま(う) 構造 心構え

適 十四画 テキ 快適

賞 十五画 ショウ 賞品

謝 十七画 シャ ※あやま(る) 感謝

現 十一画 ゲン あらわ(れる)・あらわ(す) 現代 すがたを現す

率 十一画 リツ ※ソツ ひき(いる) 確率 率いる

営 十二画 エイ いとな(む) 営業時間 生活を営む

属 十二画 ゾク 金属

報 十二画 ホウ ※むく(いる) 予報

準 十三画 ジュン 準備

際 十四画 サイ ※きわ 国際空港

銅 十四画 ドウ 銅像

導 十五画 ドウ みちび(く) 指導 成功に導く

績 十七画 セキ 成績

混 十一画 コン ま(じる)・ま(ざる)・ま(ぜる)・こ(む) 混雑

断 十一画 ダン ことわ(る) ※た(つ) 横断歩道 お断り

過 十二画 カ す(ぎる)・す(ごす) ※あやま(つ)・あやま(ち) 通過

貸 十二画 ※タイ か(す) 本を貸す

貿 十二画 ボウ 貿易

勢 十三画 セイ いきお(い) 姿勢 勢いよく

雑 十四画 ザツ ゾウ 雑草 雑木林

複 十四画 フク 複雑

編 十五画 ヘン あ(む) 編集 手編み

額 十八画 ガク ひたい 金額 額のあせ

採 十一画 サイ と(る) 採集 山菜を採る

張 十一画 チョウ は(る) 主張 むねを張る

喜 十二画 キ よろこ(ぶ) 喜げき 大喜び

貯 十二画 チョ 貯金

解 十三画 カイ ※ゲ と(く)・と(ける)・と(かす) 解答

損 十三画 ソン ※そこ(なう)・そこ(ねる) 損失

酸 十四画 サン ※す(い) 酸素

綿 十四画 メン わた 綿織物 綿雲

暴 十五画 ボウ ※バク あば(れる) ※あば(く) 乱暴 大暴れ

織 十八画 シキ ※ショク お(る) 組織 布を織る

う漢字

- 5年生で習う一九三字の漢字を、画数順にならべています。
- 漢字の読みは赤い字、使い方の例は黒い字です。音読みはかたかな、訓読みはひらがなでしめしています。
- （　）は送りがなです。
- ※は、小学校では習わない読み方です。

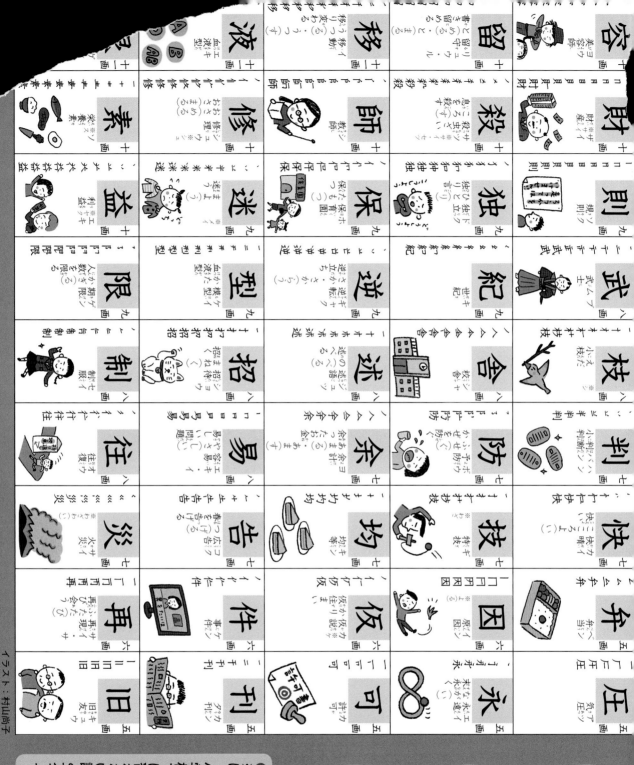

圧 五画　アツ　気《き》圧《あつ》

永 五画　エイ　永《えい》遠《えん》　なが（い）　末《すえ》永《なが》く

可 五画　カ　許《きょ》可《か》

刊 五画　カン　夕《ゆう》刊《かん》

旧 五画　キュウ　旧《きゅう》友《ゆう》

弁 五画　ベン　弁《べん》当《とう》

因 六画　イン　原《げん》因《いん》　※よ（る）

仮 六画　カ※ケ　仮《か》説《せつ》　かり　仮《かり》住《ず》まい

件 六画　ケン　事《じ》件《けん》

再 六画　サイ・サ　再《さい》現《げん》　ふたた（び）　再《ふたた》び会《あ》う

快 七画　カイ　快《かい》晴《せい》　こころよ（い）　快《こころよ》い

技 七画　ギ　特《とく》技《ぎ》　※わざ

均 七画　キン　均《きん》等《とう》

告 七画　コク　広《こう》告《こく》　つ（げる）　春《はる》を告《つ》げる

災 七画　サイ　火《か》災《さい》　※わざわ（い）

判 七画　ハン　バン　判《はん》断《だん》　小《こ》判《ばん》

防 七画　ボウ　予《よ》防《ぼう》　ふせ（ぐ）　かぜを防《ふせ》ぐ

余 七画　ヨ　余《よ》計《けい》　あま（る）・あま（す）　余《あま》ったお金《かね》

易 八画　エキ・イ　容《よう》易《い》　やさ（しい）　易《やさ》しい問《もん》題《だい》

往 八画　オウ　往《おう》復《ふく》

枝 八画　※シ　え　小《こ》枝《えだ》

舎 八画　シャ　校《こう》舎《しゃ》

述 八画　ジュツ　述《じゅつ》語《ご》　の（べる）　述《の》べる

招 八画　ショウ　招《しょう》待《たい》　まね（く）　招《まね》く

制 八画　セイ　制《せい》服《ふく》

武 八画　ブ　ム　武《ぶ》士《し》

紀 九画　キ　世《せい》紀《き》

逆 九画　ギャク　逆《ぎゃく》転《てん》　さか・さか（らう）　逆《さか》立《だ》ち

型 九画　ケイ　模《も》型《けい》　かた　血《けつ》液《えき》型《がた》

限 九画　ゲン　期《き》限《げん》　かぎ（る）　人《にん》数《ずう》を限《かぎ》る

則 九画　ソク　規《き》則《そく》

独 九画　ドク　独《どく》立《りつ》　ひと（り）　独《ひと》り言《ごと》

保 九画　ホ　保《ほ》育《いく》園《えん》　たも（つ）　保《たも》つ

迷 九画　※メイ　まよ（う）　迷《まよ》う

益 十画　エキ　※ヤク　利《り》益《えき》

財 十画　ザイ　※サイ　財《ざい》産《さん》

殺 十画　サツ　※サイ・セツ　殺《さっ》虫《ちゅう》ざい　ころ（す）　息《いき》を殺《ころ》す

師 十画　シ　教《きょう》師《し》

修 十画　シュウ　※シュ　修《しゅう》理《り》　おさ（める）　おさ（まる）

素 十画　ソ　※ス　栄《えい》養《よう》素《そ》

容 十画　ヨウ　美《び》容《よう》師《し》

留 十画　リュウ・ル　留《る》守《す》　と（める）・と（まる）　書《か》き留《と》める

移 十一画　イ　移《い》動《どう》　うつ（る）・うつ（す）　移《うつ》り変《か》わる

液 十一画　エキ　血《けつ》液《えき》型《がた》

十一画　ゲ

イラスト：村山尚子

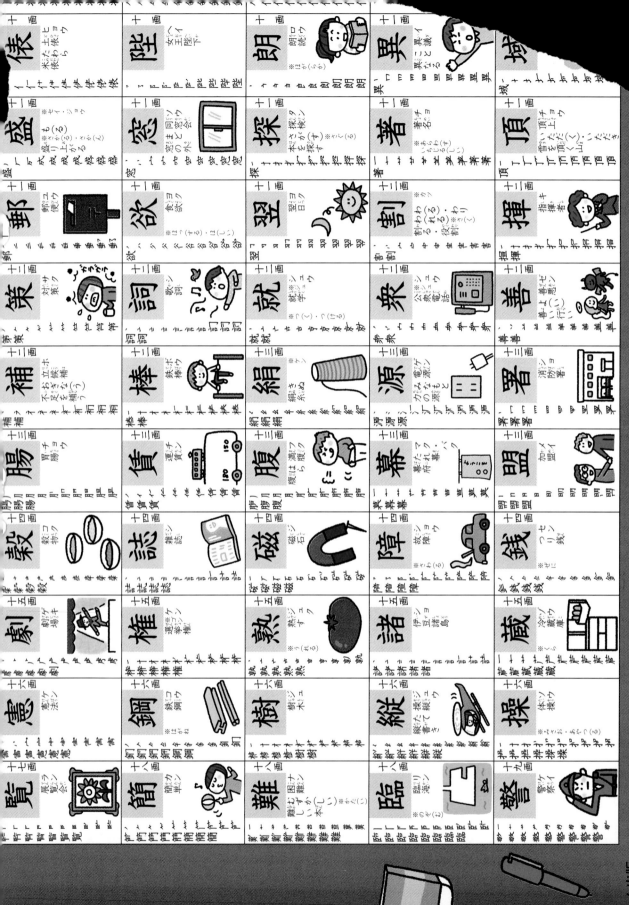

- 俵　十画　ヒョウ　土俵《どひょう》　たわら　米俵《こめだわら》
- 盛　十一画　※セイ・ジョウ　も(る)　※さか(る)・さか(ん)　盛《も》り上《あ》がる
- 郵　十一画　ユウ　郵便《ゆうびん》
- 策　十二画　サク　対策《たいさく》
- 補　十二画　ホ　立候補《りっこうほ》　おぎな(う)　不足《ふそく》を補《おぎな》う
- 腸　十三画　チョウ　胃腸《いちょう》
- 穀　十四画　コク　穀物《こくもつ》
- 劇　十五画　ゲキ　劇場《げきじょう》
- 憲　十六画　ケン　憲法《けんぽう》
- 覧　十七画　ラン　展覧会《てんらんかい》

- 陛　十画　ヘイ　女王陛下《じょおうへいか》
- 窓　十一画　ソウ　同窓会《どうそうかい》　まど　窓《まど》の外《そと》
- 欲　十一画　ヨク　食欲《しょくよく》　※ほっ(する)・ほ(しい)
- 詞　十二画　シ　歌詞《かし》
- 棒　十二画　ボウ　鉄棒《てつぼう》
- 賃　十三画　チン　運賃《うんちん》
- 誌　十四画　シ　雑誌《ざっし》
- 権　十五画　ケン　※ゴン　選挙権《せんきょけん》
- 鋼　十六画　コウ　鉄鋼《てっこう》　※はがね
- 簡　十八画　カン　簡単《かんたん》

- 朗　十画　ロウ　朗読《ろうどく》　※ほが(らか)
- 探　十一画　タン　探検《たんけん》　さが(す)　※さぐ(る)　本《ほん》を探《さが》す
- 翌　十一画　ヨク　翌日《よくじつ》
- 就　十二画　シュウ　※ジュ　就学《しゅうがく》　※つ(く)・つ(ける)
- 絹　十三画　※ケン　きぬ　絹糸《きぬいと》
- 腹　十三画　フク　満腹《まんぷく》　はら　腹《はら》
- 磁　十四画　ジ　磁石《じしゃく》
- 熟　十五画　ジュク　熟《じゅく》す　※う(れる)
- 樹　十六画　ジュ　樹木《じゅもく》
- 難　十八画　ナン　困難《こんなん》　むずか(しい)　※かた(い)　難《むず》しい本《ほん》

- 異　十一画　イ　異議《いぎ》　こと　異《こと》なる
- 著　十一画　チョ　著名《ちょめい》　※あらわ(す)　いちじる(しい)
- 割　十二画　※カツ　わ(る)・わり　わ(れる)　※さ(く)　割《わ》る・役割《やくわり》
- 衆　十二画　シュウ　※シュ　公衆電話《こうしゅうでんわ》
- 源　十三画　ゲン　電源《でんげん》　みなもと　力《ちから》の源《みなもと》
- 幕　十三画　マク・バク　たれ幕《まく》　幕府《ばくふ》
- 障　十四画　ショウ　故障《こしょう》　※さわ(る)
- 諸　十五画　ショ　伊豆諸島《いずしょとう》
- 縦　十六画　ジュウ　操縦《そうじゅう》　たて　縦《たて》書《が》き
- 臨　十八画　リン　臨海《りんかい》　※のぞ(む)

- 域
- 頂　十一画　チョウ　頂上《ちょうじょう》　いただ(く)・いただき　雪《ゆき》を頂《いただ》く山《やま》
- 揮　十二画　キ　指揮者《しきしゃ》
- 善　十二画　ゼン　善悪《ぜんあく》　よ(い)　善《よ》い行《おこな》い
- 署　十三画　ショ　消防署《しょうぼうしょ》
- 盟　十三画　メイ　加盟《かめい》
- 銭　十四画　セン　つり銭《せん》　※ぜに
- 蔵　十五画　ゾウ　冷蔵庫《れいぞうこ》　※くら
- 操　十六画　ソウ　体操《たいそう》　※みさお・あやつ(る)
- 警　十九画　ケイ　警察《けいさつ》

くもん出版

国語　しあげテスト

1

(1) ①く　②たまご　③てんらんかい　④たいさく

(2) ①机　②姿　③劇場　④秘密

2

(1) ①例 先生がケーキをめしあがる。

②弟がケーキをいただく。

(2) ①ウ　②イ　③ア

ポイント

(1)「食べる」の尊敬語《そんけいご》・けんじょう語はまちがえやすいので、しっかり覚えよう。

3

(1) そっと・気持ちよかった

(2) 楽しみな・確かめた

4

(1) 自分・痛みの感覚

(2) 自分・友達〈他人〉・同じである

(3) 他人・そのまま体験

(4) 例 永遠に理解し合えない〈理解し合える日がくる〉

算数　しあげテスト

1　①$\frac{2}{15}$　②$1\frac{1}{8}$〔$\frac{9}{8}$〕

③$3\frac{3}{7}$〔$\frac{24}{7}$〕　④$8\frac{1}{4}$〔$\frac{33}{4}$〕

2　①$1\frac{2}{7}$〔$\frac{9}{7}$〕　②3

③$\frac{14}{15}$　④$2\frac{1}{4}$〔$\frac{9}{4}$〕

3　①$\frac{1}{10}$　②$1\frac{3}{4}$〔$\frac{7}{4}$〕

4　式　$8 \div 2 = 4$　$4 \times 4 \times 3.14 = 50.24$

答え　$50.24cm^2$

5　①式　$20 \times x = y$

②式　$25 - x = y$

6　①12　②2

7　線対称な形㋐，㋒，㋓

点対称な形㋐，㋑

8　8通り

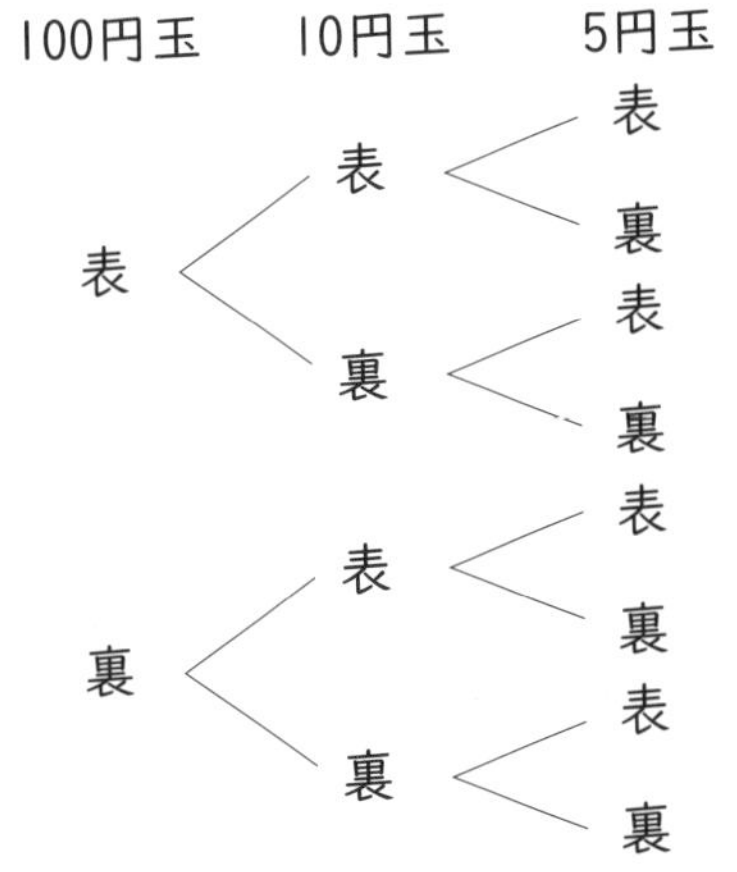

9　①

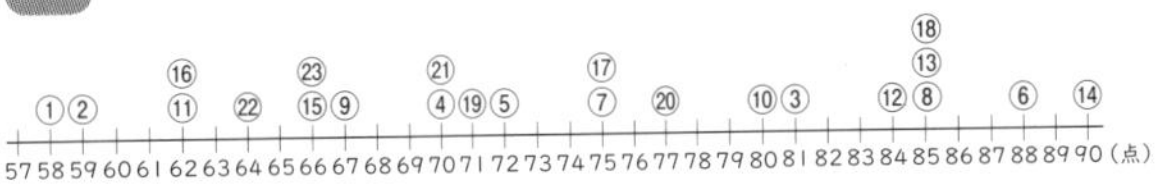

②85点

③72点

ポイント

ドットプロットを用いることで，データのちらばりの様子を調べやすくなるんだ。

英語　しあげテスト

1 (1) エ (2) ア (3) イ (4) ウ

2 (1) India

(2) winter

(3) nurse

3 (1) ア (2) ウ (3) ウ

4 (1) イ (2) イ (3) ア (4) ア

5 (1) France

(2) take a bath

6 (1) I can ride a bike.

(2) I'm good at swimming.

読まれた英語

1 (1) go to bed (2) swim well
(3) speak English (4) eat lunch

3 (1) I am Takeshi. I like pizza.
(2) We have Star Festival in summer.
(3) This is Yoko. She is a soccer player. She is active.

4 (1) A: What time do you eat breakfast?
B: I eat breakfast at 7:30.
(2) A: Where are you from?
B: I'm from China.
(3) I'm good at cooking. I can cook curry and rice.
(4) A: What did you do in summer?
B: I went to Kyoto. I saw temples.

日本語やく

1 (1) ねる (2) じょうずに泳ぐ (3) 英語を話す
(4) 昼食を食べる

2 (1) インド (2) 冬 (3) 看護師《かんごし》

3 (1) わたしはタケシです。わたしはピザが好きです。
(2) 夏には七夕《たなばた》があります。
(3) こちらはヨウコです。かのじょはサッカー選手です。かのじょは活発です。

4 (1) A: あなたは何時に朝食を食べますか。
B: わたしは 7 時 30 分に朝食を食べます。
(2) A: あなたはどこの出身ですか。
B: わたしは中国の出身です。
(3) わたしは料理が得意です。わたしはカレーライスを作ることができます。
(4) A: あなたは夏に何をしましたか。
B: わたしは京都へ行きました。わたしはお寺を見ました。

5 (1) わたしはフランスの出身です。
(2) わたしは 8 時にふろに入ります。

6 (1) わたしは自転車に乗ることができます。
(2) わたしは水泳が得意です。

まちがえた問題は，英語をよく聞いてもう一度やってみよう。
英語を書く問題は，正しい線の上に書けているかを確認《かくにん》しよう。

英語の答え

○なぞり書きの答えは，省いています。
○問題に書いてある場合，読まれた英語や日本語やくは省いています。

1 I like music. 56ページ

2 (1) イ (2) イ (3) ア (4) ア

3 (2) I can play the guitar.

読まれた英語

② (1) I like yellow. (2) I can run fast.
(3) A: What food do you like? B: I like pizza.
(4) A: Can you play badminton? B: Yes, I can.

日本語やく

② (1) わたしは黄色が好きです。
(2) わたしは速く走ることができます。
(3) A: あなたは何の食べ物が好きですか。
B: わたしはピザが好きです。
(4) A: あなたはバドミントンができますか。 B: はい，できます。
③ (1) わたしは音楽が好きです。
(2) わたしはギターをひくことができます。

2 I'm from Japan. 55ページ

2 (1) ○ (2) × (3) × (4) ○

3 (2) I'm from Italy.

読まれた英語

② (1) A: Where are you from? B: I'm from China.
(2) A: Where are you from? B: I'm from Spain.
(3) A: Where are you from? B: I'm from Brazil.
(4) A: Where are you from? B: I'm from India.

日本語やく

② (1) A: あなたはどこの出身ですか。
B: わたしは中国の出身です。
(2) A: あなたはどこの出身ですか。
B: わたしはスペインの出身です。
(3) A: あなたはどこの出身ですか。
B: わたしはブラジルの出身です。
(4) A: あなたはどこの出身ですか。
B: わたしはインドの出身です。
③ (1) あなたはどこの出身ですか。
(2) わたしはイタリアの出身です。

3 I'm good at cooking. 54ページ

2 (1) × (2) ○ (3) × (4) ×

3 (2) I'm good at playing the guitar.

読まれた英語

② (1) I'm good at swimming.
(2) I'm good at speaking English.
(3) I'm good at drawing pictures.
(4) I'm good at playing tennis.

日本語やく

② (1) わたしは水泳が得意です。
(2) わたしは英語を話すことが得意です。
(3) わたしは絵をかくことが得意です。
(4) わたしはテニスが得意です。
③ (1) わたしはスキーが得意です。
(2) わたしはギターをひくことが得意です。

4 I get up at 7:00. 53ページ

2 (1) ア (2) イ (3) イ (4) ア

3 (2) I go to bed at 9:30.

読まれた英語

② (1) A: What time do you eat breakfast?
B: I eat breakfast at 7:30.
(2) A: What time do you go to school?
B: I go to school at 8:15.
(3) A: What time do you do your homework?
B: I do my homework at 4:00.
(4) A: What time do you take a bath?
B: I take a bath at 8:30.

日本語やく

② (1) A: あなたは何時に朝食を食べますか。
B: わたしは 7 時 30 分に朝食を食べます。
(2) A: あなたは何時に学校へ行きますか。
B: わたしは 8 時 15 分に学校へ行きます。
(3) A: あなたは何時に宿題をしますか。
B: わたしは 4 時に宿題をします。
(4) A: あなたは何時にふろに入りますか。
B: わたしは 8 時 30 分にふろに入ります。
③ (1) あなたは何時にねますか。
(2) わたしは 9 時 30 分にねます。

5 She is a teacher. 52ページ

2 (1) イ (2) ア (3) エ (4) ウ

3 (2) She is cool.

読まれた英語

2 (1) This is Kota. He is a baseball player. He is cool.
(2) This is Megumi. She is a vet. She is kind.
(3) This is Takeshi. He is a bus driver. He is brave.
(4) This is Keiko. She is a police officer. She is active.

日本語やく

2 (1) こちらはコウタです。かれは野球選手です。かれはかっこいいです。
(2) こちらはメグミです。かのじょはじゅう医です。かのじょは親切です。
(3) こちらはタケシです。かれはバスの運転手です。かれは勇かんです。
(4) こちらはケイコです。かのじょは警察官《けいさつかん》です。かのじょは活発です。
3 こちらはマリです。(1) かのじょはフィギュアスケート選手です。(2) かのじょはかっこいいです。

6 We have New Year's Day in winter. 51ページ

2

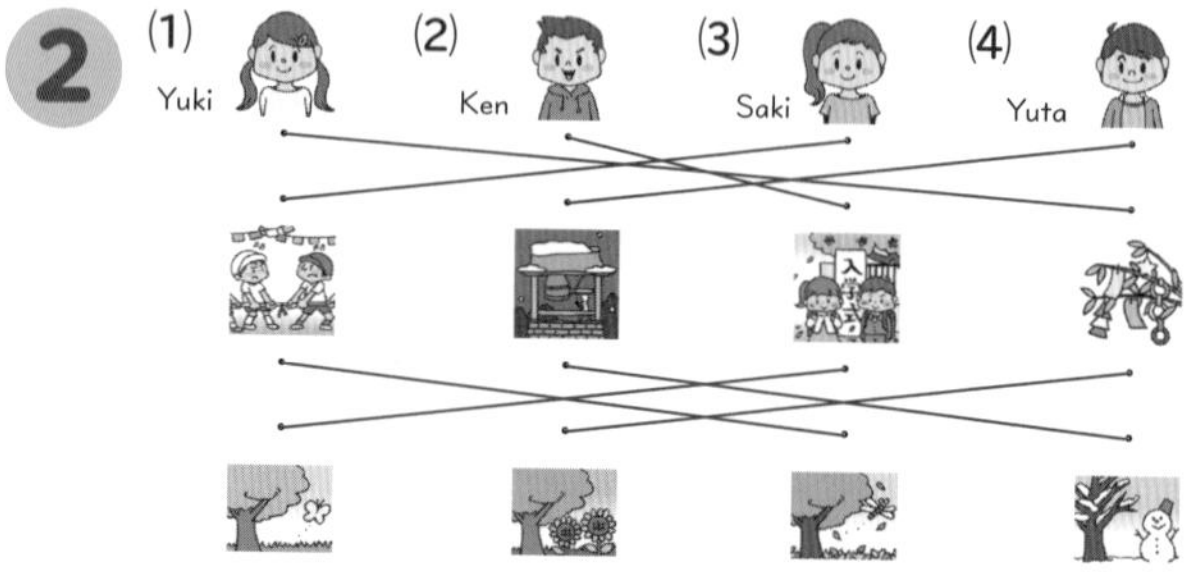

読まれた英語

2 (1) I'm Yuki. We have Star Festival in summer.
(2) I'm Ken. We have our entrance ceremony in spring.
(3) I'm Saki. We have our sports day in fall.
(4) I'm Yuta. We have New Year's Eve in winter.

日本語やく

2 (1) わたしはユキです。夏には七夕《たなばた》があります。
(2) わたしはケンです。春には入学式があります。
(3) わたしはサキです。秋には運動会があります。
(4) わたしはユウタです。冬にはおおみそかがあります。
3 春にはひなまつりがあります。

行事を英語で言えるようになるといいね！

7 I went to Kyoto. 50ページ

2 (1) イ (2) イ (3) ア (4) ア

3 (2) I saw a castle.

読まれた英語

2 (1) I went to Hokkaido. I saw a horse.
(2) I went to Okinawa. I enjoyed swimming.
(3) I went to Tokyo. I ate ice cream.
(4) I went to Nagano. I enjoyed hiking.

日本語やく

2 (1) わたしは北海道へ行きました。わたしは馬を見ました。
(2) わたしは沖縄へ行きました。わたしは水泳を楽しみました。
(3) わたしは東京へ行きました。わたしはアイスクリームを食べました。
(4) わたしは長野へ行きました。わたしはハイキングを楽しみました。
3 (1) わたしは大阪へ行きました。(2) わたしは城を見ました。

8 1学期のまとめ 49ページ

1 (1) Japan (2) playing tennis

2 (1) ア (2) イ (3) イ (4) ア

3 (1) ice cream (2) fishing

読まれた英語

1 Hello. I am Taku. (1) I'm from Japan. (2) I'm good at playing tennis.
2 (1) I'm Yumi. I like sports. I can play basketball.
(2) This is Satoshi. He is a police officer. He is kind.
(3) A: What time do you eat dinner? B: I eat dinner at 6:30.
(4) I went to Nara. I enjoyed hiking.

日本語やく

1 こんにちは。わたしはタクです。(1) わたしは日本の出身です。(2) わたしはテニスが得意です。
2 (1) わたしはユミです。わたしはスポーツが好きです。わたしはバスケットボールができます。
(2) こちらはサトシです。かれは警察官《けいさつかん》です。かれは親切です。
(3) A: あなたは何時に夕食を食べますか。　B: わたしは6時30分に夕食を食べます。
(4) わたしは奈良へ行きました。わたしはハイキングを楽しみました。
3 わたしの夏休み／わたしは北海道へ行きました。(1) わたしはアイスクリームを食べました。(2) わたしはつりを楽しみました。

算数の答え

○□にあてはまる数がいくつかあるとき，答えは左から順になっています。
○辺を答えるとき，たとえば「辺アイ」を「辺イア」と答えても正解《せいかい》です。
○〔　〕は，ほかの答え方や，式のたて方です。

答え合わせは，１つずつていねいに見ていこう！

計算の答えを書くときは，細かいところも確かめるようにしよう。

1 分数のかけ算(1)　48ページ

1

① $\frac{2\times\boxed{4}}{3\times\boxed{7}}=\frac{\boxed{8}}{\boxed{21}}$　④ $\frac{3}{35}$

② $\frac{3\times\boxed{1}}{5\times\boxed{2}}=\frac{3}{10}$　⑤ $\frac{6}{35}$

③ $\frac{3}{20}$　⑥ $\frac{9}{40}$

2

① $\frac{\overset{\boxed{1}}{\cancel{3}}\times5}{4\times\underset{\boxed{2}}{\cancel{6}}}=\frac{\boxed{5}}{8}$　⑥ $\frac{4}{9}$

② $\frac{\overset{\boxed{1}}{\cancel{2}}\times1}{3\times\underset{\boxed{2}}{\cancel{4}}}=\frac{1}{6}$　⑦ $\frac{3}{10}$

③ $\frac{3}{10}$　⑧ $\frac{5}{12}$

④ $\frac{3\times\overset{\boxed{1}}{\cancel{4}}}{\underset{\boxed{1}}{\cancel{4}}\times5}=\frac{3}{5}$　⑨ $\frac{10}{21}$

⑤ $\frac{3}{7}$　⑩ $\frac{9}{35}$

ポイント
約分をわすれないでね。

2 分数のかけ算(2)　47ページ

1

① $\frac{1}{4}$　④ $\frac{1}{8}$

② $\frac{\overset{\boxed{1}}{\cancel{2}}}{\underset{1}{\cancel{3}}}\times\frac{\overset{1}{\cancel{3}}}{\underset{\boxed{2}}{\cancel{4}}}=\frac{1}{2}$　⑤ $\frac{2}{5}$

③ $\frac{\overset{\boxed{1}}{\cancel{3}}}{\underset{1}{\cancel{5}}}\times\frac{\overset{1}{\cancel{5}}}{\underset{\boxed{2}}{\cancel{6}}}=\frac{1}{2}$　⑥ $\frac{3}{8}$

2

① $\frac{2}{5}\times\frac{\boxed{2}}{1}=\frac{4}{5}$　③ $\frac{6}{7}$

② $\frac{3}{5}\times\frac{\boxed{2}}{1}=\frac{\boxed{6}}{5}=\boxed{1}\frac{\boxed{1}}{5}$　④ $1\frac{1}{7}\left[\frac{8}{7}\right]$

3

① $\frac{3}{8}$　④ $\frac{4}{5}$

② $\frac{\boxed{9}}{8}=\boxed{1}\frac{\boxed{1}}{8}$　⑤ $\frac{10}{21}$

③ $\frac{9}{10}$　⑥ $7\frac{1}{2}\left[\frac{15}{2}\right]$

おうちの方へ
仮分数の答えは帯分数になおすと，大きさがわかりやすくなります。

3 分数のかけ算(3)　46ページ

1

① $\frac{\boxed{7}}{5}\times\frac{3}{4}=1\frac{1}{20}\left[\frac{21}{20}\right]$　④ $5\frac{5}{6}\left[\frac{35}{6}\right]$

② $\frac{14}{15}$　⑤ $4\frac{4}{15}\left[\frac{64}{15}\right]$

③ $\frac{3}{4}\times\frac{\boxed{9}}{8}=\frac{27}{32}$　⑥ $5\frac{1}{7}\left[\frac{36}{7}\right]$

2

① $\frac{\boxed{7}}{4}=1\frac{3}{4}$　④ $\frac{7}{8}$

② $7\frac{1}{2}\left[\frac{15}{2}\right]$　⑤ $4\frac{2}{3}\left[\frac{14}{3}\right]$

③ $1\frac{1}{2}\left[\frac{3}{2}\right]$　⑥ $3\frac{1}{9}\left[\frac{28}{9}\right]$

3

① $\frac{\overset{\boxed{3}}{\cancel{9}}}{\underset{2}{\cancel{4}}}\times\frac{\overset{\boxed{1}}{\cancel{2}}}{\underset{1}{\cancel{3}}}=\frac{\boxed{3}}{2}=1\frac{1}{2}$　③ 4

② $2\frac{1}{2}\left[\frac{5}{2}\right]$　④ $4\frac{1}{6}\left[\frac{25}{6}\right]$

4 分数のかけ算(4)　45ページ

1 式　$\frac{2}{5}\times 2=\frac{4}{5}$　答え　$\frac{4}{5}$kg

2 式　$\frac{2}{3}\times\frac{4}{5}=\frac{8}{15}$　答え　$\frac{8}{15}$kg

3 式　$\frac{3}{4}\times\frac{5}{6}=\frac{5}{8}$　答え　$\frac{5}{8}$m

4 式　$\frac{9}{20}\times 1\frac{2}{3}=\frac{3}{4}$　答え　$\frac{3}{4}$m

5 式　$3\frac{1}{5}\times\frac{5}{8}=2$　答え　2kg

ポイント

帯分数は仮分数になおして計算しよう。

5 分数のわり算(1)　44ページ

1

① $\frac{3}{7}\times\frac{\boxed{6}}{\boxed{5}}=\frac{\boxed{18}}{35}$

② $\frac{2}{5}\times\frac{\boxed{9}}{7}=\frac{18}{35}$

③ $1\frac{17}{18}\left[\frac{35}{18}\right]$

④ $\frac{16}{21}$

⑤ $2\frac{3}{16}\left[\frac{35}{16}\right]$

⑥ $1\frac{5}{16}\left[\frac{21}{16}\right]$

2

① $\frac{\boxed{7}}{5}=1\frac{2}{5}$

② $1\frac{3}{4}\left[\frac{7}{4}\right]$

③ $1\frac{2}{5}\left[\frac{7}{5}\right]$

④ $1\frac{1}{5}\left[\frac{6}{5}\right]$

⑤ $\frac{2}{3}$

⑥ $\frac{2}{5}$

⑦ $\frac{5}{6}$

⑧ $1\frac{1}{20}\left[\frac{21}{20}\right]$

⑨ $\frac{7}{10}$

⑩ $1\frac{1}{14}\left[\frac{15}{14}\right]$

6 分数のわり算(2)　43ページ

1

① $\frac{5}{12}$

② $\frac{\overset{\boxed{4}}{\cancel{8}}}{\underset{3}{\cancel{21}}}\times\frac{\overset{1}{\cancel{7}}}{\underset{\boxed{1}}{\cancel{2}}}=\frac{\boxed{4}}{3}=1\frac{1}{3}$

③ $1\frac{1}{2}\left[\frac{3}{2}\right]$

④ $1\frac{1}{5}\left[\frac{6}{5}\right]$

⑤ $\frac{2}{3}$

⑥ $\frac{5}{8}$

2

① $\frac{1}{7}\div\frac{2}{\boxed{1}}=\frac{1}{7}\times\frac{\boxed{1}}{\boxed{2}}$
$=\frac{1}{14}$

② $\frac{2}{9}$

③ $\frac{3}{\boxed{1}}\times\frac{4}{1}=12$

④ $6\frac{2}{3}\left[\frac{20}{3}\right]$

3

① $1\frac{7}{8}\left[\frac{15}{8}\right]$

② $\frac{8}{15}$

③ $\frac{2}{9}$

④ $\frac{2}{3}$

⑤ $3\frac{1}{3}\left[\frac{10}{3}\right]$

⑥ 10

7 分数のわり算(3)　42ページ

1

① $2\frac{2}{9}\left[\frac{20}{9}\right]$

② $\frac{\boxed{7}}{4}\div\frac{2}{3}=2\frac{5}{8}\left[\frac{21}{8}\right]$

③ $\frac{\boxed{3}}{2}\div\frac{5}{7}=2\frac{1}{10}\left[\frac{21}{10}\right]$

④ $\frac{\boxed{13}}{8}\div\frac{\boxed{7}}{3}=\frac{39}{56}$

⑤ $\frac{5}{6}$

⑥ $3\frac{8}{9}\left[\frac{35}{9}\right]$

2

① $\frac{\boxed{7}}{3}\div\frac{4}{9}=\frac{7}{\underset{\boxed{1}}{\cancel{3}}}\times\frac{\overset{\boxed{3}}{\cancel{9}}}{4}$
$=5\frac{1}{4}\left[\frac{21}{4}\right]$

② $2\frac{4}{7}\left[\frac{18}{7}\right]$

③ 3

④ $\frac{4}{7}$

⑤ $1\frac{1}{7}\left[\frac{8}{7}\right]$

⑥ $2\frac{1}{2}\left[\frac{5}{2}\right]$

3

① $1\frac{1}{2}\left[\frac{3}{2}\right]$

② $\frac{1}{2}$

③ $1\frac{1}{3}\left[\frac{4}{3}\right]$

④ $2\frac{2}{3}\left[\frac{8}{3}\right]$

8 分数のわり算(4)　41ページ

1 式 $7 \div \frac{1}{6} = 42$　答え 42本

2 式 $\frac{2}{3} \div \frac{2}{15} = 5$　答え 5本

3 式 $\frac{6}{7} \div \frac{15}{14} = \frac{4}{5}$　答え $\frac{4}{5}$倍

4 式 $1\frac{1}{5} \div \frac{4}{5} = 1\frac{1}{2}\left[\frac{3}{2}\right]$

答え $1\frac{1}{2}$倍$\left[\frac{3}{2}\right.$倍$\left.\right]$

5 式 $2\frac{6}{7} \div 1\frac{11}{14} = 1\frac{3}{5}\left[\frac{8}{5}\right]$

答え $1\frac{3}{5}$倍$\left[\frac{8}{5}\right.$倍$\left.\right]$

9 分数と小数の計算　40ページ

1

① $\frac{\boxed{1}}{10} \times \frac{1}{2} = \frac{1}{20}$

② $\frac{6}{25}$

③ $\frac{\boxed{1}}{5} \times \frac{4}{7} = \frac{4}{35}$

④ $\frac{\boxed{2}}{\underset{1}{\cancel{5}}} \times \frac{\overset{1}{\cancel{5}}}{9} = \frac{2}{9}$

⑤ $\frac{3}{14} \times \frac{\boxed{1}}{2} = \frac{3}{28}$

⑥ $\frac{1}{3}$

⑦ $1\frac{1}{20}\left[\frac{21}{20}\right]$

⑧ $\frac{\overset{1}{\cancel{2}}}{5} \times \frac{\boxed{1}}{\underset{2}{\cancel{4}}} = \frac{1}{10}$

2

① $\frac{\boxed{7}}{10} \div \frac{2}{3}$

$= 1\frac{1}{20}\left[\frac{21}{20}\right]$

② $1\frac{4}{5}\left[\frac{9}{5}\right]$

③ $\frac{4}{15}$

④ $1\frac{1}{4}\left[\frac{5}{4}\right]$

⑤ $1\frac{5}{6}\left[\frac{11}{6}\right]$

⑥ $\frac{2}{5} \div \frac{\boxed{4}}{5} = \frac{1}{2}$

⑦ $1\frac{1}{2}\left[\frac{3}{2}\right]$

⑧ $3\frac{1}{2}\left[\frac{7}{2}\right]$

10 線対称《せんたいしょう》と点対称《てんたいしょう》(1)　39ページ

1 ㋐，㋓

2

①点エ

②辺エウ

③角イ

④直線 AB

3

① 90°

②辺エウ

③等しくなっている。

④角ウ

ポイント

線対称《せんたいしょう》な形は，二つに折るとぴったり重なる形のことだよ。

11 線対称《せんたいしょう》と点対称《てんたいしょう》(2)　38ページ

1 ㋑，㋒

2

①点 E

②辺 EF

③角 F

④点 O

3

①対称の中心

②等しくなっている。

③直線 OD

④ 100°

ポイント

点対称《てんたいしょう》な形は，点 O《オー》を中心にして 180° 回転させると，もとの形にぴったり重なる形のことだよ。

12 線対称《せんたいしょう》と点対称《てんたいしょう》(3)　37ページ

1

①

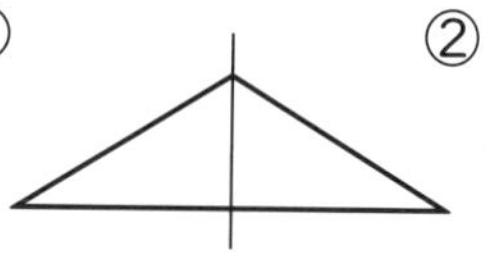

②

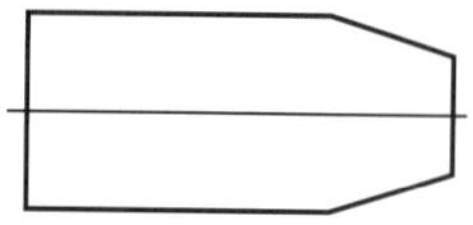

2

①②

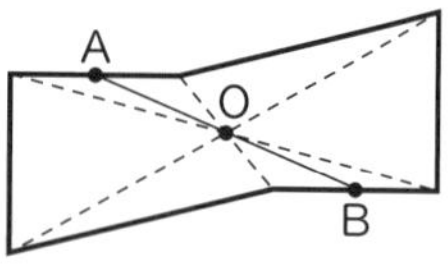

3

①

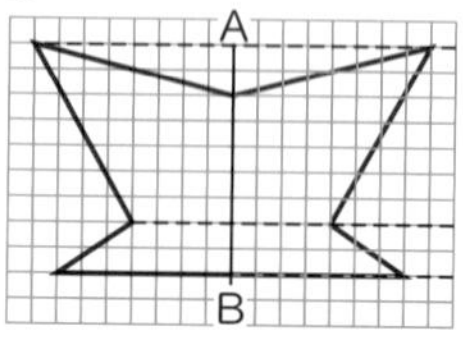

②

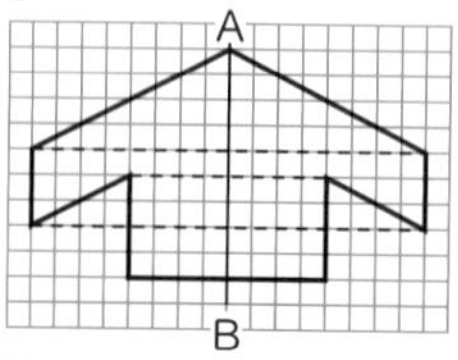

4

①

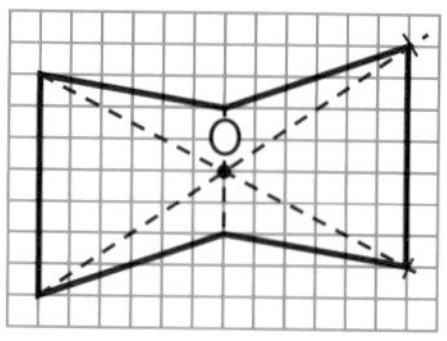

②

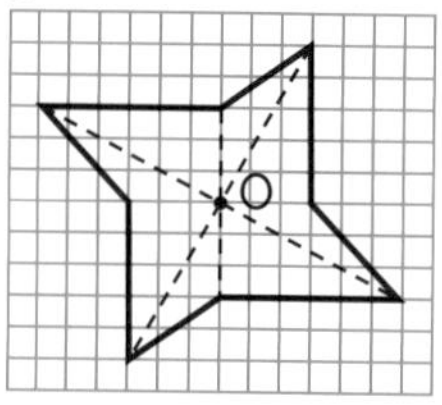

13 文字と式(1)　36ページ

1 $x+14=50$

2 $x\times 7=630$

3

① $x=41-18$

$x=23$

② $x=75+25$

$x=100$

③ $x=32\div 8$

$x=4$

④ $x=1.4\times 5$

$x=7$

4 式　$x\times 9=54$

$x=6$

答え　6cm

おうちの方へ

求める数を x《エックス》 を使って式に表すことになれるようにしましょう。

14 文字と式(2)　35ページ

1

①式　$20+x=y$

②式　$x-16=y$

③式　$x\times 7=y$

④式　$x\div 8=y$

2

①式　$x\times 3=y$

②　あ 21　い 24

③式　$x\times 3=27$

$x=9$

答え　9cm

ポイント

x《エックス》の値《あたい》が変わると，対応してy《ワイ》の値《あたい》も変わることに気をつけよう。

15 円の面積　34ページ

1

①式　$1\times 1\times 3.14=3.14$

答え　$3.14cm^2$

②式　$2\times 2\times 3.14=12.56$

答え　$12.56cm^2$

③式　$6\div 2=3$，$3\times 3\times 3.14=28.26$

答え　$28.26cm^2$

2

①式　$1\times 1\times 3.14\div 2=1.57$

答え　$1.57cm^2$

②式　$2\times 2\times 3.14\div 2=6.28$

答え　$6.28cm^2$

③式　$2\times 2\times 3.14\div 4=3.14$

答え　$3.14cm^2$

④式　$4\times 4\times 3.14\div 4=12.56$

答え　$12.56cm^2$

ポイント

円の面積＝半径×半径×3.14だよ。

16 比(1)　33ページ

1
①2
②3
③2：3

2 ①5：7　②9：11

3 ①　あ2：3　い4：6
②2：3
③等しい。

4 ①6　③3
②10　④4

ポイント
比の記号「：」の前と後ろの数に同じ数をかけても，同じ数でわっても，比は等しいよ。

17 比(2)　32ページ

1
①3：4
② $\frac{3}{4}$
③ $\frac{\boxed{3}}{\boxed{4}}$

2 ① $\frac{1}{3}$　② $\frac{1}{4}$　③ $\frac{1}{7}$
④ $\frac{2}{3}$　⑤ $\frac{3}{4}$　⑥ $\frac{8}{3}\left[2\frac{2}{3}\right]$

3 ①　あ $\frac{2}{3}$　い $\frac{2}{3}$
②等しい。

4 ①3　③3：2
②4　④1：2

18 データの活用(1)　31ページ

1
①式　(51+38+49+42+37+55+43)÷7=45
答え　45g
②式　(49+53+62+33+50+40+35)÷7=46
答え　46g

2
①

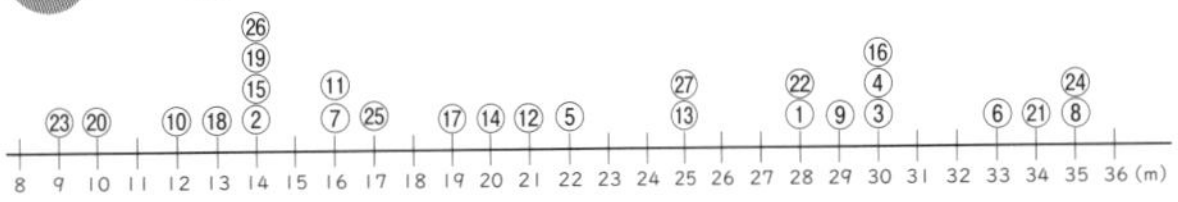

②14m
③21m

ポイント
最頻値《さいひんち》は，データの中で最も多い値《あたい》，中央値《ちゅうおうち》は，データを大きさの順に並《なら》べたときの中央（真ん中）の値《あたい》のことだよ。**2**③では，14番目の人（⑫）の記録が中央値《ちゅうおうち》になるんだ。

19 データの活用(2)　30ページ

1
①30人
②

昨日のすいみん時間

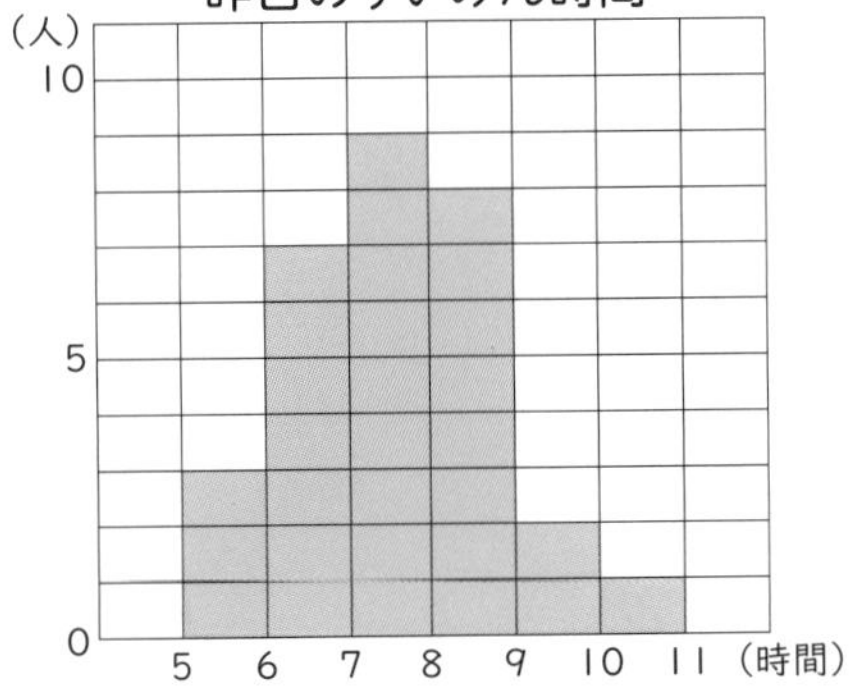

③3人，10%（3÷30×100）
④7時間以上8時間未満，30%(9÷30×100)
⑤11人

ポイント
以上と**未満**に気をつけよう。
5以上は，5と等しいか，5より大きいことだね。6未満は，6より小さいことで，6は入らないんだ。

20 場合の数　29ページ

1 ① あかね　ゆき

グ ＜ グ・チ・パ

チ ＜ グ・チ・パ

パ ＜ グ・チ・パ

② 9通り

2 ① 1走　2走　3走

ゆ ＜ あ — か ／ か — あ

あ ＜ ゆ — か ／ か — ゆ

か ＜ ゆ — あ ／ あ — ゆ

② 2通り

3 A－B，A－C，A－D，B－C，B－D，C－D

21 1学期のまとめ(1)　28ページ

1 ① $\frac{3}{20}$　② $\frac{3}{4}$　③ $\frac{3}{7}$　④ $\frac{9}{10}$　⑤ $\frac{3}{8}$　⑥ $6\frac{2}{3}\left[\frac{20}{3}\right]$

2 ① $\frac{15}{28}$　② $\frac{2}{3}$　③ $\frac{8}{13}$　④ $\frac{2}{11}$　⑤ $2\frac{2}{3}\left[\frac{8}{3}\right]$　⑥ $\frac{2}{3}$

3 式 $x \times 7 = 840$

$x = 120$

答え　120円

4 ①

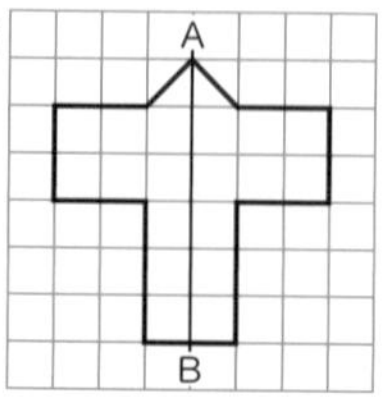

②

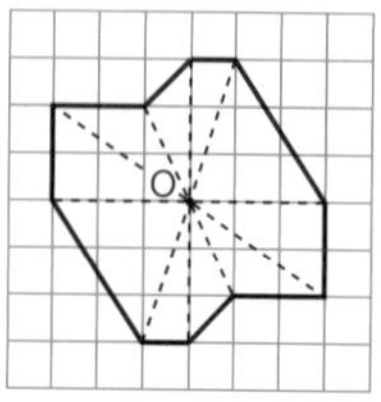

22 1学期のまとめ(2)　27ページ

1 ① $1\frac{1}{20}\left[\frac{21}{20}\right]$　② $\frac{1}{8}$　③ $\frac{2}{3}$　④ 4　⑤ $4\frac{9}{10}\left[\frac{49}{10}\right]$　⑥ $10\frac{1}{4}\left[\frac{41}{4}\right]$

2 式 $\frac{2}{9}\times\frac{3}{8}=\frac{1}{12}$　答え $\frac{1}{12}$kg

3 式 $3\times3\times3.14=28.26$

答え　28.26cm²

4 ① 2：4

② $\frac{3}{5}$

5 8通り

1回目　2回目　3回目

表 ＜ 表 ＜ 表・裏 ／ 裏 ＜ 表・裏

裏 ＜ 表 ＜ 表・裏 ／ 裏 ＜ 表・裏

これで算数の学習は終わりだよ。
最後までよくがんばったね。
もう，1学期の算数はカンペキだ！

国語が終わっていない人は，
今度は国語のページをやってみよう！

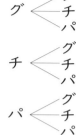

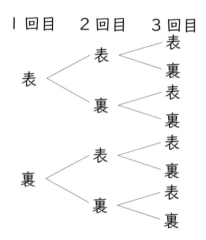

24 作文(3)　24ページ

1

(1) 例 ぼくは、初めて試合でゴールを決めました。とてもうれしくて、みんなとだき合いました。

(2) 例 わたしは、図工の時間に、ねん土でねこを作りました。とてもかわいくできました。

(3) 例 わたしは、通りでまいごの男の子に声をかけました。そして、いっしょにお母さんを待ちました。

2

例 このまえ、家族でキャンプに行きました。食事をしていたら、とつぜん雨が降ってきて、急いで車にもどりました。

25 1学期のまとめ(1)　25ページ

1

(1) ①夢　②実現

(2) まぼろし・父

瀬の主

(3) ア

(4) 村一番・もぐり

(5) 百五十・冷静

ポイント

(3)後に続く「百五十キロはゆうにこえているだろう」もヒントに考えてみよう。

26 1学期のまとめ(2)　26ページ

1

(1) ①技術　②豊

(2) 利用方法・生態系・

きびしい運命

(3) 祖先

(4) 子孫・

深く思いをめぐらす

ポイント

細かい部分の説明も、ていねいに読むことが大切だね。

これで、国語の学習は終わりだよ。
最後までよくがんばったね。
これで一学期の学習はカンペキだね。

まだ算数が終わっていない人は、
算数のページをやってみよう。

20 説明文の読みとり(2)　20ページ

1

(1) 人のつながり・共同体

(2) コミュニティデザイン

2

(1) 住民たち・主体的

(2) 未来のコミュニティ

(3) 未来のイメージ

ポイント

説明文では、筆者が最も述べたい事がらを「キーワード」で表すことがあるよ。「　」がつけられた重要語句に注目してみよう。

21 説明文の読みとり(3)　21ページ

1

(1) 自然災害

(2) 力強さ

2

(1) 食い止め・根を張って

(2) 本物の森

ポイント

「つまり」には、前の内容を言いかえて、まとめる役割《やくわり》があるよ。

22 作文(1)　22ページ

1

(1) 本

(2) あみ

(3) 作って

(4) にぎやかだ

2

(1) すいか・スプーン

(2) しまった・重かった

(3) 箱・使って

ポイント

「何が」「何を」「何で」「どんな」「どのように」「どうする」「どんなだ」などのことばをしっかりと読み取ろう。

23 作文(2)　23ページ

1

(1) 細長い

(2) すぐに

2

きらきら・すずしい

3

(1) 例ぴかっと・ザーッ

(2) 例新しい・置いた

(3) 例冷たい・つうんと

ポイント

「どんな」は名詞《めいし》(物事を表すことば)を、「どのように」は主に述語をくわしくすることばだね。

16 物語の読みとり(2) 16ページ

1

(1) かがやき・交差

(2) ア

2

(1) 海に帰っていった

(2) 悲しみ・自然・感謝

ポイント

2 情景をていねいに読み取ると、太一《たいち》の心情がつかめるよ。

17 物語の読みとり(3) 17ページ

1

早くにげて・気づいて

2

(1) ぎらぎら・コンパス

(2) 声も出ず

ポイント

2 登場人物の動作や様子に、人物の気持ちが表れることがあるよ。かにの子どもたちの様子に注目してみよう。

18 六年生の漢字(4) 18ページ

1

おさな・すなば・さが・すがた・く・まど・ひみつ

2

(1) すなば (2) さが

(3) ひみつ (4) まど

(5) おさな・すがた

(6) く

3

書き順に注意して、書きましょう。

4

(1) 秘密 (2) 暮

(3) 砂場・窓

(4) 幼・姿・探

ポイント

「秘」「密」の「必」の正しい書き順を覚えよう。

19 説明文の読みとり(1) 19ページ

1

(1) 火山岩・のみでけずって

(2) 運ぶ・利用された

2

(1) 新しい芽・生長

(2) 野生化したラット・さまたげた

ポイント

説明文では、文と文のつながりを確かめながら、文章を読み進めることが大切だよ。

12 敬語《けいご》の使い方(3) 12ページ

1

① うかがいます
② いただいた

ポイント
「お(ご)―する」を、尊敬《そんけい》語《ご》の「お(ご)―になる」と混同しないようにしよう。

2

(1) 申しあげる
(2) 拝見する
(3) 存じあげる

3

(1) 例 これをあなたにさしあげます。
(2) 例 なるべく早めにうかがいます。〈参ります。〉
(3) 例 わたしがご説明します。

13 敬語《けいご》の使い方(4) 13ページ

1

(1) そ　(2) け　(3) て

2

① おっしゃる
② 申しあげる
③ いらっしゃる
④ うかがう
⑤ めしあがる
⑥ いただく
⑦ 拝見する

3

(1) 例 社長は車で帰られます。〈～お帰りになります。〉
(2) ありがとうございます。
(3) 例 わたくしは何も存じあげません。〈存じません。〉

4

(1) 例 いらっしゃる〈来られる〉
(2) 例 お会いする〈お目にかかる〉
(3) 例 お読みになる〈読まれる〉
(4) 例 くださった

14 六年生の漢字(3) 14ページ

1

こきょう・りゅういき・ふ・きけん・きゅうしゅう・たいさく

2

(1) こきょう
(2) たいさく
(3) りゅういき
(4) きけん
(5) きゅうしゅう
(6) ふ

3

書き順に注意して、書きましょう。

4

(1) 対策　(2) 危険
(3) 故郷・降
(4) 流域・吸収

ポイント
漢字は正しい書き順で書くと、形を整えやすくなるよ。

15 物語の読みとり(1) 15ページ

1

(1) おどろいた
(2) ぼんやり
(3) 安心させよう

2

(1) 魚の動き
(2) 美しい・こわい
(3) 海の中の世界

おうちの方へ
物語の読みとりでは、まず、場面などの設定をしっかりとらえることが必要です。何の、だれの様子なのかをおさえて読むことが大切です。

8 形が似ている漢字(3) 8ページ

1

(1) 固 個
(2) 構 講
(3) 境 鏡
(4) 復 複
(5) 囲 医
(6) 積 績 責
(7) 験 険 検
(8) 則 測 側

2

(1) 固 個
(2) 複 復
(3) 績 責
(4) 構 講

3

(1) 験・険
(2) 側・測
(3) 境・鏡

9 六年生の漢字(2) 9ページ

1

れいぞうこ・たまご・ぎゅうにゅう・わ・つくえ・かんたん・なんまい

2

(1) ぎゅうにゅう
(2) かんたん
(3) たまご・わ
(4) つくえ
(5) れいぞうこ
(6) まいすう

3

書き順に注意して、書きましょう。

4

(1) 枚・机
(2) 簡単・卵・割
(3) 冷蔵庫・牛乳

ポイント
「蔵」「卵」「乳」など、形の難《むずか》しい漢字に注意しよう。

10 敬語《けいご》の使い方(1) 10ページ

1

① 家です
② 始めます
③ ございます

2

(1) 窓をしめます。
(2) 黒いほうが、父のかばんです。〈〜でございます。〉
(3) 庭のすみに花だんがあります。〈〜ございます。〉

3

③・⑤・⑥

おうちの方へ
敬語《けいご》は、時や場所、また相手によってふさわしい使い方が必要です。10〜12回で学ぶ敬語《けいご》の三つの種類とその働きを理解し、場面に応じた使い方に慣れるようにしましょう。

11 敬語《けいご》の使い方(2) 11ページ

1

① くださった
② いらっしゃった

2

(1) おっしゃる
(2) めしあがる
(3) なさる

3

(1) 例 お客様がいらっしゃいました。〈来られました。〉
(2) 例 どんな(ご)本をお読みになりますか。〈読まれますか。〉
(3) 例 ていねいに教えてくださった。

ポイント
特別なことばを使う言い方は、使い方に慣れて、覚えよう。

4 同じ訓の漢字(2)　4ページ

1

(1) 減 経
(2) 折 織
(3) 治 修
(4) 務 努
(5) 計 量 測
(6) 暑 厚 熱

2

(1) 量
(2) 厚

3

(1) 減 経
(2) 修 治
(3) 努 務
(4) 折 織

おうちの方へ

ここに出ているような漢字が使い分けられるようになれば、漢字の学習はかなり定着していると考えてよいでしょう。ここで、もう一度使い方のちがいを確かめておきましょう。

5 六年生の漢字(1)　5ページ

1

てんらんかい・げきじょう・はら・いた・ぎもん・ひはんてき

2

(1) てんらんかい
(2) はら
(3) げきじょう
(4) いた
(5) ひはんてき
(6) ぎもん

3

書き順に注意して、書きましょう。

4

(1) 劇
(2) 疑問
(3) 腹・痛
(4) 展覧会・批判

おうちの方へ

六年生では191字の漢字を習います。一学期で学習した漢字をこの夏休み中に復習して、しっかり覚えるようにしましょう。

6 形が似ている漢字(1)　6ページ

1

(1) 仕 任
(2) 基 墓
(3) 迷 述
(4) 卒 率
(5) 輪 輸
(6) 備 借
(7) 注 住 往
(8) 史 夫 央

2

(1) 往
(2) 墓
(3) 史
(4) 率

3

(1) 輪・輸
(2) 仕・任
(3) 迷・述

ポイント

「往」「住」「注」「柱」は部首のちがいで覚えよう。

7 形が似ている漢字(2)　7ページ

1

(1) 的 均
(2) 象 像
(3) 営 宮
(4) 態 能
(5) 思 志
(6) 貸 貨
(7) 識 織 職
(8) 氷 泳 永
(9) 察 祭 際

2

(1) 均
(2) 際
(3) 永

3

(1) 能・態
(2) 志・思
(3) 職・識

ポイント

「職」「織」「識」は、読み・字形ともまちがえやすいので、意味・使い方を覚えておこう。

国語の答え

○なぞり書きや書き写すところの答えは、省いているところもあります。
○文や文章を使った問題では、文章中のことばを正解としています。似た言い方のことばで答えてもかまいません。
○〈　〉は、ほかの答え方です。
○（　）は、答えにあってもよいものです。
○例の答えでは、似た内容が書けていれば正解です。
○漢字の書きの問題で、熟語《じゅくご》のときは全部書けて一つの正解とし、得点を計算しましょう。

1 同じ音の漢字(1)　1ページ

1

(1) 順 準
(2) 解 快
(3) 士 師
(4) 断 団
(5) 規 基
(6) 招 証
(7) 制 性 精
(8) 可 仮 価

2

(1) 師・士
(2) 仮・可
(3) 団・断

3

(1) 規 基
(2) 快 解
(3) 性 制
(4) 招 証

おうちの方へ

1～4回、6～8回では、主に五年生の漢字を取り上げ、使い分けの定着をねらいとしています。

2 同じ音の漢字(2)　2ページ

1

(1) 再会 再開
(2) 容易 用意
(3) 衛星 衛生
(4) 態勢 体制
(5) 習慣 週間 週刊
(6) 家庭 課程 過程

2

(1) 再開
(2) 習慣

3

(1) 衛星 衛生
(2) 態勢 体制
(3) 容易 用意

ポイント

同じ音のことばは、意味のちがいを考えて、使い分けよう。

3 同じ訓の漢字(1)　3ページ

1

(1) 表 現
(2) 取 採
(3) 説 解
(4) 写 移
(5) 敗 破
(6) 作 造
(7) 飼 買
(8) 止 留

2

(1) 作 造
(2) 現 表
(3) 写 移
(4) 敗 破

ポイント

同じ訓の漢字には、意味が似たものもあります。ちがいを確かめよう。

しあげテスト

学習日　月　日　名前

7

1 音声を聞いて，内容と合う絵をア～エから選んで，(　　)に記号を書きましょう。

1つ　5点

(1) (　　)　(2) (　　)　(3) (　　)　(4) (　　)

ア

イ

ウ

エ

2 次の絵に合う英語を，　　に正しく書き写しましょう。

1つ　5点

(1)

India

(2)

winter

(3)

nurse

3 音声を聞いて，内容と合う絵をそれぞれア～ウから選んで，(　　)に記号を書きましょう。

1つ　5点

(1)

(　　)

ア
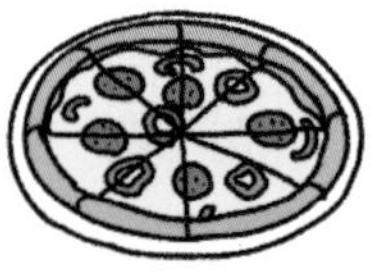

イ

ウ

(2)

(　　)

ア

イ

ウ

(3)

(　　)

ア

イ

ウ

1	2	3	4	5	6	合計
聞く(1)	書く(1)	聞く(2)	聞く(3)	単語	書く(2)	点

全部できたら をかこう。まちがえた問題はやりなおして をめざそう！

4 会話を聞いて，内容と合う絵をそれぞれアとイから選んで，(　　)に書きましょう。

1つ　5点

(1)　ア

イ

(　　)

(2)　ア

イ

(　　)

(3)　ア

イ

(　　)

(4)　ア

イ

(　　)

5 右の絵の内容に合うように，あてはまるものを(　　)から選んで，＿＿＿に書きましょう。

1つ　5点

(1)　I'm from ＿＿＿＿＿＿ .

(Japan / China / France)

(2)　I ＿＿＿＿＿＿ at 8:00.

(take a bath / eat dinner / get up)

6 次の絵に合う英語を，＿＿＿に正しく書き写しましょう。

1つ　10点

(1)

I can ride a bike.

＿＿＿＿＿＿＿＿＿＿

(2)

I'm good at swimming.

＿＿＿＿＿＿＿＿＿＿

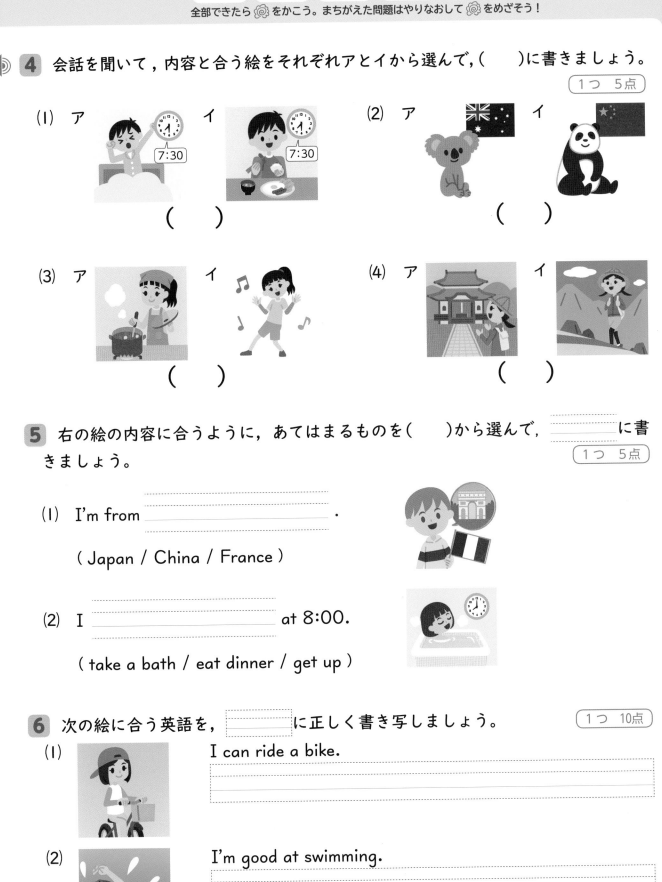

算数

しあげテスト

学習日　月　日　名前

1 次の計算をしましょう。

(1つ4点)

① $\frac{2}{5} \times \frac{1}{3} =$

② $\frac{5}{8} \times \frac{9}{5} =$

③ $\frac{4}{3} \times \frac{18}{7} =$

④ $4\frac{1}{2} \times 1\frac{5}{6} =$

2 次の計算をしましょう。

(1つ4点)

① $\frac{3}{7} \div \frac{1}{3} =$

② $\frac{5}{4} \div \frac{5}{12} =$

③ $\frac{8}{5} \div \frac{12}{7} =$

④ $1\frac{1}{4} \div \frac{5}{9} =$

3 小数を分数になおして計算をしましょう。

(1つ4点)

① $0.3 \times \frac{1}{3} =$

② $\frac{7}{8} \div 0.5 =$

4 次のような円の面積は何 cm^2 ですか。

(式4点・答え4点)

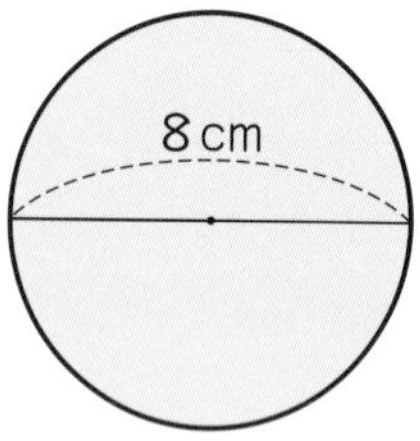

式

答え(　　　　)

5 x《エックス》と y《ワイ》の関係を式に表しましょう。

(1つ5点)

① 1本20cmのぼうを x《エックス》本並《なら》べると，全体の長さは y《ワイ》cmです。

式

② 長さ25mのプールを泳ぎます。x《エックス》m泳ぐと，残りは y《ワイ》mです。

式

|---|---|---|---|---|---|---|---|---|---|
| 分数の かけ算 | 分数の わり算 | 小数と分数 の計算 | 円の面積 | 文字と式 | 比 | 線対称と 点対称 | 場合の数 | データの 活用 | 点 |

全部できたら 🌼 をかこう。まちがえた問題はやりなおして 🌼 をめざそう!

6 等しい比になるように，□にあてはまる数を書きましょう。 （1つ5点）

① 4：3＝16：□

② 18：6＝6：□

7 線対称な形と点対称な形をそれぞれ全部選んで，記号で答えましょう。 （1つ5点）

⑦　⑦　⑨　⑨　⑦

線対称な形 （　　　　　）　　　　　点対称な形 （　　　　　）

8 100円玉，10円玉，5円玉を同時に投げます。このとき，表と裏の出方は，全部で何通りありますか。 （4点）

（　　　　　）

9 下の資料は，6年1組の計算テストの得点を表したものです。次の問題に答えましょう。 （1つ6点）

計算テストの得点（点）

①58	②59	③81	④70	⑤72	⑥88	⑦75	⑧85	⑨67	⑩80
⑪62	⑫84	⑬85	⑭90	⑮66	⑯62	⑰75	⑱85	⑲71	⑳77
㉑70	㉒64	㉓66							

① ドットプロットに表しましょう。

57 58 59 60 61 62 63 64 65 66 67 68 69 70 71 72 73 74 75 76 77 78 79 80 81 82 83 84 85 86 87 88 89 90 （点）

② 最頻値を求めましょう。 （　　　　　）

③ 中央値を求めましょう。 （　　　　　）

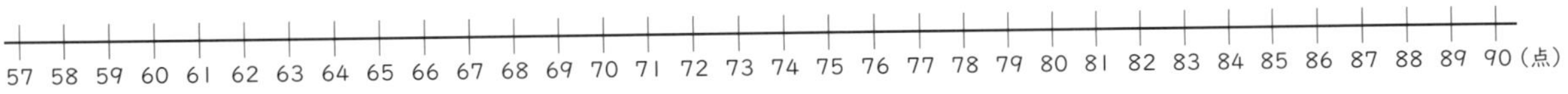

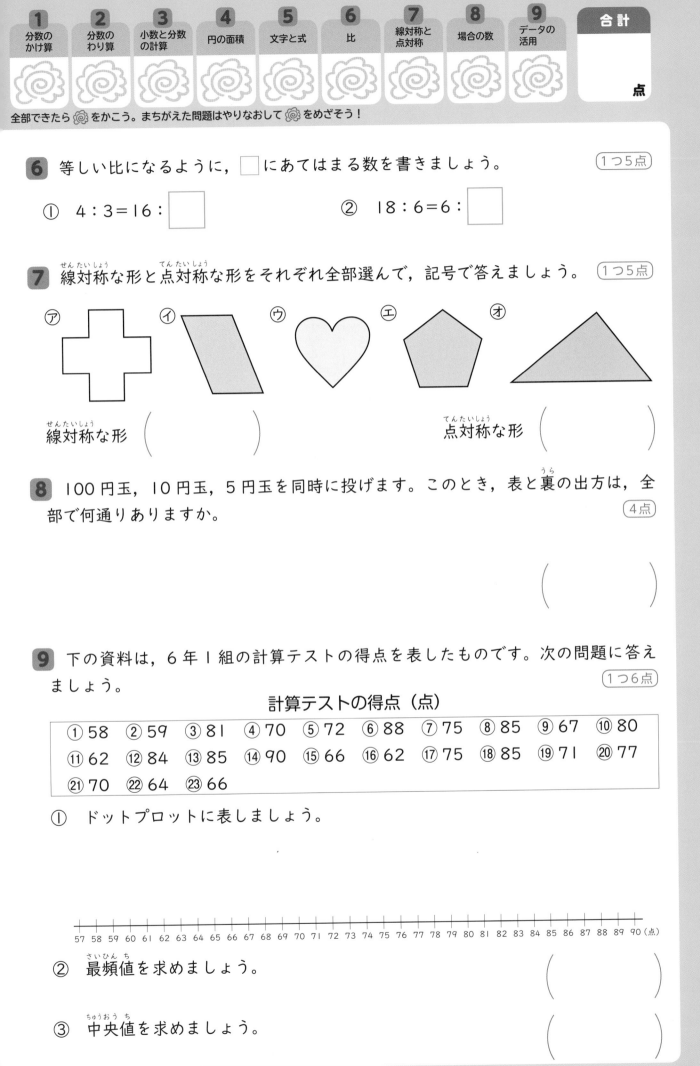

4 次の文章を読んで、問題に答えましょう。

友達が、「おなかが痛《いた》いよ。」と言った時、君は、自分が腹痛《ふくつう》を起こした時の感覚を思い出して、「ああ、痛《いた》そうだなあ。大変だなあ。」と思う。でも、それは、あくまでも「自分」が経験してきた痛《いた》みの感覚でしかない。自分がこれまでに感じてきた痛《いた》みと、友達が感じている痛《いた》みが同じであるとは、証明できないのだ。自分が、他人の中に入りこんで、その人が見たり、感じたりしていることをそのまま体験できれば別だが、もちろんそんなことはだれにもできない。

こんなふうに考え始めると、小学生のころのぼくが心細くなったように、なんとなく不安になってくる人もいるかもしれない。自分の感じていることと、他の人の感じていることが同じであるという保証はどこにもない、と思うと、独りぼっちで置き去りにされたような気持ちがしてくるかもしれない。

結局、私たちは、一人一人別々の心をかかえ、相手のことなどわからないまま生きていくしかないのだろうか。つまり、人と人は、永遠に理解し合えないのだろうか。

（令和2年度版　教育出版　ひろがる言葉　小学国語　六下　11～12ページより
『ぼくの世界、君の世界』西研《にしけん》）

(1) 友達が腹痛《ふくつう》を起こした時、人は何を思い出しますか。　一つ6点

［□□］が経験してきた［□□□□□］。

(2) 「証明できない」とありますが、何を証明できないのですか。　一つ6点

［□□］がこれまでに感じてきた痛《いた》みと、［□□］が感じている痛《いた》みが［　　］こと。

(3) 「証明できない」のは、なぜですか。　一つ6点

自分が、［　　］の中に入りこんで、その人が見たり、感じたりしていることを［　　］することはできないから。

(4) この文章で筆者は、どんなことについて考察していますか。　8点

人と人は、［　　］のかということ。

国語

しあげテスト

全部できたら◎をかこう。まちがえた問題はやりなおして◎をめざそう！

1 漢字	
2 敬語《けいご》	
3 作文	
4 読みとり	
合計	点

名前

学習日　月　日

1 次の問題に答えましょう。

(1) ——の漢字の読みがなを書きましょう。〔一つ2点〕

① 日が暮れる。（　　）

② 卵を割《わ》る。（　　）

③ 展覧会へ行く。（　　）

④ 台風の対策。（　　）

(2) □に漢字を書きましょう。〔一つ3点〕

① □《つくえ》の上のノート。

② □《すがた》を見る。

③ □《げき》□《じょう》へ行く。

④ □《ひ》□《みつ》を守る。

2 次の問題に答えましょう。

(1) 次の文を、〈　〉内の敬語《けいご》を使った言い方に書きかえましょう。〔一つ3点〕

① 先生がケーキを食べる。〈尊敬語《そんけいご》〉（　　）

② 弟がケーキを食べる。〈けんじょう語〉（　　）

(2) 次の——の言い方は、ア ていねい語、イ 尊敬語《そんけいご》、ウ けんじょう語のどれですか。記号で答えましょう。〔一つ4点〕

① 先生の話をうかがう。（　　）

② 先生が家にいらっしゃる。（　　）

③ 必ず母に伝えます。（　　）

3 次の□に合うことばを［　］から選んで書きましょう。〔一つ3点〕

(1) プールに□（◀どのように）足をつけた。冷たくて□（◀どんなだ）。

［ぐらっと・気持ちよかった・暑かった・そっと］

(2) 明日は□（◀どんな）遠足だ。忘《わす》れ物《もの》がないように、リュックサックの中身を何度も□（◀どうした）。

［読んだ・楽しみな・元気な・確かめた］

くもんの夏休みドリル

小学6年生

別《べっ》冊《さつ》目《もく》次《じ》

しあげテスト

答え

1回 I like music.

学習日	得点
月　日	点

1 音声を聞いて，好きなものやできることをまねして言いましょう。 （言って20点）

I like music.
わたしは音楽が好きです。

I can play the piano.
わたしはピアノをひくことができます。

ポイント

I like ～. は「わたしは～が好きです」という表現。「～」にはスポーツ，教科，動物，食べ物，色など好きなものやことを表すことばを入れる。I can ～. は「わたしは～することができます」という表現。「～」には「走る」「泳ぐ」「…を演奏《えんそう》する」「…(スポーツ)をする」など，動作を表すことばを入れる。

2 音声を聞いて，内容と合う絵をそれぞれアとイから選んで（　　）に書きましょう。 （1つ10点）

(1)（　　）

ア 

イ 

(2)（　　）

ア 

イ 

(3)（　　）

ア 

イ 

(4)（　　）

ア 

イ 

3 音声を聞いて，まねして言いましょう。次に，もう一度言ってから書きましょう。 （1つ20点）

(1) I like music.

I like music.

(2) I can play the guitar.

このページに出てくる単語とフレーズ（好きなもの・できること）

① music（音楽）

② red（赤色）

③ yellow（黄色）

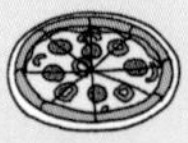
④ pizza（ピザ）

⑤ curry and rice（カレーライス）

⑥ play the piano（ピアノをひく）

⑦ swim（泳ぐ）

⑧ run（走る）

⑨ play badminton（バドミントンをする）

⑩ play the guitar（ギターをひく）

わくわく情報　インドで生まれたカレーだけど，日本にカレーがしょうかいされたのは明治時代。『西洋《せいよう》料理通《りょうりつう》』と『西洋料理指南《せいようりょうりしなん》』という本にカレーライスの作り方がのったんだよ。

英語 2回

I'm from Japan.

学習日 月 日

得点 点

55 ※教科書によって1学期に学習していないところもあります。

1 音声を聞いて，出身地のたずね方や答え方をまねして言いましょう。 （言って20点）

Where are you from?
あなたはどこの出身ですか。

I'm from Japan.
わたしは日本の出身です。

ポイント

Where are you from? は「あなたはどこの出身ですか」と出身地をたずねる表現。
自分の出身地を言うときは，I'm from ～. を使う。「～」に国の名前，地《ち》域名《いきめい》などを入れる。

2 音声を聞いて，内容と合う絵には○を，合わない絵には×を（　　）に書きましょう。 （1つ10点）

(1)（　　）

(2)（　　）

(3)（　　）

(4)（　　）

3 音声を聞いて，まねして言いましょう。次に，もう一度言ってから書きましょう。 （1つ20点）

(1) Where are you from?

Where are you from?

(2) I'm from Italy.

このページに出てくる単語（国の名前）

① Japan（日本）

② China（中国）

③ Spain（スペイン）

④ France（フランス）

⑤ Brazil（ブラジル）

⑥ Thailand（タイ）

⑦ India（インド）

⑧ Italy（イタリア）

わくわく情報　イギリスの正式な名前はとても長いんだ。「グレートブリテン及《およ》び北アイルランド連合王国」と言うよ。

I'm good at cooking.

学習日　月　日　　得点　点

54

1 音声を聞いて，得意なことをまねして言いましょう。

（言って 20 点）

I'm good at cooking.
わたしは料理が得意です。

I'm good at singing.
わたしは歌が得意です。

ポイント

I'm good at ～. は「わたしは～が得意です」と言うときに使う。「～」には「料理(すること)」「歌(うこと)」「サッカー(をすること)」など，動作を表す表現やスポーツの名前などを続ける。

2 音声を聞いて，内容と合う絵には○を，合わない絵には×を（　　）に書きましょう。

（1 つ 10 点）

(1)（　　）

(2)（　　）

(3)（　　）

(4)（　　）

3 音声を聞いて，まねして言いましょう。次に，もう一度言ってから書きましょう。

（1 つ 20 点）

(1) I'm good at skiing.

I'm good at skiing.

(2) I'm good at playing the guitar.

このページに出てくる単語とフレーズ（動作）

① cooking（料理〈をすること〉）

② singing（歌〈うこと〉）

③ swimming（水泳）

④ running（走ること）

⑤ speaking（話すこと）

⑥ drawing（〈絵を〉かくこと）

⑦ dancing（ダンス〈をすること〉）

⑧ playing tennis（テニスをすること）

⑨ playing basketball（バスケットボールをすること）

⑩ skiing（スキー〈をすること〉）

⑪ playing the guitar（ギターをひくこと）

わくわく情報　draw《ドゥロー》はえんぴつ，ペン，クレヨンなどを使って線で絵をかくことを表すよ。絵の具で絵をかくことはpaint《ペイント》と言うよ。

I get up at 7:00.

学習日 月 日　得点 点

53

1 音声を聞いて，一日の行動をまねして言いましょう。（言って20点）

What time do you get up?
あなたは何時に起きますか。

I get up at 7:00.
わたしは7時に起きます。

ポイント

What time do you ～？は「あなたは何時に～しますか」とたずねる文。「～」には「起きる」「朝食を食べる」など，1日の行動を表す表現を入れる。答えるときは，I ～ at 7:00. のように，時刻《じこく》を答える。時刻《じこく》は nine thirty (9:30) のように「～時～分」の順番で，数字を続けて言う。

2 音声を聞いて，内容と合う絵をそれぞれアとイから選んで（　　）に書きましょう。（1つ10点）

(1)（　　）

ア

イ

(2)（　　）

ア

イ

(3)（　　）

ア

イ

(4)（　　）

ア

イ

3 音声を聞いて，まねして言いましょう。次に，もう一度言ってから書きましょう。（1つ20点）

(1) What time do you go to bed?

What time do you go to bed?

(2) I go to bed at 9:30.

このページに出てくる単語とフレーズ（1日の行動，時刻《じこく》）

① get up（起きる）

② eat breakfast（朝食を食べる）

③ go to school（学校へ行く）

④ clean my room（部屋をそうじする）

⑤ do my homework（宿題をする）

⑥ take a bath（ふろに入る）

⑦ eat dinner（夕食を食べる）

⑧ go to bed（ねる）

⑨ 7:00（7時）

⑩ 9:30（9時30分）

わくわく情報　アメリカでは，学校へ行くときにスクールバスを利用する子が多いよ。特ちょう的な黄色い車体で，正面にSCHOOL《スクール》 BUS《バス》と書いてあるよ。

英語 5回

She is a teacher.

学習日	得点
月　日	点

52 ※教科書によって１学期に学習していないところもあります。

1 音声を聞いて，人をしょうかいする文をまねして言いましょう。 言って 20 点

This is Ms. Tanaka.
こちらは田中《たなか》さんです。
She is a teacher. She is kind.
かのじょは先生です。かのじょは親切です。

ポイント

This is ～. で「こちらは～です」と人をしょうかいすることができる。「～」には名前などを入れる。男性のことを説明するときは He is ～.，女性のことを説明するときは She is ～. と言う。「～」には職業や性格・様子などを表す英語を入れる。

2 音声を聞いて，内容と合う絵をア～エから選んで，(　　)に記号を書きましょう。 1 つ 10 点

(1) (　　)　(2) (　　)　(3) (　　)　(4) (　　)

ア 
イ 
ウ 
エ 

3 音声を聞いて，まねして言いましょう。次に，もう一度言ってから書きましょう。 1 つ 20 点

This is Mari.

(1) She is a figure skater.

She is a figure skater.

(2) She is cool.

職業，性格・様子を表す単語

① teacher (先生)

② baseball player (野球選手)

③ vet (じゅう医)

④ bus driver (バスの運転手)

⑤ police officer (警察官《けいさつかん》)

⑥ figure skater (フィギュアスケート選手)

⑦ soccer player (サッカー選手)

⑧ fire fighter (消防士)

⑨ kind (親切な)

⑩ cool (かっこいい)

⑪ brave (勇かんな)

⑫ active (活発な)

わくわく情報

「警察官《けいさつかん》」は，昔は policeman《ポリースマン》 と呼《よ》ばれていたけど，今は男女の区別なく police officer《ポリース オーフィサア》 と呼《よ》ぶよ。

英語 6回

We have New Year's Day in winter.

学習日		得点
月	日	点

51 ※教科書によって１学期に学習していないところもあります。

1 音声を聞いて，季節の行事や学校行事のしょうかいをまねして言いましょう。

言って 20 点

We have New Year's Day in winter.
冬には元日があります。

ポイント

We have ～. は「わたしたちは～があります」という意味。「～」には「元日」「ひな祭り」「七夕《たなばた》」などの行事や，「入学式」「運動会」などの学校行事を入れる。
そのあとに「in ＋季節」を続けると，「～(季節)に」という説明を加えることができる。

2 音声を聞いて，それぞれの人が説明している行事と季節を線でつなぎましょう。

1 つ 15 点

(1) Yuki

(2) Ken

(3) Saki

(4) Yuta

3 音声を聞いて，まねして言いましょう。次に，もう一度言ってから書きましょう。

20 点

We have Dolls' Festival in spring.

We have Dolls' Festival in spring.

このページに出てくる単語（行事，季節）

① New Year's Day
(元日)

② Star Festival
(七夕《たなばた》)

③ entrance ceremony
(入学式)

④ sports day
(運動会)

⑤ New Year's Eve
(大みそか)

⑥ Dolls' Festival
(ひな祭り)

⑦ spring
(春)

⑧ summer
(夏)

⑨ fall
(秋)

⑩ winter
(冬)

わくわく情報 日本では入学式はとても大事なイベントだけど，海外では少しちがうよ。アメリカやフランスでは入学式そのものがなくて，初日からいきなり授業なんだって！

I went to Kyoto.

学習日	得点
月　日	点

50 ※教科書によって１学期に学習していないところもあります。

1 音声を聞いて，夏休みにしたことをまねして言いましょう。

（言って 20 点）

I went to Kyoto.
わたしは京都へ行きました。

I saw temples.
わたしはお寺を見ました。

ポイント

I went to ～. で「わたしは～へ行きました」という意味。「～」には地名などを入れる。

- I saw ～.「わたしは～を見ました」
- I ate ～.「わたしは～を食べました」
- I enjoyed ～.「わたしは～を楽しみました」

2 音声を聞いて，内容と合う絵をそれぞれアとイから選んで（　　）に書きましょう。

（１つ 10 点）

(1)（　　）

ア 

イ 

(2)（　　）

ア 

イ 

(3)（　　）

ア 

イ 

(4)（　　）

ア 

イ 

3 音声を聞いて，まねして言いましょう。次に，もう一度言ってから書きましょう。

（１つ 20 点）

(1) I went to Osaka.

I went to Osaka.

(2) I saw a castle.

このページに出てくる単語（したこと）

① went（行った）

② saw（見た）

③ ate（食べた）

④ enjoyed（楽しんだ）

⑤ temple（寺）

⑥ horse（馬）

⑦ swimming（水泳）

⑧ ice cream（アイスクリーム）

⑨ juice（ジュース）

⑩ hiking（ハイキング）

⑪ fishing（つり）

⑫ castle（城）

わくわく情報　英語でjuice《ジュース》と言えるのは果汁《かじゅう》100%のものだけで，果汁《かじゅう》100%ではない果実飲料はdrink《ドゥリンク》と言うんだよ。

英語 8回

1学期のまとめ

49

学習日		得点
月	日	点

1 たく（Taku）のじこしょうかいを聞いて，＿＿＿にあてはまる語を（　）の中から選んで書きましょう。（1つ10点）

Hello. I am Taku.

(1) I'm from ＿＿＿＿＿.
(China / Japan)

(2) I'm good at ＿＿＿＿＿.
(running / playing tennis)

2 音声を聞いて，内容と合う絵をそれぞれアとイから選んで（　）に書きましょう。（1つ10点）

(1)（　）

ア

イ

(2)（　）

ア

イ

(3)（　）

ア

イ

(4)（　）

ア

イ

3 えみ（Emi）が夏休みの思い出を発表します。メモの内容に合うように，あてはまるものを［　］から選んで，＿＿＿に書きましょう。（1つ20点）

わたしの夏休み

- 北海道へ行った。
- アイスクリームを食べた。
- つりを楽しんだ。

My Summer Vacation

I went to Hokkaido.

(1) I ate ＿＿＿＿＿.

(2) I enjoyed ＿＿＿＿＿.

ice cream
juice
pizza
swimming
fishing
hiking

わくわく情報 世界中で人気のあるサッカー。アメリカではsoccer《サカァ》と言うけど，イギリスではfootball《フットボール》と言うんだよ。

算数 1回

分数のかけ算(1)

学習日　月　日　得点　点

1 計算をしましょう。

(1つ5点)

① $\frac{2}{3}\times\frac{4}{7}=\frac{2\times\boxed{4}}{3\times\boxed{7}}=\frac{\square}{\boxed{21}}$

② $\frac{3}{5}\times\frac{1}{2}=\frac{3\times\square}{5\times\square}=$

③ $\frac{1}{4}\times\frac{3}{5}=$

④ $\frac{1}{5}\times\frac{3}{7}=$

⑤ $\frac{3}{7}\times\frac{2}{5}=$

⑥ $\frac{3}{8}\times\frac{3}{5}=$

★ 2 計算をしましょう。(とちゅうで約分しましょう。)

(1つ7点)

① $\frac{3}{4}\times\frac{5}{6}=\frac{\overset{\boxed{1}}{\cancel{3}}\times 5}{4\times\underset{\boxed{2}}{\cancel{6}}}=\frac{\square}{8}$

② $\frac{2}{3}\times\frac{1}{4}=\frac{\overset{\square}{\cancel{2}}\times 1}{3\times\underset{\square}{\cancel{4}}}=$

③ $\frac{2}{5}\times\frac{3}{4}=$

④ $\frac{3}{4}\times\frac{4}{5}=\frac{3\times\overset{\square}{\cancel{4}}}{\underset{\square}{\cancel{4}}\times 5}=$

⑤ $\frac{1}{2}\times\frac{6}{7}=$

⑥ $\frac{5}{9}\times\frac{4}{5}=$

⑦ $\frac{4}{5}\times\frac{3}{8}=$

⑧ $\frac{5}{8}\times\frac{2}{3}=$

⑨ $\frac{5}{6}\times\frac{4}{7}=$

⑩ $\frac{3}{10}\times\frac{6}{7}=$

わくわく情報　スカンクのにおいはおならのせいじゃないよ。こう門の近くにくさい液を出す器官をもっていて，敵《てき》に向かってふん射《しゃ》するよ。

算数 2回

分数のかけ算(2)

学習日 月 日　得点 点

1 とちゅうで約分して，計算をしましょう。 （1つ5点）

① $\frac{1}{3}\times\frac{3}{4}=\frac{1}{\underset{1}{\cancel{3}}}\times\frac{\overset{1}{\cancel{3}}}{4}=$

② $\frac{2}{3}\times\frac{3}{4}=\frac{\overset{\boxed{1}}{\cancel{2}}}{\underset{1}{\cancel{3}}}\times\frac{\overset{1}{\cancel{3}}}{\underset{\boxed{2}}{\cancel{4}}}=$

③ $\frac{3}{5}\times\frac{5}{6}=\frac{\overset{\square}{\cancel{3}}}{\underset{1}{\cancel{5}}}\times\frac{\overset{1}{\cancel{5}}}{\underset{\square}{\cancel{6}}}=$

④ $\frac{3}{10}\times\frac{5}{12}=$

⑤ $\frac{3}{4}\times\frac{8}{15}=$

⑥ $\frac{7}{12}\times\frac{9}{14}=$

2 計算をしましょう。 （1つ7点）

① $\frac{2}{5}\times 2=\frac{2}{5}\times\frac{\boxed{2}}{1}=$

② $\frac{3}{5}\times 2=\frac{3}{5}\times\frac{\square}{1}=\frac{\square}{5}=\square\frac{\square}{5}$

③ $3\times\frac{2}{7}=$

④ $4\times\frac{2}{7}=$

3 計算をしましょう。（約分できるときは，とちゅうで約分しましょう。） （1つ7点）

① $\frac{1}{2}\times\frac{3}{4}=$

② $\frac{3}{2}\times\frac{3}{4}=\frac{\square}{8}=\square\frac{\square}{8}$

③ $\frac{3}{2}\times\frac{3}{5}=$

④ $\frac{1}{2}\times\frac{8}{5}=$

⑤ $\frac{3}{7}\times\frac{10}{9}=$

⑥ $6\times\frac{5}{4}=$

びっくりランキング　日本の鉄道トンネルで一番長いのは，北海道と青森県を結ぶ青函《せいかん》トンネルの 53.85 キロメートルだよ。

算数 3回

分数のかけ算(3)

学習日	得点
月　日	点

1 計算をしましょう。 (1つ6点)

① $1\frac{2}{5} \times \frac{3}{4} = \frac{\boxed{7}}{5} \times \frac{3}{4} =$

② $2\frac{1}{3} \times \frac{2}{5} =$

③ $\frac{3}{4} \times 1\frac{1}{8} = \frac{3}{4} \times \frac{\square}{8} =$

④ $2\frac{1}{2} \times 2\frac{1}{3} =$

⑤ $1\frac{3}{5} \times 2\frac{2}{3} =$

⑥ $4 \times 1\frac{2}{7} =$

2 とちゅうで約分して，計算をしましょう。 (1つ6点)

① $2\frac{1}{3} \times \frac{3}{4} = \frac{7}{\underset{1}{\cancel{3}}} \times \frac{\overset{1}{\cancel{3}}}{4} = \frac{\square}{4}$

$=$

② $3\frac{1}{2} \times 2\frac{1}{7} =$

③ $2\frac{1}{2} \times \frac{3}{5} =$

④ $\frac{7}{12} \times 1\frac{1}{2} =$

⑤ $1\frac{3}{4} \times 2\frac{2}{3} =$

⑥ $2\frac{2}{9} \times 1\frac{2}{5} =$

3 とちゅうで約分して，計算をしましょう。 (1つ7点)

① $2\frac{1}{4} \times \frac{2}{3} = \frac{\overset{\square}{\cancel{9}}}{\underset{2}{\cancel{4}}} \times \frac{\overset{\square}{\cancel{2}}}{\underset{1}{\cancel{3}}} = \frac{\square}{2}$

$=$

② $3\frac{3}{4} \times \frac{2}{3} =$

③ $1\frac{3}{4} \times 2\frac{2}{7} =$

④ $2\frac{2}{9} \times 1\frac{7}{8} =$

わくわく情報　コウモリが真っ暗やみの中でえものをつかまえたり，物にぶつからずに飛べるのは，ちょう音波を使って辺りを調べながら飛んでいるからだよ。

4回 分数のかけ算(4)

学習日		得点
月	日	点

1 1mの重さが$\frac{2}{5}$kgの鉄のぼうがあります。この鉄のぼう2mの重さは何kgですか。

（20点）

式　1mの重さ $\frac{2}{5}$ × 鉄のぼうの長さ 2 ＝ 全体の重さ □

答え（　　　）

2 1mの重さが$\frac{2}{3}$kgの鉄のぼうがあります。この鉄のぼう$\frac{4}{5}$mの重さは何kgですか。

（20点）

式

答え（　　　）

3 白いテープが$\frac{3}{4}$mあります。赤いテープは，その$\frac{5}{6}$倍です。赤いテープの長さは何mですか。

（20点）

式　白いテープ □ × 倍 □ ＝ 赤いテープ □

答え（　　　）

4 ゆうさんは，リボンを$\frac{9}{20}$m持っています。さらさんは，ゆうさんの$1\frac{2}{3}$倍持っています。さらさんは，リボンを何m持っていますか。

（20点）

式

答え（　　　）

☆ **5** ぶどうが$3\frac{1}{5}$kgあります。なしは，ぶどうの$\frac{5}{8}$倍あります。なしは何kgありますか。

（20点）

式

答え（　　　）

わくわく情報　ナミテントウの模様《もよう》は親からの遺伝《いでん》で決まる。200種類くらいが知られているけど，大きく4つのタイプに分けられるよ。

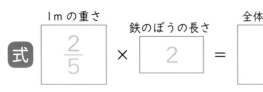

算数 5回

分数のわり算(1)

学習日　月　日　　得点　点

1 計算をしましょう。　（1つ5点）

① $\frac{3}{7} \div \frac{5}{6} = \frac{3}{7} \times \frac{\boxed{6}}{\boxed{5}} = \frac{\square}{35}$

② $\frac{2}{5} \div \frac{7}{9} = \frac{2}{5} \times \frac{\square}{7} =$

③ $\frac{5}{6} \div \frac{3}{7} =$

④ $\frac{2}{7} \div \frac{3}{8} =$

⑤ $\frac{5}{8} \div \frac{2}{7} =$

⑥ $\frac{7}{8} \div \frac{2}{3} =$

2 とちゅうで約分して，計算をしましょう。　（1つ7点）

① $\frac{2}{5} \div \frac{2}{7} = \frac{\overset{1}{\cancel{2}}}{5} \times \frac{7}{\underset{1}{\cancel{2}}} = \frac{\square}{5}$

$=$

② $\frac{3}{4} \div \frac{3}{7} =$

③ $\frac{7}{8} \div \frac{5}{8} =$

④ $\frac{4}{5} \div \frac{2}{3} =$

⑤ $\frac{1}{4} \div \frac{3}{8} =$

⑥ $\frac{1}{3} \div \frac{5}{6} =$

⑦ $\frac{5}{9} \div \frac{2}{3} =$

⑧ $\frac{7}{8} \div \frac{5}{6} =$

⑨ $\frac{2}{5} \div \frac{4}{7} =$

⑩ $\frac{6}{7} \div \frac{4}{5} =$

びっくりランキング

日本の大きな湖ベスト３は，１位琵《び》琶《わ》湖《こ》(滋《し》賀《が》県《けん》)約670平方キロメートル，２位霞《かすみ》ケ《が》浦《うら》(茨《いばら》城《き》県《けん》)約220平方キロメートル，３位サロマ湖(北海道《ほっかいどう》)約152平方キロメートルだよ。

算数 6回 分数のわり算(2)

学習日　月　日　　得点　点

1 とちゅうで約分して，計算をしましょう。　（1つ5点）

① $\frac{5}{21} \div \frac{4}{7} = \frac{5}{\cancel{21}_{3}} \times \frac{\cancel{7}^{1}}{4} =$

④ $\frac{9}{10} \div \frac{3}{4} =$

② $\frac{8}{21} \div \frac{2}{7} = \frac{\cancel{8}^{\square}}{\cancel{21}_{3}} \times \frac{\cancel{7}^{1}}{\cancel{2}_{\square}} = \frac{\boxed{4}}{3}$

$=$

⑤ $\frac{3}{5} \div \frac{9}{10} =$

③ $\frac{4}{5} \div \frac{8}{15} =$

⑥ $\frac{7}{12} \div \frac{14}{15} =$

2 計算をしましょう。　（1つ7点）

① $\frac{1}{7} \div 2 = \frac{1}{7} \div \frac{2}{\boxed{1}} = \frac{1}{7} \times \frac{\boxed{1}}{\boxed{2}}$

$=$

③ $3 \div \frac{1}{4} = \frac{3}{\boxed{1}} \times \frac{4}{1} =$

② $\frac{2}{3} \div 3 =$

④ $4 \div \frac{3}{5} =$

3 計算をしましょう。（約分できるときは，とちゅうで約分しましょう。）　（1つ7点）

① $\frac{5}{4} \div \frac{2}{3} =$

④ $\frac{8}{21} \div \frac{4}{7} =$

② $\frac{2}{3} \div \frac{5}{4} =$

⑤ $4 \div \frac{6}{5} =$

③ $\frac{4}{15} \div \frac{6}{5} =$

⑥ $\frac{5}{3} \div \frac{1}{6} =$

わくわく情報　空が青いのは，太陽の光の中の青い光が空気のつぶにぶつかって飛び散るからだよ。

算数 7回

分数のわり算(3)

学習日　月　日　得点　点

1 計算をしましょう。　(1つ5点)

① $\frac{4}{3} \div \frac{3}{5} =$

② $1\frac{3}{4} \div \frac{2}{3} = \frac{\boxed{7}}{4} \div \frac{2}{3} =$

③ $1\frac{1}{2} \div \frac{5}{7} = \frac{\square}{2} \div \frac{5}{7} =$

④ $1\frac{5}{8} \div 2\frac{1}{3} = \frac{\square}{8} \div \frac{\square}{3} =$

⑤ $2\frac{1}{2} \div 3 =$

⑥ $5 \div 1\frac{2}{7} =$

2 とちゅうで約分して，計算をしましょう。　(1つ7点)

① $2\frac{1}{3} \div \frac{4}{9} = \frac{\boxed{7}}{3} \div \frac{4}{9}$

$= \frac{7}{\cancel{3}_{\square}} \times \frac{\cancel{9}^{\square}}{4} =$

② $2\frac{2}{7} \div \frac{8}{9} =$

③ $2\frac{1}{4} \div \frac{3}{4} =$

④ $\frac{2}{3} \div 1\frac{1}{6} =$

⑤ $1\frac{3}{7} \div 1\frac{1}{4} =$

⑥ $2\frac{1}{3} \div \frac{14}{15} =$

☆ 3 とちゅうで約分して，計算をしましょう。　(1つ7点)

① $1\frac{1}{8} \div \frac{3}{4} =$

② $\frac{4}{5} \div 1\frac{3}{5} =$

③ $1\frac{5}{9} \div 1\frac{1}{6} =$

④ $6 \div 2\frac{1}{4} =$

わくわく情報　1 馬力《ばりき》は 75 キログラムの物を，1 秒間に 1 メートル動かすことができる力の大きさのことだよ。

算数 8回

分数のわり算(4)

学習日　月　日　得点　点

1 リボンが 7m あります。$\frac{1}{6}$m ずつ切り取ると，リボンは何本できますか。(20点)

式　リボンの長さ 7 ÷ 1本分の長さ $\frac{1}{6}$ = 本数 □

答え（　　　）

2 ひもが$\frac{2}{3}$m あります。$\frac{2}{15}$m ずつ切り取ると，ひもは何本できますか。(20点)

式

答え（　　　）

3 牛にゅうが$\frac{6}{7}$L，ジュースが$\frac{15}{14}$L あります。牛にゅうは，ジュースの何倍ありますか。(20点)

式　牛にゅうの量 □ ÷ ジュースの量 □ = ジュースの何倍 □

答え（　　　）

4 白いねん土が $1\frac{1}{5}$kg，赤いねん土が$\frac{4}{5}$kg あります。白いねん土は，赤いねん土の何倍ありますか。(20点)

式

答え（　　　）

☆ **5** 水がバケツに $2\frac{6}{7}$L，やかんに $1\frac{11}{14}$L 入っています。バケツに入っている水の量は，やかんに入っている水の量の何倍ですか。(20点)

式

答え（　　　）

びっくりランキング　日本の自動車道路のトンネルで一番長いのは，首都高速道路にある山手トンネル（18.2キロメートル）だよ。

分数と小数の計算

学習日　月　日　得点　点

1 小数を分数になおして計算をしましょう。　（1つ6点）

① $0.1\times\frac{1}{2}=\frac{\square}{10}\times\frac{1}{2}=$

② $0.3\times\frac{4}{5}=$

③ $0.2\times\frac{4}{7}=\frac{\square}{5}\times\frac{4}{7}=$

④ $0.4\times\frac{5}{9}=\frac{\square}{5}\times\frac{5}{9}=$

⑤ $\frac{3}{14}\times0.5=\frac{3}{14}\times\frac{\square}{2}=$

⑥ $1\frac{2}{3}\times0.2=$

⑦ $\frac{7}{6}\times0.9=$

⑧ $\frac{2}{5}\times0.25=\frac{2}{5}\times\frac{\square}{4}=$

2 小数を分数になおして計算をしましょう。　（①〜④1つ6点，⑤〜⑧1つ7点）

① $0.7\div\frac{2}{3}=\frac{\square}{10}\div\frac{2}{3}$

$=$

② $0.9\div\frac{1}{2}=$

③ $0.2\div\frac{3}{4}=$

④ $0.5\div\frac{2}{5}=$

⑤ $\frac{11}{20}\div0.3=$

⑥ $\frac{2}{5}\div0.8=\frac{2}{5}\div\frac{\square}{5}$

$=$

⑦ $\frac{3}{5}\div0.4=$

⑧ $\frac{7}{8}\div0.25=$

わくわく情報　冷たい物にさわると痛《いた》く感じることがある。体を守るために，痛《いた》みの感覚も働くからだといわれているよ。

線対称《せんたいしょう》と点対称《てんたいしょう》(1)

学習日　月　日　得点　点

1 二つに折ると，ぴったり重なる形を**線対称《せんたいしょう》な形**といいます。下の図で，線対称《せんたいしょう》な形を全部選んで記号で答えましょう。　（全部できて 20 点）

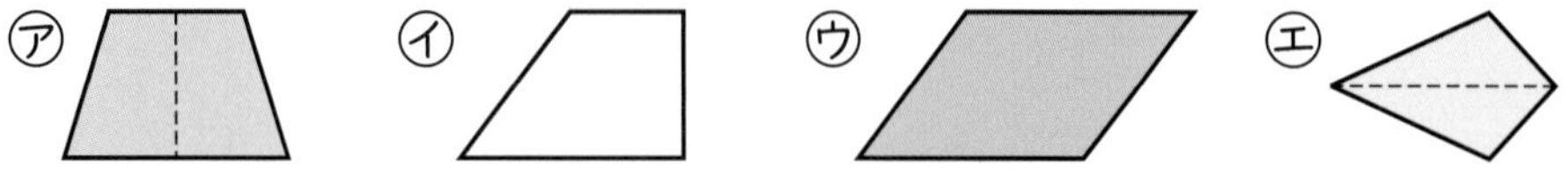

（　　　　）

2 線対称《せんたいしょう》な形では，折り目にあたる直線を対称《たいしょう》の軸《じく》といいます。下の図は，線対称《せんたいしょう》な形です。　（1つ 10 点）

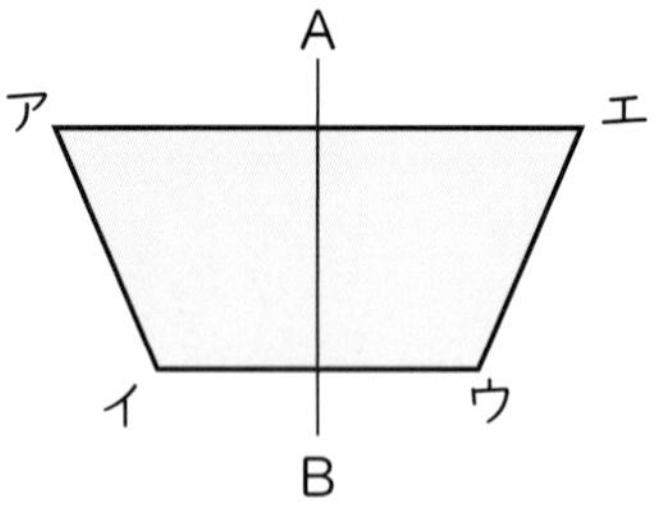

対称《たいしょう》の軸《じく》で二つに折ったとき重なりあう点や辺や角を，対応する点，対応する辺，対応する角という。

① 点アに対応する点はどれですか。

（　点　エ　）

② 辺アイに対応する辺はどれですか。

（　辺　　）

③ 角ウに対応する角はどれですか。

（　角　　）

④ 対称《たいしょう》の軸《じく》はどれですか。

（　直線　　）

3 下の図は，直線 AB《エービー》を対称《たいしょう》の軸《じく》とする線対称《せんたいしょう》な形です。　（1つ 10 点）

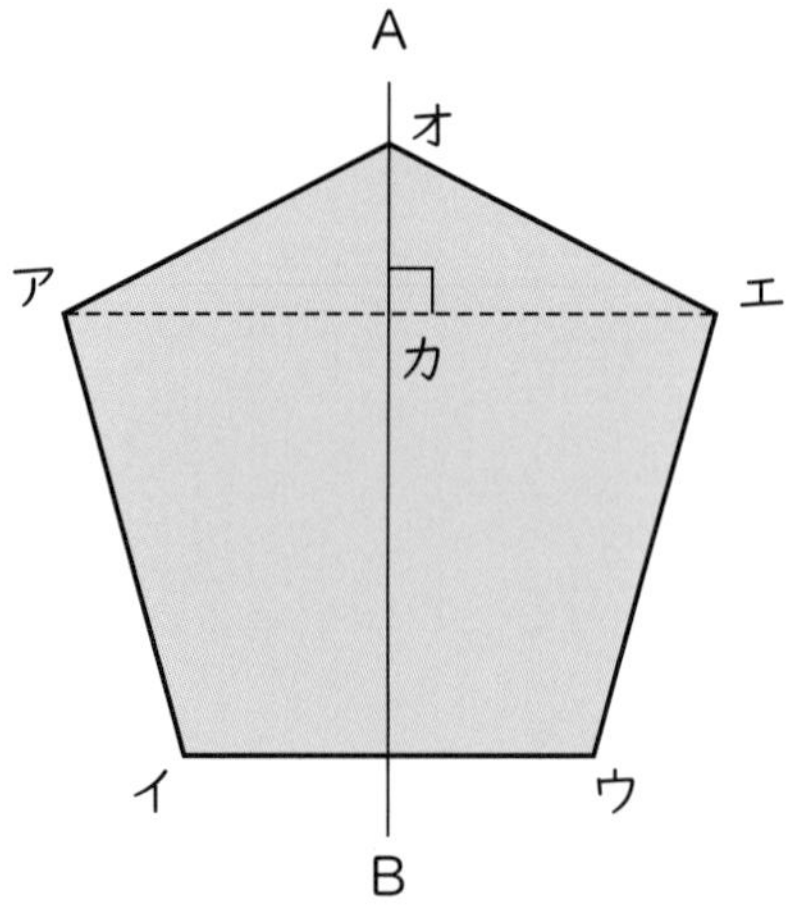

① 直線アエと対称《たいしょう》の軸《じく》 AB《エービー》は何度で交わっていますか。

（　　　　）

② 辺アイと長さの等しい辺はどれですか。

（　　　　）

③ 直線アカと直線エカの長さはどうなっていますか。

（　　　　）

④ 角イと大きさの等しい角はどれですか。

（　　　　）

わくわく情報　運動した後，心臓《しんぞう》がドキドキするのは，酸素をふくんだ血液を体中にたくさん送るためだよ。

線対称《せんたいしょう》と点対称《てんたいしょう》(2)

学習日　月　日　得点　点

1 点O《オー》を中心にして180°回転させると，もとの形とぴったり重なる形を**点対称《てんたいしょう》な形**といいます。下の図で，点対称《てんたいしょう》な形を全部選んで記号で答えましょう。（全部できて20点）

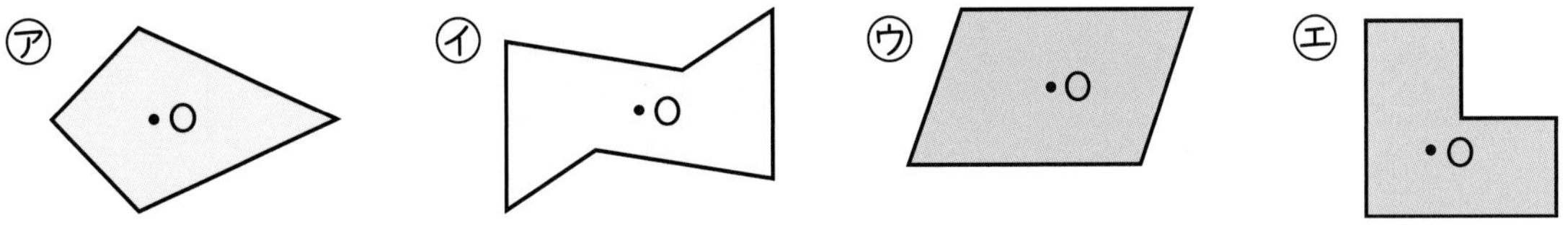

（　　　　　）

2 点対称《てんたいしょう》な形では，回転の中心となる点を対称《たいしょう》の中心といいます。下の図は，点対《てんたい》称《しょう》な形です。（1つ10点）

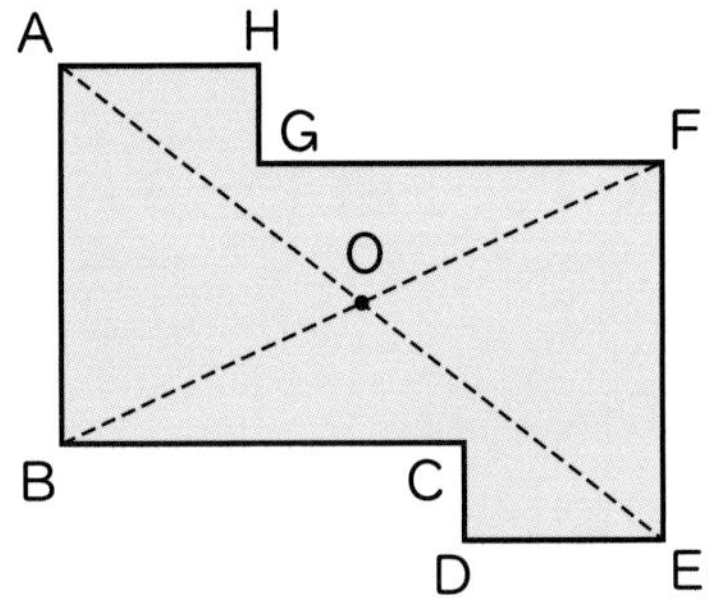

対応する点をむすんだ直線は，対称《たいしょう》の中心を通る。

① 点A《エー》に対応する点はどれですか。（点　E　）

② 辺AB《エービー》に対応する辺はどれですか。（辺　　）

③ 角B《ビー》に対応する角はどれですか。（角　　）

④ 対称《たいしょう》の中心はどれですか。（点　　）

3 下の図は，点O《オー》を対称《たいしょう》の中心とする点対称《てんたいしょう》な形です。（1つ10点）

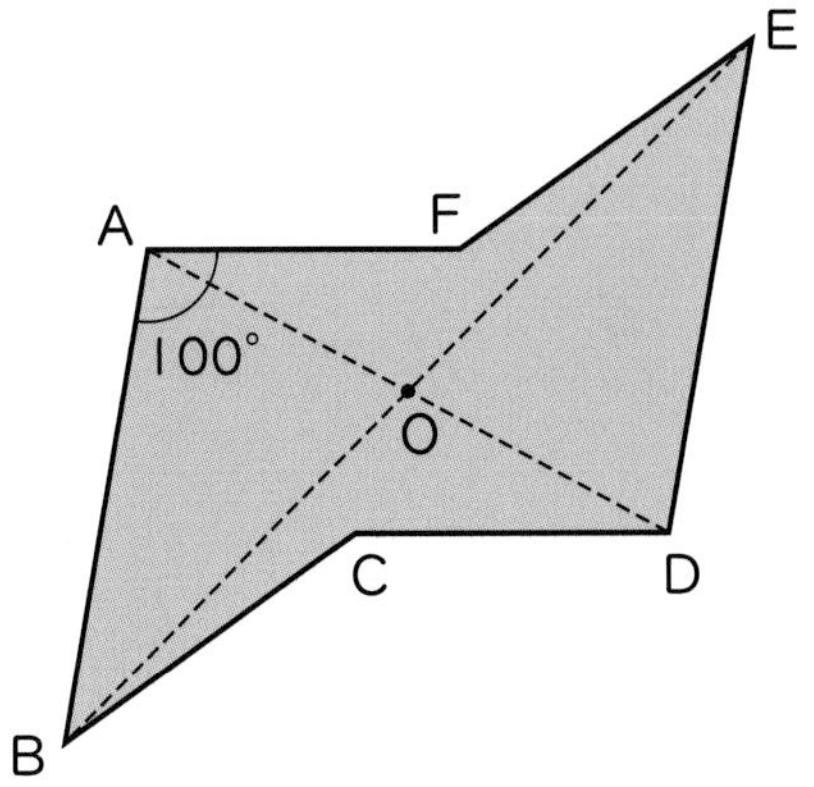

点対称《てんたいしょう》な形では，対称《たいしょう》の中心から対応する点までの長さは等しい。

① 直線AD《エーディー》と直線BE《ビーイー》が交わる点を何といいますか。（　　　　）

② 直線OB《オービー》と直線OE《オーイー》の長さはどうなっていますか。（　　　　）

③ 直線OA《オーエー》と長さの等しい直線はどれですか。（直線　　）

④ 角A《エー》は100°です。角D《ディー》は何度ですか。（　　　　）

びっくりランキング
世界一大きなカニはタカアシガニ。おすは足を広げると3メートル以上もある。

算数 12回

線対称《せんたいしょう》と点対称《てんたいしょう》(3)

学習日　月　日　　得点　点

1 下の図は，線対称《せんたいしょう》な形です。対称《たいしょう》の軸《じく》をかき入れましょう。　(1つ10点)

①

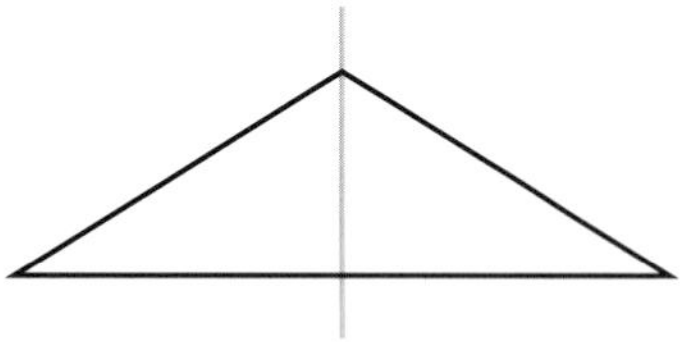

②

2 下の図は，点対称《てんたいしょう》な形です。　(1つ10点)

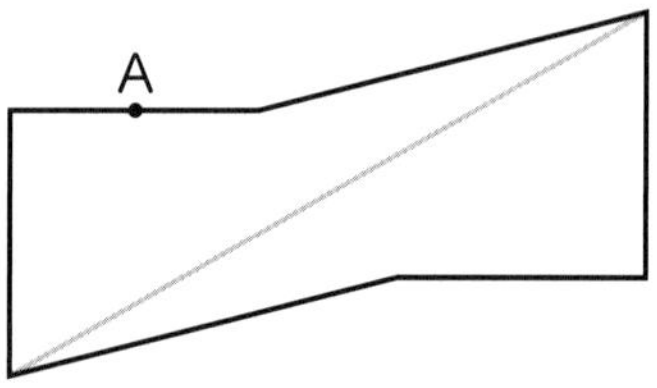

① 対応する点をむすんで，対称《たいしょう》の中心O《オー》をかき入れましょう。

② 点A《エー》に対応する点B《ビー》をかき入れましょう。

3 下の図は，直線AB《エービー》を対称《たいしょう》の軸《じく》とした線対称《せんたいしょう》な形の半分です。**手順1～3**にそって，線対称《せんたいしょう》な形を完成させましょう。　(1つ15点)

(手順1)　それぞれの頂点《ちょうてん》から対称《たいしょう》の軸《じく》に垂直《すいちょく》な直線をひく。

(手順2)　対応する頂点《ちょうてん》を決める。　**(手順3)**　頂点《ちょうてん》を順にむすぶ。

①

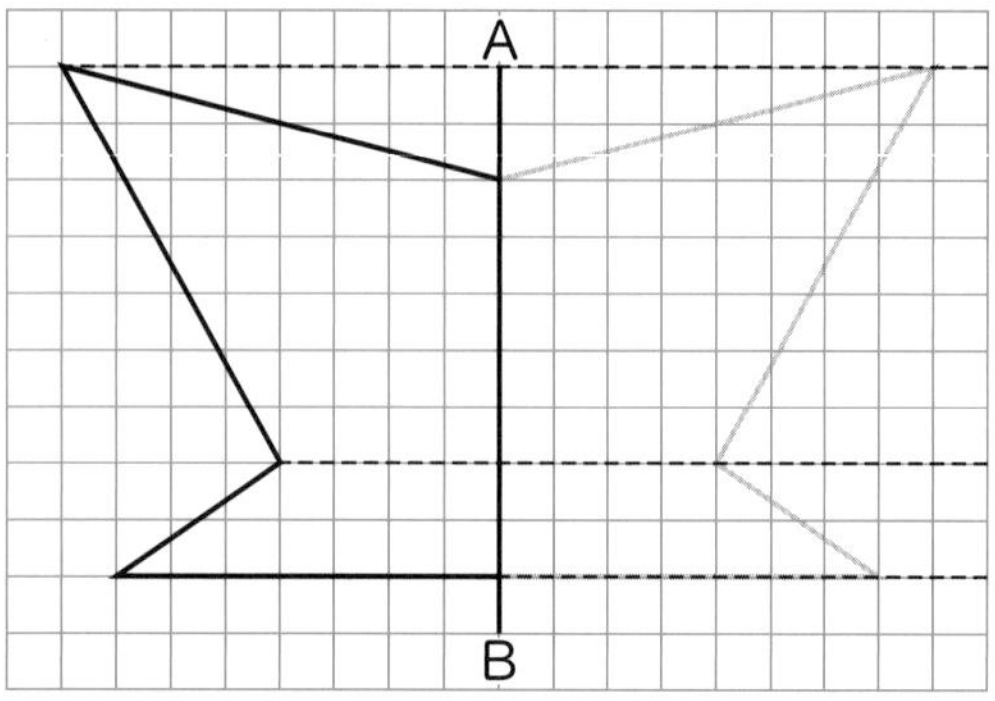

②

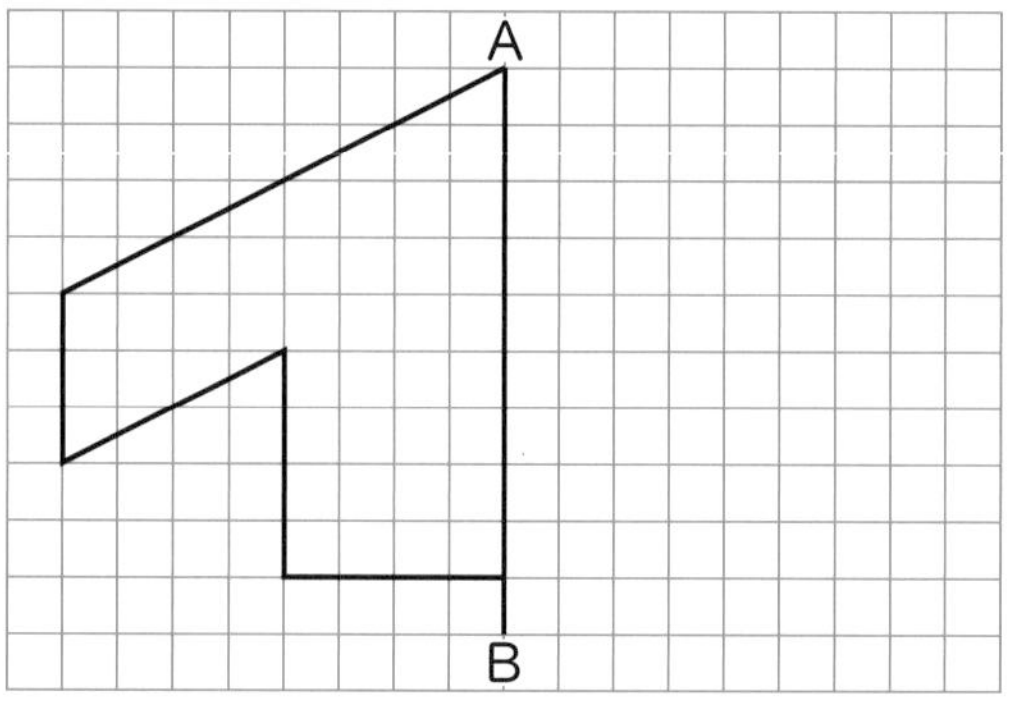

4 下の図は，点O《オー》を対称《たいしょう》の中心とした点対称《てんたいしょう》な形の半分です。**手順1～3**にそって，点対称《てんたいしょう》な形を完成させましょう。　(1つ15点)

(手順1)　それぞれの頂点《ちょうてん》と対称《たいしょう》の中心を通る直線をひく。

(手順2)　対応する頂点《ちょうてん》を決める。**(手順3)**　頂点《ちょうてん》を順にむすぶ。

①

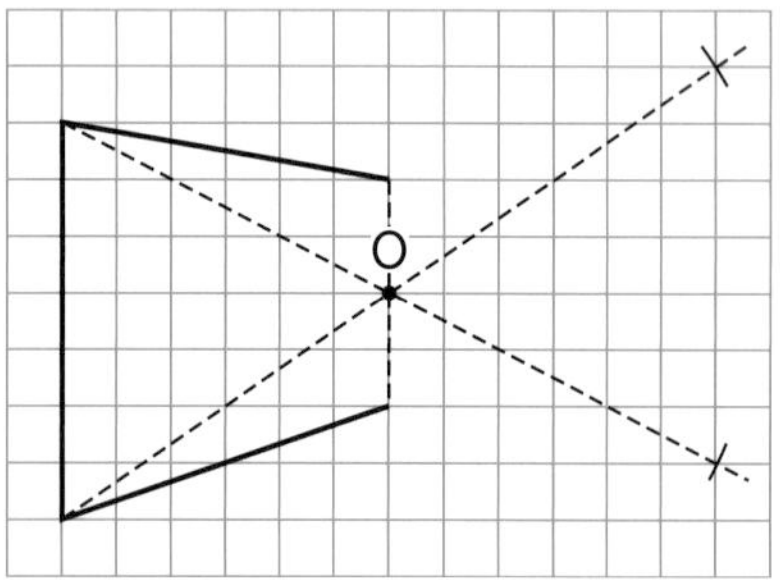

②

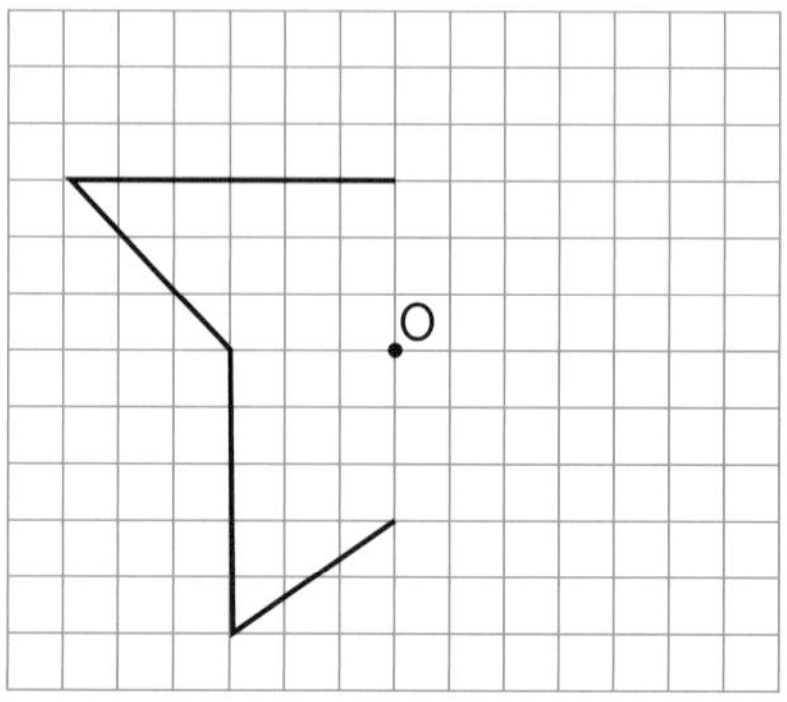

わくわく情報　太陽系から一番近い恒星《こうせい》はケンタウルス座《ざ》のα《アルファ》星で，約4.2光年のところにあるよ。(日本からは見えません。)

算数 13回

文字と式(1)

学習日　月　日　得点　点

1 シールを何まいか持っています。14 まいもらったので，50 まいになりました。持っていたシールのまい数を x《エックス》 まいとして，全部のまい数を求める式を書きます。□にあてはまる数を書きましょう。（14点）

$x +$ □ = □

2 同じねだんのパンを 7 個買って，代金を 630 円はらいました。パン 1 個のねだんを x《エックス》 円として，代金を求める式を書きます。□にあてはまる数を書きましょう。（14点）

$x \times$ □ = □

3 x《エックス》 の表す数を求める計算で，□にあてはまる数を書きましょう。（1問全部できて 14点）

① $x + 18 = 41$

$x = 41 -$ □

$x =$ □

② $x - 25 = 75$

$x = 75 +$ □

$x =$ □

③ $x \times 8 = 32$

$x = 32 \div$ □

$x =$ □

④ $x \div 5 = 1.4$

$x = 1.4 \times$ □

$x =$ □

☆

4 横 9cm，面積が 54cm^2 の長方形があります。この長方形のたての長さは何 cm ですか。たての長さを x《エックス》 cm として式に表し，答えを求めましょう。（16点）

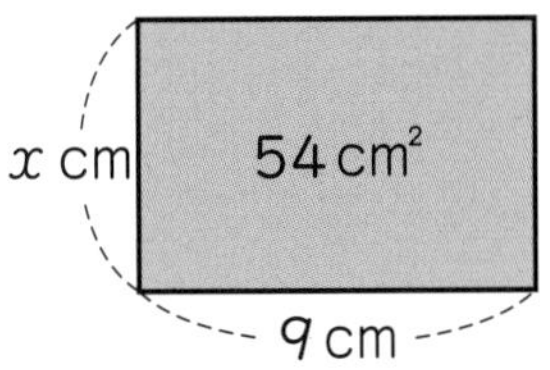

式

答え（　　　　）

わくわく情報　太陽は 50 億年後には今の 200 倍にふくらんで，水星や金星を飲みこんでしまうと言われているよ。

算数 14回

文字と式(2)

学習日 月 日 ｜ 得点 点

1 x《エックス》とy《ワイ》の関係を式に表しましょう。 （1問全部できて12点）

① 20gの入れものに，さとうをx《エックス》g入れます。合計の重さはy《ワイ》gです。

式 □ + x = y

② 色紙がx《エックス》まいあります。16まい使ったので，残りはy《ワイ》まいです。

式 □ − □ = □

③ 底辺x《エックス》cm，高さ7cmの平行四辺形があります。面積はy《ワイ》cm^2です。

式

④ x《エックス》Lの水を同じ量ずつ8個のコップに入れました。コップ1個の水の量はy《ワイ》Lです。

式

★ **2** 下の正三角形について答えましょう。 （1つ13点）

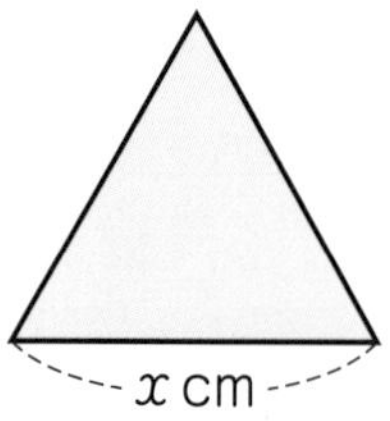

① 1辺の長さをx《エックス》cm，まわりの長さをy《ワイ》cmとして，まわりの長さを求める式を書きましょう。

式

② ①の式で，x《エックス》が次の値《あたい》のとき，対応するy《ワイ》の値《あたい》を求めましょう。

㋐ 7 （　　　　）　　㋑ 8 （　　　　）

③ y《ワイ》の値《あたい》が27のとき，対応するx《エックス》の値《あたい》を求め，1辺の長さを答えましょう。

式

答え（　　　　）

びっくりランキング

世界で一番古い木造の建築物は，奈良県《ならけん》にある法隆寺《ほうりゅうじ》。607年に聖徳太子《しょうとくたいし》(厩戸王《うまやどのおう》)によって建てられたと言われているよ。

算数

15回 円の面積

学習日　　月　　日　　得点　　点

1 次のような円の面積は何 cm^2 ですか。（1つ12点）

①

式　半径 [1] × 半径 [1] × (円周率) [3.14]

=

答え（　　　　）

②
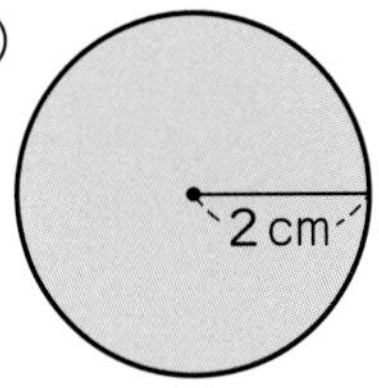

式

答え（　　　　）

③
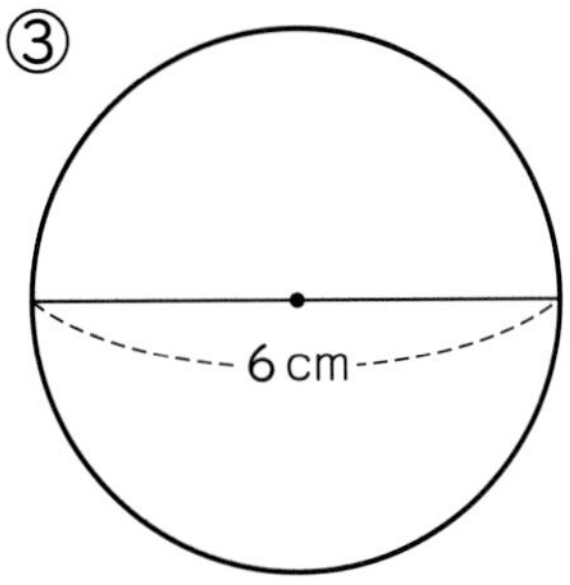

式

答え（　　　　）

2 次のような形の面積は何 cm^2 ですか。（1つ16点）

① （円の$\frac{1}{2}$の形）

式　1×1×3.14÷2=

答え（　　　　）

② （円の$\frac{1}{2}$の形）
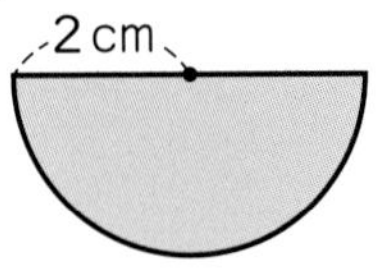

式

答え（　　　　）

③ （円の$\frac{1}{4}$の形）
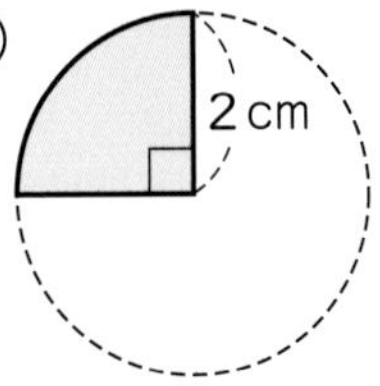

式

答え（　　　　）

④ （円の$\frac{1}{4}$の形）
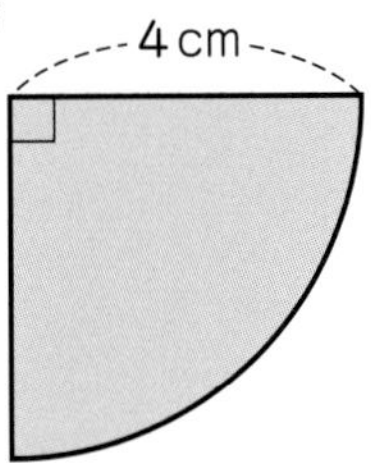

式

答え（　　　　）

わくわく情報　月には大気がほとんどないので，昼は 110 度くらい，夜はれい下 170 度くらいになるよ。

比(1)

学習日　月　日　　得点　点

1 次の問題に答えましょう。（1つ6点）

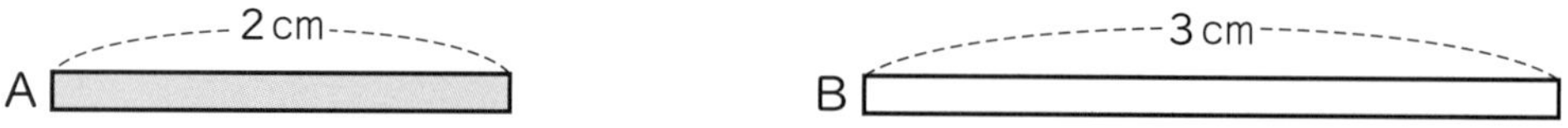

① 1cmを1とみると，A《エー》の長さはいくつとみることができますか。　（ 2 ）

② 1cmを1とみると，B《ビー》の長さはいくつとみることができますか。　（　　）

③ A《エー》とB《ビー》の長さの割合《わりあい》を比（A《エー》の長さ：B《ビー》の長さ）で表しましょう。

（　　：　　）

2 次の2つの量の比を書きましょう。（1つ7点）

①

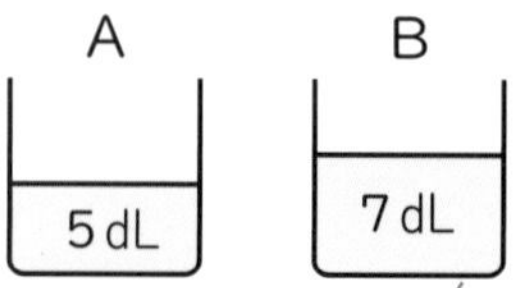

A《エー》とB《ビー》の量の比　（　　：　　）

②

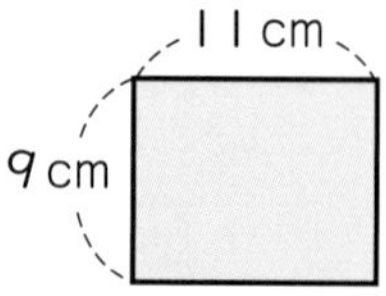

たてと横の長さの比　（　　：　　）

3 次の問題に答えましょう。（1つ8点）

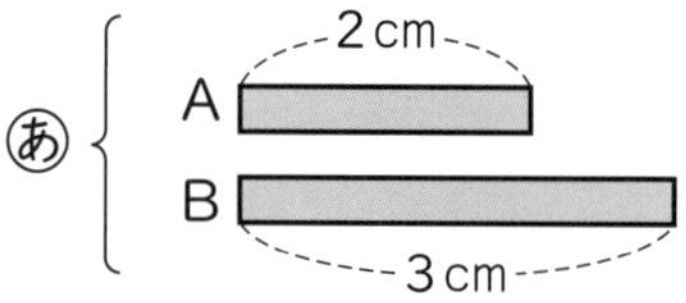

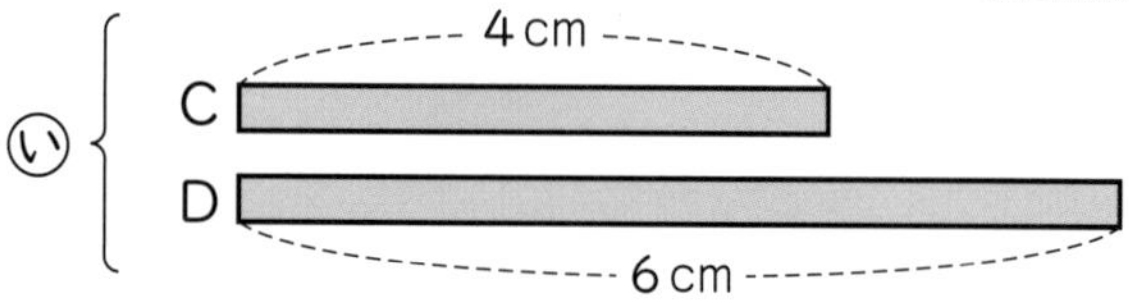

① 1cmを1とみたときの長さの比をそれぞれ書きましょう。

あ　A：B（　　：　　）　　い　C：D（　　：　　）

② いで，2cmを1とみたときの長さの比を書きましょう。

い　C：D（ 2 ：　　）

③ あといの比は等しいですか，等しくないですか。　（　　）

4 等しい比になるように，□にあてはまる数を書きましょう。（1つ9点）

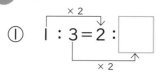

① 1：3＝2：□　（×2，×2）

③ 3：9＝1：□　（÷3，÷3）

② 2：5＝4：□

④ 6：8＝3：□

わくわく情報　あく手の習慣が始まったのはヨーロッパ。武器を持っていないことを相手に示すためにあく手したんだよ。

17回 比(2)

学習日　　月　　日　　得点　　点

1 次の問題に答えましょう。（1つ5点）

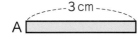

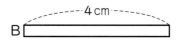

① A《エー》とB《ビー》の長さの比を書きましょう。（　　　）

② B《ビー》を１とみたとき，A《エー》はいくつになりますか。（ $\frac{}{4}$ ）

③ B《ビー》を１とみたときのA《エー》の割合《わりあい》を３：４の**比の値**《あたい》といいます。
３：４の比の値《あたい》を求めましょう。

（比）３：４　（比の値《あたい》）３÷４＝$\frac{\square}{\square}$

2 次の比の値《あたい》を求めましょう。（約分できるときは約分しましょう。）（1つ6点）

①　１：３（ $\frac{1}{3}$ ）　②　１：４（　　）　③　１：７（　　）

④　４：６（ $\frac{}{3}$ ）　⑤　９：12（　　）　⑥　８：３（　　）

3 次の問題に答えましょう。（1つ7点）

①　それぞれの比の値《あたい》を求めましょう。（約分できるときは約分しましょう。）

㋐　２：３（　　）　㋑　６：９（　　）

②　㋐と㋑の比の値《あたい》は等しいですか，等しくないですか。（　　　）
（比の値《あたい》が等しくなっている比は，**等しい比**といいます。）

☆

4 等しい比で，もっとも小さい整数の比になおすことを**比をかんたんにする**といいます。次の比をかんたんにしましょう。（1問全部できて7点）

①　２：６＝１：□（÷２，÷２）

②　12：16＝３：□

③　６：４＝□：□

④　0.4：0.8＝４：８＝□：□（×10，×10）

データの活用(1)

学習日　月　日　得点　点

1 下の表は，A《エー》スーパーとB《ビー》スーパーで買ってきたじゃがいも１ふくろに入っていたじゃがいもの重さをそれぞれ量ったものです。次の問題に答えましょう。

（1つ20点）

じゃがいもの重さ (g)

Aスーパー	51	38	49	42	37	55	43
Bスーパー	49	53	62	33	50	40	35

① A《エー》スーパーのじゃがいもの重さの平均値《へいきんち》を求めましょう。

式

答え（　　　）

② B《ビー》スーパーのじゃがいもの重さの平均値《へいきんち》を求めましょう。

式

答え（　　　）

2 下の資料は，6年1組のソフトボール投げの成績を記録したものです。次の問題に答えましょう。

（1つ20点）

きょり (m)

① 28	② 14	③ 30	④ 30	⑤ 22	⑥ 33	⑦ 16	⑧ 35	⑨ 29	⑩ 12
⑪ 16	⑫ 21	⑬ 25	⑭ 20	⑮ 14	⑯ 30	⑰ 19	⑱ 13	⑲ 14	⑳ 10
㉑ 34	㉒ 28	㉓ 9	㉔ 35	㉕ 17	㉖ 14	㉗ 25			

① ドットプロットに表しましょう。

ドットプロットとは，数直線の上に，データをドット(点)で表した図のこと。

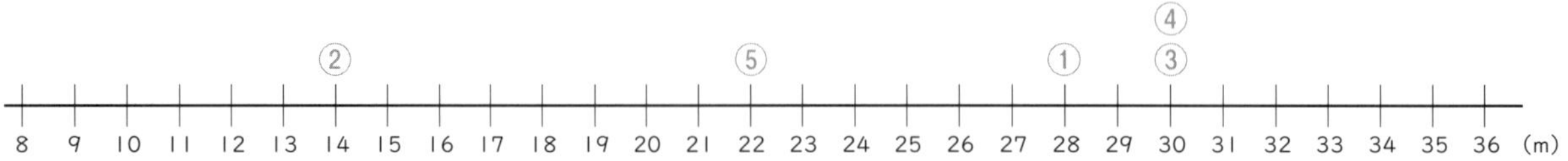

② 最頻値《さいひんち》を求めましょう。

最頻値《さいひんち》とは，データの中で最も多い値《あたい》のこと。

（　　　）

③ 中央値《ちゅうおうち》を求めましょう。

中央値《ちゅうおうち》とは，データを大きさの順に並《なら》べたときの中央(真ん中)の値《あたい》のこと。

（　　　）

わくわく情報　血の中の血しょう板は，けがをしたときに，傷口《きずぐち》をふさぐ役目をするよ。

算数 19回

データの活用(2)

学習日	得点
月　日	点

1 下の表は，6年1組の昨日のすいみん時間を調べて整理したものです。次の問題に答えましょう。 (1つ20点)

昨日のすいみん時間

すいみん時間（時間）	人数（人）
5以上～　6未満	3
6　～　7	7
7　～　8	9
8　～　9	8
9　～10	2
10　～11	1
合計	㋐

（表の左：階級《かいきゅう》　表の右：度数《どすう》）

昨日のすいみん時間

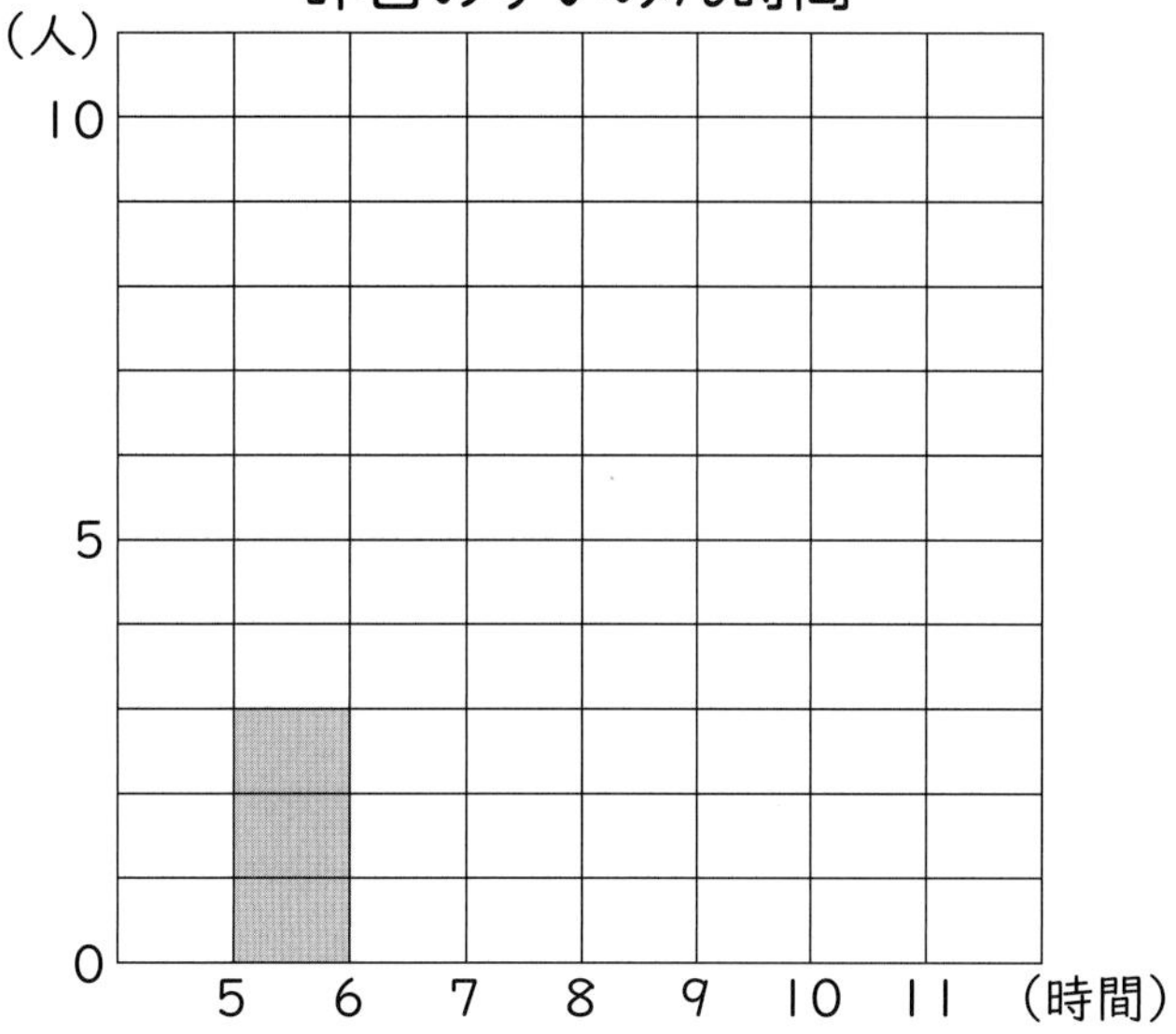

① 表の㋐にあてはまる，度数《どすう》の合計を求めましょう。

（　　　　人）

② すいみん時間のようすを，上の柱状グラフ（ヒストグラム）で表しましょう。

③ 5時間以上6時間未満の階級《かいきゅう》の度数《どすう》はいくつですか。また，その割合《わりあい》は，全体の度数《どすう》の何％ですか。

（　　　　人，　　　　％）

④ 度数《どすう》がいちばん多いのは，どの階級《かいきゅう》ですか。また，その割合《わりあい》は，全体の度数《どすう》の何％ですか。

（　　　　時間以上　　　　時間未満，　　　　％）

★⑤ 8時間以上の階級《かいきゅう》の度数《どすう》を求めましょう。

（　　　　人）

わくわく情報　地上から1万メートルくらいの高さまでは，千メートル高くなるごとに約6度ずつ気温が低くなるよ。

場合の数

学習日　　月　　日　　得点　　点

1 あかねさんとゆきさんがじゃんけんをします。次の問題に答えましょう。

(1つ20点)

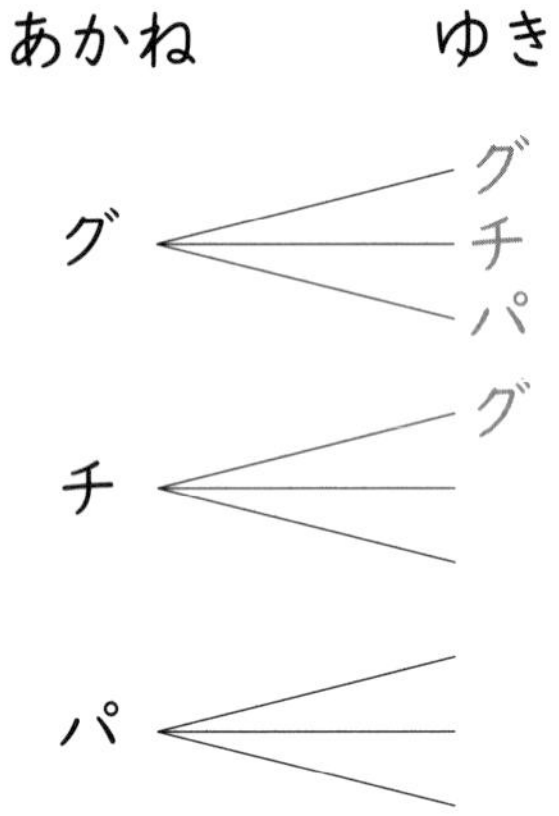

① 2人の手(グー・チョキ・パー)の出し方を，左の図にかいてまとめます。図の続きをかきましょう。
※グーをグ，チョキをチ，パーをパと表しましょう。

② 2人の手の出し方は，全部で何通りありますか。

(　　　　通り)

2 ゆうとさん，あきらさん，かずきさんの3人でリレーのチームをつくります。次の問題に答えましょう。

(1つ20点)

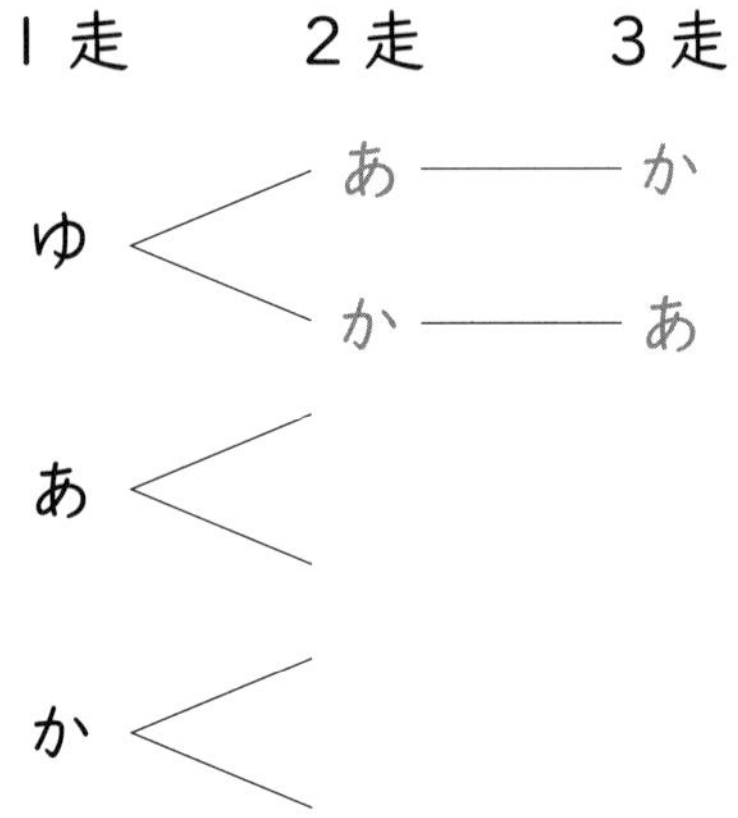

① 3人が走る順番を左の図にかいてまとめます。図の続きをかきましょう。
※ゆうとさんをゆ，あきらさんをあ，かずきさんをかと表しましょう。

② ゆうとさんが3走目になる順番は，何通りありますか。

(　　　　通り)

★3 A《エー》，B《ビー》，C《シー》，D《ディー》の4チームでサッカーの試合をします。どのチームもちがうチームと1回ずつ試合をします。どんな組み合わせがありますか。組み合わせを表す下の表を見て，全部の場合を書きましょう。

(20点)

	A	B	C	D
A		A-B	A-C	A-D
B	B-A		B-C	B-D
C	C-A	C-B		C-D
D	D-A	D-B	D-C	

(A-B,　　　　)

わくわく情報　カンガルーの赤ちゃんは，生まれたときにはたったの1グラムほどの重さで，そのままお母さんのふくろの中で，お乳《ちち》を飲みながら約8か月間過ごすよ。

1学期のまとめ(1)

学習日 月 日 得点 点

1 計算をしましょう。 (1つ6点)

① $\frac{1}{5}\times\frac{3}{4}=$

② $\frac{5}{6}\times\frac{9}{10}=$

③ $2\times\frac{3}{14}=$

④ $\frac{3}{4}\times1\frac{1}{5}=$

⑤ $\frac{5}{12}\times\frac{9}{10}=$

⑥ $2\frac{1}{7}\times3\frac{1}{9}=$

2 計算をしましょう。 (1つ6点)

① $\frac{3}{7}\div\frac{4}{5}=$

② $1\frac{5}{9}\div2\frac{1}{3}=$

③ $\frac{4}{5}\div1\frac{3}{10}=$

④ $\frac{8}{11}\div4=$

⑤ $2\frac{2}{9}\div\frac{5}{6}=$

⑥ $\frac{3}{4}\div1\frac{1}{8}=$

3 同じねだんのノートを７さつ買って，代金を840円はらいました。このノート１さつのねだんは何円ですか。ノート１さつのねだんを x《エックス》 円として式に表し，答えを求めましょう。 (8点)

式

答え(　　　　)

4 方眼紙の目もりを利用して，次の形をかきましょう。 (1つ10点)

① 直線AB《エービー》を対称《たいしょう》の軸《じく》とした線対称《せんたいしょう》な形

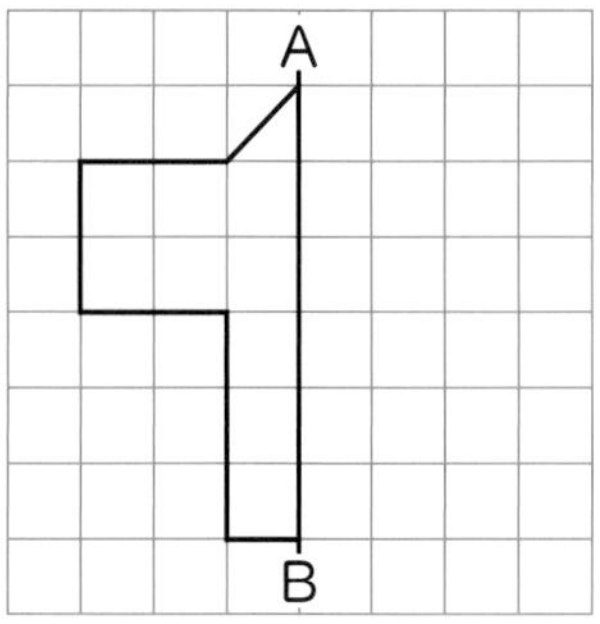

② 点O《オー》を対称《たいしょう》の中心とした点対称《てんたいしょう》な形

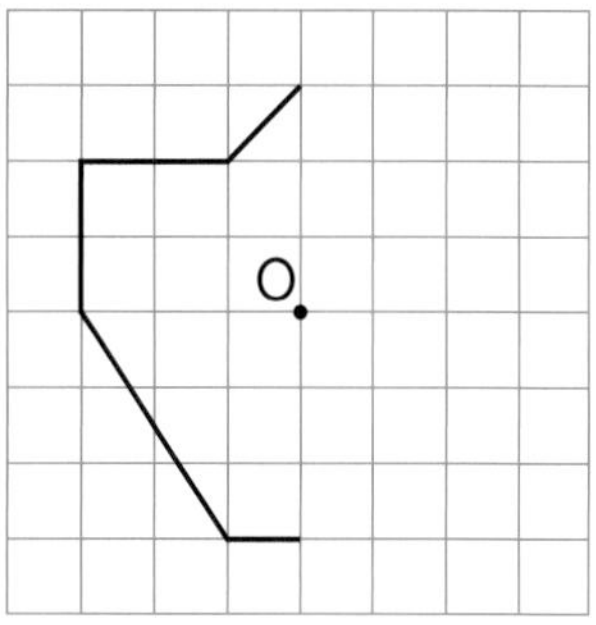

わくわく情報 ムササビは空を飛ぶのが得意。木の高いところからふつうは30メートルくらい，ときには180メートルも飛ぶよ。

算数 22回

1学期のまとめ(2)

学習日　月　日　　得点　点

1 計算をしましょう。　（1つ8点）

① $0.9\times1\frac{1}{6}=$

② $\frac{5}{28}\times0.7=$

③ $2\frac{2}{3}\times0.25=$

④ $1\frac{1}{5}\div0.3=$

⑤ $2.1\div\frac{3}{7}=$

⑥ $4\frac{1}{10}\div0.4=$

2 1mの重さが$\frac{2}{9}$kgのはり金があります。このはり金$\frac{3}{8}$mの重さは何kgですか。　（10点）

式

答え（　　　）

3 次のような円の面積は何cm^2ですか。　（10点）

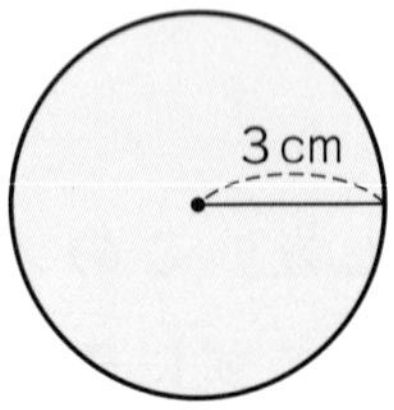

式

答え（　　　）

4 次の問題に答えましょう。　（1つ10点）

① 1：2と等しい比を｛　｝から選んで書きましょう。

｛ 2：3，　2：4，　2：5，　2：6 ｝　（　　　）

② 3：5の比の値《あたい》を書きましょう。　（　　　）

5 100円玉を投げて，表が出るか裏《うら》が出るかを調べます。3回続けて投げるとき，表と裏《うら》の出方は，全部で何通りありますか。　（12点）

（　　　）

びっくりランキング　世界一長い川はアフリカのナイル川で，全長6695キロメートルの長さがあるよ。2位は南アメリカのアマゾン川で，全長6516キロメートル。

国語

26回　1学期のまとめ(2)

学習日　月　日　得点　点

1 次の文章を読んで、問題に答えましょう。

〔イースター島は、かつて島全体が森林におおわれていたが、人間の上陸後、わずか千二百年ほどで、森林は失われてしまった。〕

高度な①ぎじゅつや文明が、②ゆたかな自然のめぐみに支えられて発達したのだとしたら、このイースター島の歴史から、わたしたちが教えられるのは次のようなことである。すなわち、ひとたび自然の利用方法を誤《あやま》り、健全な生態系《せいたいけい》を傷《きず》つけてしまえば、同時に文化も人々の心もあれ果ててしまい、人々は悲惨《ひさん》できびしい運命をたどる、ということである。

モアイ像は、西暦《せいれき》一〇〇〇年から一六〇〇年ごろの間に作られたとされている。祖先を敬《うやま》うためにモアイ像を作った人々は、数世代後の子孫の悲惨《ひさん》なくらしを想像することができなかったのだろうか。（略）

今後の人類の存続《そんぞく》は、むしろ、子孫に深く思いをめぐらす文化を早急《さっきゅう》に築けるかどうかにかかっているのではないだろうか。

（令和2年度版　東京書籍　新しい国語六　42ページより　『イースター島にはなぜ森林がないのか』鷲谷《わしたに》いづみ）〔　〕部要約

(1) ①・②の――の部分を漢字で書きましょう。（一つ15点）

① ぎじゅつ　〔　　〕

② ゆたかな　〔　　〕かな

(2) イースター島の歴史から教えられるのは、どのようなことですか。（一つ10点）

自然の□□□□を誤《あやま》り、健全な□□□を傷《きず》つけると、人々は悲惨《ひさん》で□□□□□□をたどるということ。

(3) モアイ像は、何のために作られましたか。（10点）

□を敬《うやま》うため。

(4) 筆者は、今後の人類の存続《そんぞく》は何にかかっていると述べていますか。（一つ15点）

□に□文化を早急《さっきゅう》に築けるかどうかということ。

わくわく情報　暗いところでネコの目が光るのは，目のおくに光を反射《はんしゃ》するまくがあるから。だから暗いところでもネコは物を見ることができる。

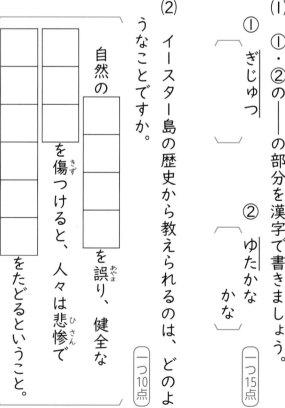

1学期のまとめ(1)

学習日　　月　　日　　得点　　点

1 次の文章を読んで、問題に答えましょう。（一つ10点）

〔太一《たいち》の父は、かつて、瀬《せ》の主のような巨大《きょだい》なクエをしとめようとして、海で命を落としていた。〕

追い求めているうちに、不意にゆめ①はじつげん②するものだ。

太一《たいち》は海草のゆれる穴《あな》のおくに、青い宝石《ほうせき》の目を見た。

（略）ひとみは黒いしんじゅのようだった。刃物《はもの》のような歯が並《なら》んだ灰色《はいいろ》のくちびるは、ふくらんでいて大きい。魚がえらを動かすたび、水が動くのが分かった。岩そのものが魚のようだった。全体は見えないのだが、百五十キロはゆうにこえているだろう。興奮《こうふん》していながら、太一《たいち》は冷静だった。これが自分の追い求めてきたまぼろしの魚、村一番のもぐり漁師だった父を破った瀬《せ》の主なのかもしれない。

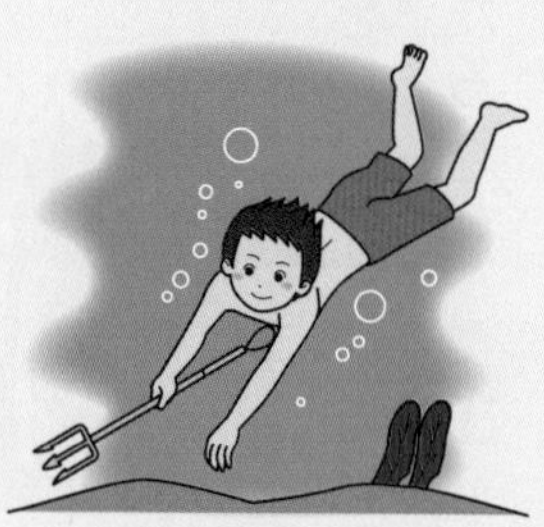

（令和2年度版　光村図書　国語六　創造　226〜227ページより『海の命』立松《たてまつ》和《わ》平《へい》）〔　〕部要約

(1) ①・②の――のことばを漢字で書きましょう。

① ゆめ〔　　〕　② じつげん〔　　〕

(2) 太一《たいち》は、「青い宝石《ほうせき》の目」を何の目かもしれないと考えていますか。

〔自分が追い求めてきた□□□□の魚であり、□を破った□□□。〕

(3) 「岩そのものが魚のよう」という表げんから、どのようなことがわかりますか。記号で答えましょう。

ア 魚の巨大《きょだい》さ
イ 魚のきょうぼうさ
ウ 魚の美しさ

□

(4) 太一《たいち》の父は、どのような漁師でしたか。

〔□の□漁師。〕

(5) 追い求めてきた魚とついに出会った太一《たいち》は、どのような様子でしたか。

〔□キロをこえるクエを前に興奮《こうふん》していながら、□だった。〕

おもしろことばメモ　イモのつるをたぐりよせると，次から次へとイモが出てくるように，一つのことがきっかけとなって関連するものがどんどん出てくることを「いもづる式」というよ。

くもんの夏休みドリル

算数教科書対照表 小学6年生

夏休みドリル			教科書のページ					
回	単元名	ページ	東京書籍 新しい算数6	啓林館 わくわく算数6	学校図書 小学校算数6年	日本文教出版 小学算数6年	大日本図書 たのしい算数6年	教育出版 小学算数6
1	分数のかけ算 (1)	48	34～52	42～57	47～60	42～56	91～105	52～65
2	分数のかけ算 (2)	47						
3	分数のかけ算 (3)	46						
4	分数のかけ算 (4)	45						
5	分数のわり算 (1)	44	54～69	58～71	61～71	58～73	107～124	66～79
6	分数のわり算 (2)	43						
7	分数のわり算 (3)	42						
8	分数のわり算 (4)	41						
9	分数と小数の計算	40		47, 63	72～76		117～118	59, 73
10	線対称と点対称 (1)	39	8～23	10～25	86～103	18～32	10～23	34～48
11	線対称と点対称 (2)	38						
12	線対称と点対称 (3)	37						
13	文字と式 (1)	36	24～32	26～35	22～33	34～40	51～59	10～19
14	文字と式 (2)	35						
15	円の面積	34	104～118	94～103	104～119	76～86	39～49	100～113
16	比 (1)	33	76～88	112～123	132～143	112～124	138～149	149～159
17	比 (2)	32						
18	データの活用 (1)	31	176～195	72～87	184～198	170～193	60～79	82～99
19	データの活用 (2)	30						
20	場合の数	29	164～173	186～197	10～21	88～97	125～134	180～191
21	1学期のまとめ (1)	28						
22	1学期のまとめ (2)	27						

作文(3)

学習日　月　日　得点　点

1 絵を見て、次のことばに続く文を〈 〉のことばを使って作りましょう。（一つ20点）

(1)〈試合・ゴール〉

ぼくは、初めて試合でゴールを決めました。とてもうれしくて、

(2)〈図工・ねん土〉

わたしは、

(3)〈まいご・通り〉

わたしは、

2 絵の場面から〈 〉のことばを使って、作文を書きましょう。（40点）

〈家族・キャンプ〉

〈雨・急いで〉

わくわく情報　ムツゴロウやトビハゼは口の中に水をためることでえら呼吸《こきゅう》をしたり，皮《ひ》ふをぬらした状態で保つことで皮《ひ》ふ呼吸《こきゅう》をしたりできるんだ。だから，水の外でも動き回れるよ。

作文(2)

学習日　月　日　得点　点

1 絵を見て、□に合うことばを、［　］から選んで書きましょう。（一つ10点）

(1) ▼どんな □ 魚が、目の前を泳いでいった。

［太った・細長い・四角い］

(2) ボールが来ると ▼どのように □ シュートしようとした。

［すぐに・全く・苦しく］

2 次の□に合うことばを、［　］から選んで書きましょう。（一つ10点）

◆ 庭に水をまくと、しばふが ▼どのように □ かがやいて見えた。木かげからひんやりとした ▼どんな □ 風がふいてきた。

［ふかふか・きらきら・むし暑い・すずしい］

☆ **3** 絵を見て、□に合うことばを考えて書きましょう。（一つ10点）

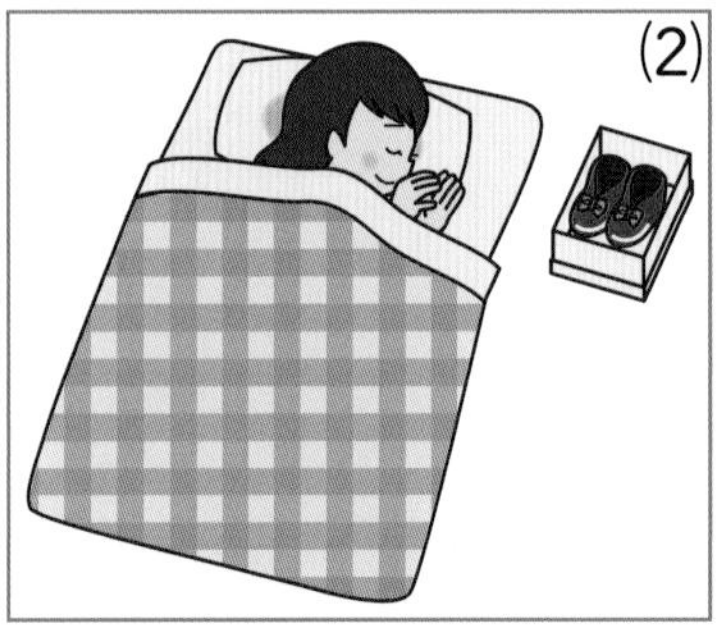

(1) かみなりが ▼どのように □ 光ったかと思うと、雨が ▼どのように □ と降《ふ》りだした。

(2) 妹は、▼どんな □ くつを買ってもらった。うれしくてまくら元に ▼どうした □。

(3) ▼どんな □ ジュースを飲んだら、歯に ▼どのように □ しみた。虫歯かもしれないので、歯医者に行くことにした。

わくわく情報　成長とともに呼《よ》び名が変わる魚を「出世魚《しゅっせうお》」というよ。例えばスズキは，セイゴ，フッコ，スズキというふうに名前が変わるよ。

作文(1)

学習日　月　日　得点　点

1 絵を見て、□に合うことばを、［　］から選んで書きましょう。（一つ10点）

(1) 妹が、大きな［本］（▶何を）を持ってきた。

［本・紙・箱］

(2) 弟が、虫とりの□（▶何で）でちょうをつかまえようとする。

［かん・あみ・ふた］

(3) 今日は、父が料理を□（▶どうする）いる。

［歌って・食べて・作って］

(4) 祭りの日の神社は、たくさんの人で□（▶どんなだ）。

［静かだ・楽しみだ・にぎやかだ］

2 次の□に合うことばを、［　］から選んで書きましょう。（一つ10点）

(1) 母が、□（▶何を）を買ってきた。切り分けてから、□（▶何で）で食べた。

［すいか・ジュース・スプーン・茶わん］

(2) かばんの中に、本やノートを□（▶どうした）。たくさん入れたので□（▶どんなだ）。

［調べた・しまった・重かった・囲んだ］

(3) 父が、大きな□（▶何を）をかかえて帰ってきた。開けてみると、パソコンだった。さっそく、□（▶どうした）みた。

［本・箱・使って・走って］

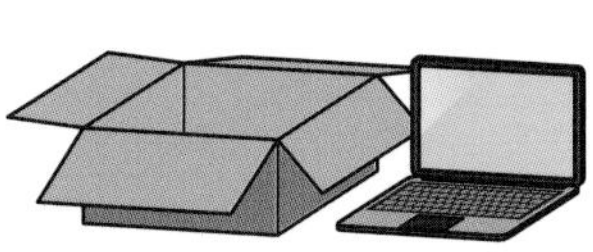

わくわく情報　サンゴは植物みたいに見えるけど，イソギンチャクと同じ動物の仲間だよ。

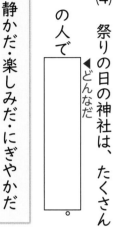

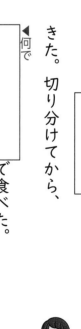

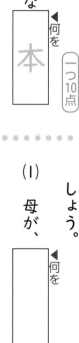

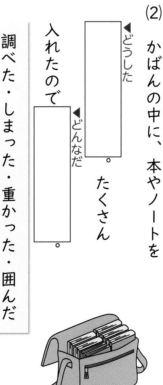

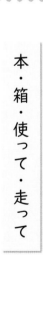

21回 説明文の読みとり(3)

学習日　月　日　得点　点

1 次の文章を読んで、問題に答えましょう。（一つ20点）

　「鎮守《ちんじゅ》の森」は、海岸沿《ぞ》いや川沿《ぞ》い、急斜面《きゅうしゃめん》や尾根筋《おねすじ》にありました。これらの場所に共通することは自然災害によって破壊《はかい》されやすい場所であるということです。つまり、昔の人々は「本物の森」が備える自然災害に対する力強さを理解し、そういった場所に「鎮守《ちんじゅ》の森」を残して、自分たちの生活を守ろうとしていた、ということになります。

（令和２年度版　学校図書　みんなと学ぶ　小学校国語六下　12ページより『「本物の森」で未来を守る』宮脇《みやわき》昭《あきら》）

(1)「鎮守《ちんじゅ》の森」に共通することは、どのようなことですか。

［□□□□］によって破壊《はかい》されやすい場所であるということ。

(2) 昔の人々が(1)のような場所に「鎮守《ちんじゅ》の森」を残したのは、なぜですか。

「本物の森」が備える自然災害に対する［□□□］を理解して、生活を守ろうと考えたから。

---

2 次の文章を読んで、問題に答えましょう。（一つ20点）

　「本物の森」の強さについては、今までに起きたさまざまな災害の時に証明されています。例えば、山形県酒田《さかた》市で一九七六年に千八百戸もの家を焼く大火事がありましたが、この火を食い止めたのはある家に生えていたタブノキでした。（略）また、東日本大震災《しんさい》の時にも、南三陸《みなみさんりく》の海岸におし寄せた津波《つなみ》が周りの斜面《しゃめん》の土をくずしても、そこに生えていたタブノキはしっかりと根を張って生き延《の》びていたのです。

（令和２年度版　学校図書　みんなと学ぶ　小学校国語六下　13ページより『「本物の森」で未来を守る』宮脇《みやわき》昭《あきら》）

(1)「タブノキ」が果たした役割《やくわり》の例として、どのようなことがあげられていますか。

大火事の時に火を［　　　］たり、津波《つなみ》がおし寄せた時に、しっかりと［　　　］生き延《の》びたりしたということ。

(2)「タブノキ」の例が証明するのは、どのようなことですか。

「［　　　　］」の強さ。

おもしろことばメモ　アヤメの花もカキツバタの花もよく似ていて美しいので，どれもすぐれていて選ぶのに迷うことを，「いずれあやめかかきつばた」というよ。

説明文の読みとり⑵

学習日　　月　　日　　得点　　点

1 次の文章を読んで、問題に答えましょう。（40点）

　物やお金だけでは、町に住む人々の豊かさや幸福にはつながらない。そのときに重要になってくるのが「コミュニティデザイン」という考え方である。コミュニティとは、何らかの人のつながりによる共同体ともいえ、同じ地域《ちいき》に住んでいる人、あるいは同じ興味を持つ人どうしによるものなどがある。

（令和２年度版　東京書籍　新しい国語六　141ページより　『町の幸福論――コミュニティデザインを考える』山崎亮《やまざきりょう》）

⑴「コミュニティ」とはどのようなものですか。（一つ10点）

何らかの□□□□□□による□□□。

⑵町に住む人々の豊かさや幸福にとって重要なのは、どのような考え方ですか。（20点）

「□□□□□□□□□□」という考え方。

2 次の文章を読んで、問題に答えましょう。（一つ15点）

　コミュニティデザインにおいては、地域《ちいき》の住民たちが主体的に町作りに取り組むことが重要である。しかし、その地域《ちいき》の課題を解決しようとするときに、もう一つ重要なことがある。それは、未来のコミュニティをどのように思いえがくかということ、つまり未来のイメージを持つということである。

（令和２年度版　東京書籍　新しい国語六　144〜145ページより　『町の幸福論――コミュニティデザインを考える』山崎亮《やまざきりょう》）

⑴「コミュニティデザイン」において重要なのは、どのようなことですか。

地域《ちいき》の［　　　　］が［　　　　］に町作りに取り組むこと。

⑵地域《ちいき》の課題を解決しようとするときに重要なのは、どのようなことですか。

［　　　　］をどのように思いえがくかということ。

⑶⑵をどのように言いかえていますか。

［　　　　］を持つということ。

わくわく情報　モグラの目は，明るさを区別するくらいしか見えない。暗い土の中では目を使わないのでだんだん退化《たいか》したんだよ。

説明文の読みとり(1)

学習日　月　日　　得点　点

1 次の文章を読んで、問題に答えましょう。（一つ10点）

　モアイ像は、島の石切り場から切り出された巨《きょ》大《だい》な火山岩を、のみでけずって作られる。そして、ときには十数キロメートルもはなれた所まで運ばれ、てこを用いて立てられた。このモアイ像を、石切り場から運ぶために森林がぎせいとなった。重さが何トンもある巨大《きょだい》な像を運んでゆくのに、森林から切り出された木が利用されたのである。

（令和2年度版　東京書籍　新しい国語六　39～40ページより『イースター島にはなぜ森林がないのか』鷲谷《わしたに》いづみ）

(1) モアイ像は、どのようにして作られますか。

〔巨大《きょだい》な□□□を、□□□□□作られる。〕

(2) 「森林がぎせいとなった」とは、どのようなことですか。

〔モアイ像を□□ために、森林から切り出された木が□□□□□ということ。〕

2 次の文章を読んで、問題に答えましょう。（一つ15点）

　森林から太い木を伐採《ばっさい》したとしても、絶えず新しい芽が出て、順調に生長していたとしたら、森林には常に太い木が存在《そんざい》し、人々のくらしに必要な材木も持続的に供給《きょうきゅう》されたはずである。しかし、イースター島では、ヤシの木の森林が再生することはなかった。

　人間とともに島に上陸し、野生化したラットが、ヤシの木の再生をさまたげたらしいのだ。

（令和2年度版　東京書籍　新しい国語六　40ページより『イースター島にはなぜ森林がないのか』鷲谷《わしたに》いづみ）

(1) 森林の再生に必要なのは、どのようなことですか。

〔絶えず［　　］が出て、順調に［　　］すること。〕

(2) イースター島でヤシの木の森林が再生しなかったのは、なぜですか。

〔島に上陸して［　　］が、ヤシの木の再生を［　　］から。〕

おもしろことばメモ　早口ことば。早口で３回続けて言おう。「となりの竹がきに竹立てかけたかったから，竹立てかけた」

国語 18回

六年生の漢字(4)

学習日　月　日　得点　点

1 ——の漢字に注意して文章を読み、読みがなを書きましょう。（全部で15点）

幼《おさな》い弟が砂場《すなば》で何かを探《さが》す姿《すがた》を見つけた。ぼくは、日が暮《く》れるよと、窓《まど》から声をかけた。何を探しているのかをたずねたら、弟は秘密《ひみつ》だよと笑った。

2 ——の漢字の読みがなを書きましょう。（一つ5点）

(1) 砂場（　　）
(2) 探（　　）す
(3) 秘密（　　）
(4) 窓（　　）ガラス
(5) 幼（　　）い姿（　　）。
(6) 暮（　　）れる

3 書き順に注意して書きましょう。（全部で15点）

- 幼（幺）　読み方　ヨウ・おさな（い）
- 探（扌）　読み方　タン・〈さぐ（る）〉・さが（す）
- 暮（艹）　読み方　〈ボ〉・く（れる）・く（らす）
- 秘（禾）　読み方　ヒ・〈ひ（める）〉
- 砂（石）　読み方　サ・〈シャ〉・すな
- 姿（冫）　読み方　シ・すがた
- 窓（宀）　読み方　ソウ・まど
- 密（宀）　読み方　ミツ

4 □に漢字を書きましょう。（一つ5点）

(1) □□《ひみつ》を守る。
(2) 日が□《く》れる。
(3) □□《すなば》から家の□《まど》が見える。
(4) □《おさな》い子の□《すがた》を□《さが》す。

おもしろことばメモ　イモリは，井戸や小川など水のある所に住むことから，「井戸を守る」という意味で「井《い》守《もり》」という名前がついたよ。

物語の読みとり(3)

学習日　　月　　日　　得点　　点

1 次の文章を読んで、問題に答えましょう。（一つ20点）

〔若《わか》いアネハヅルの群れが、キツネにおそわれ、一羽の幼《おさな》い鳥の命が失われた。〕

傷《きず》ついた群れは、無言の夜をむかえた。だれの心の中にも後悔《こうかい》がうず巻《ま》いていた。あのとき、もっと早くにげていれば……。あのとき、すぐキツネに気づいていれば……。二度ともどらない命への思いは、堂々めぐりを続け、くやしさだけがつのっていく。

（令和2年度版　東京書籍　新しい国語六　60ページより『風切るつばさ』木村裕一《きむらゆういち》）〔　〕部要約

◆「二度ともどらない命への思い」とはどのようなものですか。

〔もっと［　　　　　］いれば、すぐキツネに［　　　　］いれば、仲間の命は失われなかったかもしれないという後悔《こうかい》。〕

2 次の文章を読んで、問題に答えましょう。（一つ20点）

〔二ひきのかにの子どもらが、川の底で、魚について話していた。〕

そのときです。にわかに天井《てんじょう》に白いあわが立って、青光りのまるでぎらぎらする鉄砲《てっぽう》だまのようなものが、いきなり飛びこんできました。

兄さんのかには、はっきりとその青いものの先が、コンパスのように黒くとがっているのも見ました。と思ううちに、魚の白い腹《はら》がぎらっと光って一ぺんひるがえり、上の方へ上ったようでしたが、それっきりもう青いものも魚の形も見えず、光の黄金のあみはゆらゆらゆれ、あわはつぶつぶ流れました。

二ひきはまるで声も出ず、居すくまってしまいました。

（令和2年度版　光村図書　国語六　創造　108ページより『やまなし』宮沢賢治《みやざわけんじ》）

(1) いきなり飛びこんできた「青いもの」は、どのような様子でしたか。

〔［　　　　］する鉄砲《てっぽう》だまのようなもので、先が［　　　　］のように黒くとがっていた。〕

(2) 二ひきのどんな様子から、おどろいたことがわかりますか。

〔まるで［　　　　］、居すくまってしまった様子。〕

わくわく情報　日焼けは，し外線が体の中に入りこむのを防ぐために，メラニンという色素が増えて起こるよ。

物語の読みとり(2)

学習日　月　日　得点　点

1 次の文章を読んで、問題に答えましょう。（40点）

いかりを下ろし、海に飛びこんだ。はだに水の感触《かんしょく》がここちよい。海中に棒《ぼう》になって差しこんだ光が、波の動きにつれ、かがやきながら交差する。耳には何も聞こえなかったが、太一《たいち》は壮大《そうだい》な音楽を聞いているような気分になった。

（令和2年度版　光村図書　国語六　創造　224ページより『海の命』立松和平《たてまつわへい》）

(1) 海中は、どんな様子でしたか。（一つ10点）

差しこんだ光が、波の動きにつれて、□□□□ながら□□している。

(2) 太一《たいち》は、海中で何を聞いている気分になりましたか。記号で答えましょう。（20点）

ア 壮大《そうだい》な音楽

イ 海の波の音

ウ 船の汽笛

□

2 次の文章を読んで、問題に答えましょう。（一つ15点）

〔父をなくした太一《たいち》は、与吉《よきち》じいさの弟子《でし》になり、漁師の仕事を学んできた。何年かたち、年をとった与吉《よきち》じいさは、もう船には乗らなくなっていた。〕

船に乗らなくなった与吉《よきち》じいさの家に、太一《たいち》は漁から帰ると、毎日魚を届《とど》けに行った。真夏のある日、与吉《よきち》じいさは暑いのに、毛布をのどまでかけてねむっていた。太一《たいち》は全てをさとった。

「海に帰りましたか。与吉《よきち》じいさ、心から感謝しております。おかげさまでぼくも海で生きられます。」

悲しみがふき上がってきたが、今の太一《たいち》は自然な気持ちで、顔の前に両手を合わせることができた。父がそうであったように、与吉《よきち》じいさも海に帰っていったのだ。

（令和2年度版　光村図書　国語六　創造　222～223ページより『海の命』立松和平《たてまつわへい》）〔　〕部要約

(1) 太一《たいち》は何を「さとった」のですか。

与吉《よきち》じいさが□□□□□□□□ということ。

(2) 太一《たいち》はどのような気持ちになりましたか。

□がふき上がってきたが、□な気持ちで、与吉《よきち》じいさに心から□することができた。

おもしろことばメモ

「胸《むね》を借りる（自分より実力がある人に，けいこをつけてもらう）」など，体の一部を使った慣用句はたくさんあるよ。

物語の読みとり(1)

学習日　月　日　得点　点

1 次の文章を読んで、問題に答えましょう。（40点）

ぼくは、弟のおどろいたような声で目が覚めた。ねぼけて頭がぼんやりしていたが、弟の部屋に入っていくと、弟の顔がふつうでないことがすぐにわかった。それで、ぼくは、

「どうした。だいじょうぶか。」

と、声をかけて、安心させようとした。

(1) 「ぼく」は、何で目が覚めたのですか。（10点）

弟の［おどろいた］ような声。

(2) 目が覚めたときの「ぼく」は、どんな様子でしたか。（15点）

ねぼけて頭が□□□□していた。

(3) 「ぼく」が、弟に声をかけたのは、どうしてですか。（15点）

弟を、□□□□□□と思ったから。

2 次の文章を読んで、問題に答えましょう。（一つ15点）

さくらは、水族館の大きな水そうの前に立った。いろいろな魚の動きに目をうばわれて、さくらはしばらくは声も出なかった。美しいというより、少しこわい感じがした。さくらは、水そうを見つめたまま、自分も海の中の世界にいるような気がした。

(1) さくらが声も出なかったのは、どうしてですか。

いろいろな□□□□に目をうばわれたから。

(2) 水そうの前に立ったとき、さくらは、どんな感じがしたのですか。

□□□というより、少し□□□感じがした。

☆(3) 水そうを見つめているさくらは、どんな気がしましたか。

自分も□□□□□□にいるような気がした。

おもしろことばメモ

「机《つくえ》」という漢字は，四角で平らな台を表す「几」と「木」を合わせ，木でつくった「つくえ」を表した字だよ。

六年生の漢字(3)

学習日　月　日　得点　点

1 ――の漢字に注意して文章を読み、読みがなを書きましょう。（全部で20点）

父の故郷（こきょう）にある川の流域（りゅういき）には、水田が広がる。大雨が降（ふ）っても川があふれる危険（きけん）が少なくなるように、川の水を吸収（きゅうしゅう）する水害対策（たいさく）が研究されている。

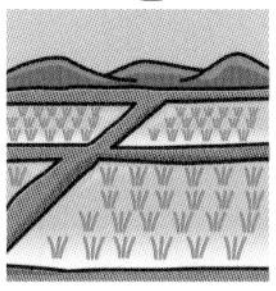

2 ――の漢字の読みがなを書きましょう。（一つ5点）

(1) 故郷（　　　）
(2) 対策（　　　）
(3) 流域（　　　）
(4) 危険（　　　）
(5) 吸収（　　　）
(6) 降る（　　　）

3 書き順に注意して書きましょう。（全部で20点）

郷　読み方　キョウ・〈ゴウ〉

吸　読み方　キュウ・す(う)

策　読み方　サク

危　読み方　キ・あぶ(ない)・あや(うい)・〈あや(ぶむ)〉

域　読み方　イキ

収　読み方　シュウ・おさ(める)・おさ(まる)

降　読み方　コウ・お(りる)・お(ろす)・ふ(る)

4 □に漢字を書きましょう。（一つ5点）

(1) 事故の□□《たいさく》。

(2) □□《きけん》性《せい》

(3) □□《こきょう》に雪が□《ふ》る。

(4) 川の□□《りゅういき》の養分を□□《きゅうしゅう》する。

わくわく情報　自分の声は耳からも聞いているけど，骨《ほね》にひびかせて聞いてもいる。だから，録音された自分の声はちがって聞こえるんだよ。

敬語《けいご》の使い方(4)

※教科書によって1学期に学習していないところもあります。

学習日　月　日　得点　点

1 次の——の言い方が、ていねい語の場合は「て」、尊敬語《そんけいご》の場合は「そ」、けんじょう語の場合は「け」を書きましょう。（一つ3点）

(1) 町長がいらっしゃる。（　）

(2) さっそく、ご案内する。（　）

(3) もうすぐ夏休みも終わりです。（　）

2 次の①～⑦にあてはまる、特別なことばを使った敬語《けいご》を□から選んで書きましょう。（一つ3点）

ふつうの言い方	尊敬語《そんけいご》	けんじょう語
言う	①	申す ②
行く・来る	③	参る ④
食べる	あがる ⑤	⑥
見る	ご覧《らん》になる	⑦

うかがう・おっしゃる・いただく・拝見《はいけん》する
申しあげる・めしあがる・いらっしゃる

3 次の文を、〈　〉内の敬語《けいご》を使った言い方に書きかえましょう。（一つ10点）

(1) 社長は車で帰ります。〈尊敬語《そんけいご》〉

(2) ありがとう。〈ていねい語〉

(3) わたくしは何も知りません。〈けんじょう語〉

4 次の文中の「田中君」を「先生」にかえて、——のことばを敬語《けいご》を使った言い方に書きかえましょう。（一つ10点）

(1) 田中君が教室に来る。

(2) 田中君と会う。

(3) 田中君が本を読む。

(4) 田中君が本をくれた。

おもしろことばメモ

「七福神《しちふくじん》」とは，幸運をもたらすといわれる7人の神のこと。大黒天《だいこくてん》，恵比須《えびす》，毘沙門天《びしゃもんてん》，弁財天《べんざいてん》，福禄寿《ふくろくじゅ》，寿老人《じゅろうじん》，布袋《ほてい》の7人をいう。

国語

12回

敬語《けいご》の使い方(3)

※教科書によって1学期に学習していないところもあります。

学習日　月　日　得点　点

1 次の敬語《けいご》のまとめを読んでから、あとの問題に答えましょう。（一つ5点）

●敬語《けいご》のまとめ（けんじょう語）●

自分や身内の人の動作をへりくだって言うことで、聞き手や話題になっている人への敬《けい》意《い》を表すときに用いる敬語《けいご》をけんじょう語という。

・特別なことばを使って言う。

例　明日、うかがう予定です。（行く）
ひとこと申しあげる。（言う）
先生の手紙を拝見《はいけん》する。（見る）
お祝いの花束をさしあげる。（あげる）

・「お（ご）――する」という形を使う。

例　先生をおまねきする。
園内をご案内する。

◆ けんじょう語を使った言い方を、○で囲みましょう。

① これから「行きます／うかがいます」。

② 先生から「もらった／いただいた」本です。

2 次のことばにあたるけんじょう語を、［　］から選んで書きましょう。（一つ15点）

(1) 言う……（　　）

(2) 見る……（　　）

(3) 知る……（　　）

拝見《はいけん》する・うかがう
存《ぞん》じあげる・申しあげる

3 次の文を、けんじょう語を使った言い方の文に書きかえましょう。（一つ15点）

(1) これをあなたにあげます。
（　　）

(2) なるべく早めに行きます。
（　　）

(3) わたしが説明します。
（　　）

おもしろことばメモ　ゲッカビジン（月下美人）の花を見たことがあるかな。夜中に花が開き始め，朝にはしおれてしまうことから，この名前がついたよ。

敬語《けいご》の使い方(2)

※教科書によって1学期に学習していないところもあります。

学習日　月　日　得点　点

1 次の敬語《けいご》のまとめを読んでから、あとの問題に答えましょう。（一つ5点）

●敬語《けいご》のまとめ（尊敬語《そんけいご》）●

聞き手や話題になっている人を高めて言うときに用いる敬語《けいご》を尊敬語《そんけいご》という。

・特別なことばを使って言う。

例 先生がいらっしゃる。（来る）
先生がおっしゃる。（言う）
先生が手紙をくださる。（くれる）
お客さまが料理をめしあがる。（食べる）
先生が実際になさる。（する）

・「お（ご）――になる」という形を使う。

例 お使いになる。　ご出発になる。

・「――れる（られる）」という言い方を使う。

例 七時に出発される予定です。

・名詞《めいし》に「お」や「ご」をつける。

例 お顔　ご入学

◆ 尊敬語《そんけいご》を使った言い方を、○で囲みましょう。

① 先生が画用紙を［くれた／くださった］。

② 夜、お客様が［いらっしゃった／来た］。

2 次のことばにあたる尊敬語《そんけいご》を、□から選んで書きましょう。（一つ15点）

(1) 言う……（　　）

(2) 食べる……（　　）

(3) する……（　　）

めしあがる・なさる
おっしゃる・いらっしゃる

☆ **3** 次の文を、尊敬語《そんけいご》を使った言い方の文に書きかえましょう。（一つ15点）

(1) お客様が来ました。
（　　）

(2) どんな本を読みますか。
（　　）

(3) ていねいに教えてくれた。
（　　）

わくわく情報　胃液《いえき》は胃《い》の中の食べ物をとかすけど，胃《い》はとけない。それは，胃《い》のかべから出ているねん液が胃《い》を胃液《いえき》から守っているからだよ。

国語

10回

敬語《けいご》の使い方(1)

※教科書によって1学期に学習していないところもあります。

学習日　月　日　得点　点

1 次の敬語《けいご》のまとめを読んでから、あとの問題に答えましょう。（一つ5点）

●敬語《けいご》のまとめ（ていねい語）●

改まった場合などに、話し相手に対してていねいに言う言い方をていねい語という。

・文末に「です」「ます」をつける。

例 これは、友達から借りたものです。すぐに行きます。

・特別なことばを使って言う。

例 こちらがお求めの商品でございます。これでよろしいでしょうか。

◆ ていねい語を使った言い方を、（　）で囲みましょう。

① あれが、ぼくの［家だ／家です］。

② これから［始める／始めます］。

③ その品は、こちらに［ございます／ある］。

2 次の文を、ていねい語を使った言い方の文に書きかえましょう。（40点）

(1) 窓《まど》をしめる。（10点）

（窓をしめます。）

(2) 黒いほうが、父のかばんだ。（15点）

（　　　　）

(3) 庭のすみに花だんがある。（15点）

（　　　　）

3 次のうちから、ていねい語を使った言い方の文を三つ選んで、○をつけましょう。（一つ15点）

①（　）放課後、校庭で遊ぶ。

②（　）一時に駅で待ち合わせる。

③（　）ここから港が見えます。

④（　）えみさんは、とても明るい人だ。

⑤（　）この紙は、あまりじょうぶではございません。

⑥（　）身近な自然に目を向けていきましょう。

おもしろことばメモ

「あいさつ」ということばのもとは，禅宗《ぜんしゅう》（仏教の宗派《しゅうは》の一つ）の師（先生）と弟子《でし》の問《もん》答《どう》のことだったんだ。

六年生の漢字(2)

学習日　月　日　得点　点

1 ——の漢字に注意して文章を読み、読みがなを書きましょう。（全部で15点）

冷蔵庫（れいぞうこ）から卵（たまご）と牛乳（ぎゅうにゅう）を取り出し、クレープを焼く。たまごを割（わ）り、机（つくえ）の上で材料を混ぜた。簡単（かんたん）に、何枚（なんまい）も焼けた。

2 ——の漢字の読みがなを書きましょう。（一つ5点）

(1) 牛乳（　　）

(2) 簡単（　　）

(3) 卵（　　）を割（　　）る。

(4) 机（　　）といす

(5) 冷蔵庫（　　）

(6) 枚数（　　）

3 書き順に注意して書きましょう。（全部で15点）

漢字	読み方
蔵	ゾウ・〈くら〉
乳	ニュウ・ちち・〈ち〉
机	〈キ〉・つくえ
枚	マイ
卵	〈ラン〉・たまご
割	〈カツ〉・わ〈る・わり・われる〉・〈さく〉
簡	カン

4 □に漢字を書きましょう。（一つ5点）

(1) 五《ご》□《まい》の皿を□《つくえ》に並《なら》べる。

(2) □□《かんたん》に□《たまご》を□《わ》る。

(3) □□□《れいぞうこ》に□□《ぎゅうにゅう》を入れる。

おもしろことばメモ　ことわざには，「ぶたに真《しん》じゅ（価値《かち》のある物をあたえてもその価値《かち》が分からず，意味がないこと）」など，動物の名前を使ったものがたくさんあるよ。

形が似ている漢字(3)

（五年生で習った漢字）

学習日　月　日　得点　点

1 形や使い方に注意して、□に合う漢字を[ ]から選んで書きましょう。（一つ2点）

(1) コ　[個・固]
個 性《せい》　固 定《てい》

(2) コウ　[講・構]
□ 習《しゅう》　□ 成《せい》

(3) キョウ　[鏡・境]
望遠《ぼうえん》 □　国《こっ》 □

(4) フク　[複・復]
□ 雑《ざつ》　□ 習《しゅう》

(5) イ　[囲・医]
□ 者《しゃ》にかかる。　島の周《しゅう》 □ 。

(6) セキ　[績・積・責]
□ 任《にん》　成《せい》 □　面《めん》 □

(7) ケン　[験・検・険]
□ 査《さ》　危《き》 □　実《じっ》 □

(8) ソク　[測・側・則]
□ 面《めん》　□ 定《てい》　規《き》 □

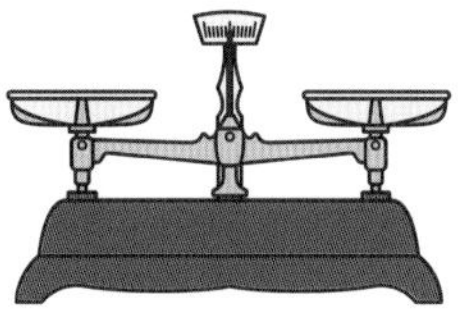

2 字の形に注意して、次のように読む漢字を書きましょう。（一つ4点）

(1) コ
□ 性的《せいてき》　□ 定《てい》する。

(2) フク
□ 習《しゅう》問題　□ 雑《ざつ》な形。

(3) セキ
□ 任者《にんしゃ》　成《せい》 □ 表《ひょう》

(4) コウ
夏期 □ 習《しゅう》　家族 □ 成《せい》

3 形に注意して、同音の漢字を書きましょう。（一つ5点）

(1) その実《じっ》 □《けん》 には、危《き》 □《けん》 がともなう。

(2) 箱の □《そく》 面《めん》の長さを □《そく》 定《てい》する。

(3) 国《こっ》 □《きょう》 付近を望遠《ぼうえん》 □《きょう》 で見る。

わくわく情報
生まれて間もない星の温度は高く，青白い光を出してかがやくよ。

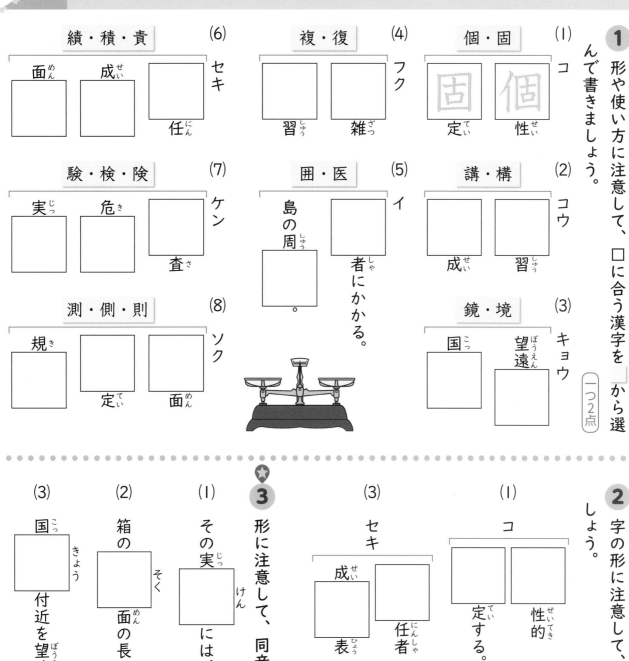

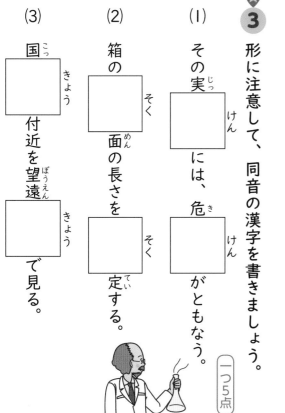

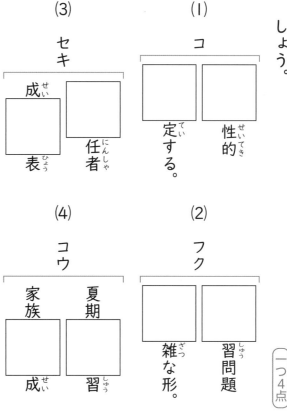

国語

6回 形が似ている漢字(1)

（五年生で習った漢字）

学習日 月 日　得点 点

1 形に注意して、□に合う漢字を□から選んで書きましょう。（一つ2点）

(1) 任・仕
任《まか》す　仕《し》事《ごと》

(2) 基・墓
お□《はか》　□《き》本《ほん》

(3) 迷・述
□《の》べる　□《まよ》う

(4) 率・卒
倍《ばい》□《りつ》　□《そつ》業《ぎょう》

(5) 輸・輪
□《ゆ》出《しゅつ》　車《しゃ》□《りん》

(6) 備・借
□《か》りる　□《そな》える

(7) 往・注・住
□《おう》復《ふく》　□《じゅう》所《しょ》　□《ちゅう》目《もく》

(8) 史・央・夫
中《ちゅう》□《おう》　□《ふ》妻《さい》　歴《れき》□《し》

2 ——の漢字は、形が似ている別の字とまちがえています。正しい漢字を書きましょう。（一つ4点）

(1) 住復《ふく》はがき。 □

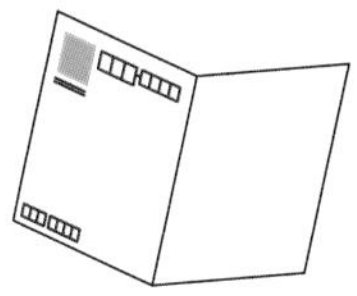

(2) お基参りに行く。 □

(3) 歴《れき》央のある銭湯《せんとう》。 □

(4) 当たる確《かく》卒は低い。 □

3 形が似ている漢字に注意して、□に漢字を書きましょう。（一つ8点）

(1) 自動車の車《しゃ》□《りん》を□《ゆ》出《しゅつ》する。

(2) □《し》事《ごと》を人に□《まか》せる。

(3) □《まよ》いながらも、すべて正直に□《の》べる。

おもしろことばメモ　外国から取り入れられ，日本語として使われるようになったことばを外来語というよ。「ランドセル」（オランダ語），「クレヨン」（フランス語）なども外来語なんだよ。

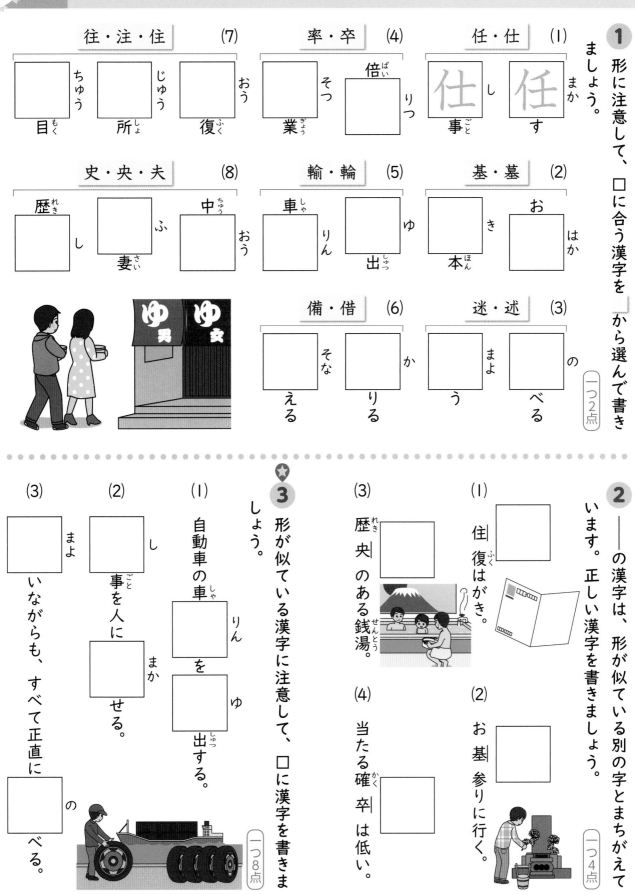

形が似ている漢字(2)

（五年生で習った漢字）

学習日　月　日　得点　点

1 形に注意して、□に合う漢字を［　］から選んで書きましょう。（一つ2点）

(1) ［的・均］
平《へい》均《きん》　目《もく》的《てき》

(2) ［像・象］
想《そう》□《ぞう》力《りょく》　印《いん》□《しょう》的《てき》

(3) ［営・宮］
お□《みや》参《まい》り　□《いとな》む

(4) ［態・能］
□《のう》力《りょく》　□《たい》度《ど》

(5) ［志・思］
□《こころざ》す　□《おも》う

(6) ［貸・貨］
□《か》物船《もっせん》　□《か》す

(7) ［識・職・織］
□《しょく》業《ぎょう》　組《そ》□《しき》　知《ち》□《しき》

(8) ［泳・氷・永］
□《えい》久《きゅう》　水《すい》□《えい》　かき□《ごおり》

(9) ［際・察・祭］
国《こく》□《さい》空港　□《さい》日《じつ》　観《かん》□《さつ》

2 □に合う漢字を、［　］から選んで書きましょう。（(1)(2)一つ5点、(3)6点）

(1) ［均・的］…平《へい》□《きん》点《てん》を上回る。

(2) ［際・祭・察］…国《こく》□《さい》的《てき》に有名な学者。

(3) ［永・泳・氷］…半《はん》□《えい》久的《きゅうてき》に続く。

3 形が似ている漢字に注意して、□に漢字を書きましょう。（一つ7点）

(1) □《のう》力《りょく》だけでなく、□《たい》度《ど》も評価される。

(2) 将来《しょうらい》、□《こころざし》をとげたいと□《おも》う。

(3) この□《しょく》業《ぎょう》に必要とされる知《ち》□《しき》を学ぶ。

おもしろことばメモ
「危機《きき》一ぱつ（まちがえれば危険《きけん》なことになるきわどい状態）」など，数字を使った言い方はたくさんあるよ。

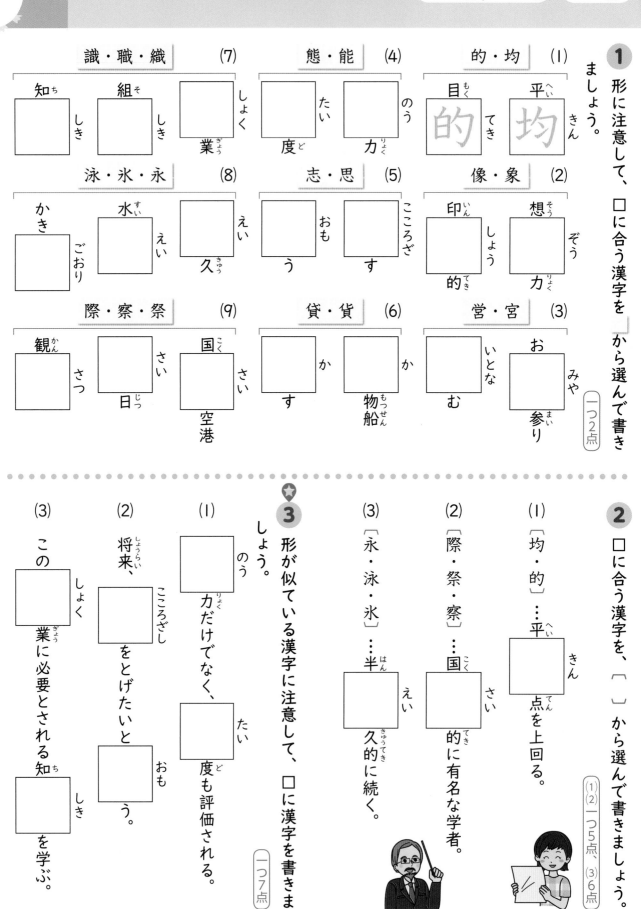

六年生の漢字⑴

学習日　月　日　得点　点

1 ——の漢字に注意して文章を読み、読みがなを書きましょう。（全部で20点）

展覧会（てんらんかい）の後、劇場（げきじょう）で映画《えいが》を見た。腹（はら）が痛（いた）くなるほど笑ったが、友人は疑問（ぎもん）に思ったところがあり、その映画《えいが》に批判的（ひはんてき）だった。

2 ——の漢字の読みがなを書きましょう。（一つ5点）

⑴ 展覧会（　　）

⑵ 腹（　　）がすく。

⑶ 劇場（　　）

⑷ 痛（　　）い

⑸ 批判的（　　）

⑹ 疑問（　　）

3 書き順に注意して書きましょう。（全部で20点）

漢字	読み方
展	テン
劇	ゲキ
痛	ツウ・いた(い)・いた(む)・いた(める)
批	ヒ
覧	ラン
腹	フク・はら
疑	ギ・うたが(う)

4 □に漢字を書きましょう。（一つ5点）

⑴ 人形《にんぎょう》□《げき》

⑵ □《ぎ》□《もん》をもつ。

⑶ □《はら》が□《いた》くなる。

⑷ □《てん》□《らん》□《かい》の絵を□《ひ》□《はん》する。

わくわく情報　星座《せいざ》の名前は，約5000年前に西アジアの羊飼いたちがつけたのが始まりだという説があるよ。

同じ訓の漢字(2)
（五年生で習った漢字）

学習日 月 日　得点 点

1 ことばの意味や使い方に注意して、同じ訓の漢字を［　］から選んで書きましょう。（一つ3点）

(1) へ(る)［経・減］
年月を□る。
人口が□る。

(2) お(る)［折・織］
美しい布を□る。
枝を□る。

(3) おさ(める)［治・修］
学問を□める。
国を□める。

(4) つと(める)［努・務］
勉学に□める。
司会を□める。

(5) はか(る)［計・測・量］
深さを□る。
重さを□る。
時間を□る。

(6) あつ(い)［厚・暑・熱］
□いお湯。
□い本。
□い日。

2 文の意味に合う漢字を、〔　〕から選んで書きましょう。（一つ5点）

(1) 〔測・量・計〕…犬の重さを□《はか》る。

(2) 〔熱・厚・暑〕…□《あつ》い本がずらりと並《なら》ぶ。

3 次のように読む漢字を書きましょう。（一つ6点）

(1) へ(る)
歴史を□る。
参加者が□る。

(2) おさ(める)
世の中を□める。
学業を□める。

(3) つと(める)
議長を□める。
解決に□める。

(4) お(る)
布を□る。
紙を二つに□る。

おもしろことばメモ
昔のことを調べて，新しい考えや方法を得ることを「温《おん》故《こ》知《ち》新《しん》」というよ。

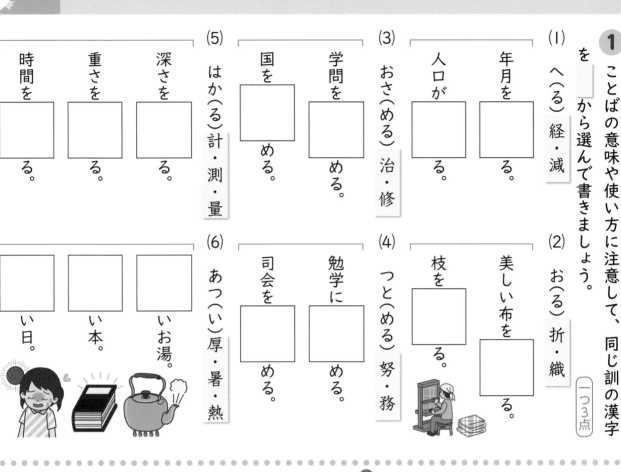

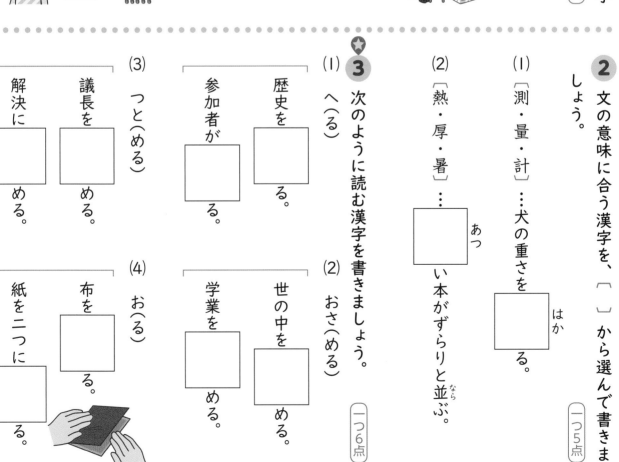

同じ訓の漢字(1)

（五年生で習った漢字）

学習日　月　日　得点　点

1 ことばの意味や使い方に注意して、同じ訓の漢字を□から選んで書きましょう。（一つ4点）

(1) あらわ(す)　表・現
気持ちを［表］す。
姿《すがた》を［　］す。

(2) と(る)　取・採
本を手に［　］る。
決を［　］る。

(3) と(く)　解・説
教えを［　］く。
問題を［　］く。

(4) うつ(す)　写・移
字を書き［　］す。
席を前に［　］す。

(5) やぶ(れる)　破・敗
戦いに［　］れる。
紙が［　］れる。

(6) つく(る)　作・造
曲を［　］る。
酒を［　］る。

(7) か(う)　買・飼
庭で犬を［　］う。
ノートを［　］う。

(8) と(める)　止・留
球を受け［　］める。
紙に書き［　］める。

2 次のように読む漢字を書きましょう。（(1)(2)一つ4点、(3)(4)一つ5点）

(1) つく(る)
料理を［　］る。
船を［　］る。

(2) あらわ(す)
犯人が姿《すがた》を［　］す。
喜びを［　］す。

(3) うつ(す)
手本を［　］す。
机《つくえ》を前に［　］す。

(4) やぶ(れる)
一回戦で［　］れる。
服が［　］れる。

おもしろことばメモ　アスナロは，葉がヒノキに似ているため，「明日はヒノキになろう」という意味で，この名前になったという説があるよ。

同じ音の漢字(2)

（五年生で習った漢字）

学習日　月　日　得点　点

1 ことばの意味や使い方に注意して、同じ音の熟語《じゅくご》を［　］から選んで書きましょう。（一つ4点）

(1) サイカイ　再会・再開

□□（再び会うこと。）

□□（再び開くこと。）

(2) ヨウイ　用意・容易

容□（簡単《かんたん》なこと。）

用□（準備すること。）

(3) エイセイ　衛生・衛星

□□（わく星の周りを回る星。）

□□（健康を保つこと。）

(4) タイセイ　体制・態勢

□□（物事に対する身構えや状態。）

体□（物事や社会のしくみ。）

(5) シュウカン　週刊・週間・習慣

早ねの□□。

愛鳥□□

□□誌《し》

(6) カテイ　家庭・過程・課程

□□料理

(大学の)修士□□

成長の□□。

2 文の意味に合う熟語《じゅくご》を、○で囲みましょう。（一つ4点）

(1) 試合を［再会　再開］する。

(2) 学習の［習慣　週間　週刊］が身につく。

3 次のように読む熟語《じゅくご》を書きましょう。（一つ6点）

(1) エイセイ

人工□□

公衆《こうしゅう》□□

(2) タイセイ

着陸□□

社会□□

(3) ヨウイ

子どもでも□□にできる仕事。

明日の□□をする。

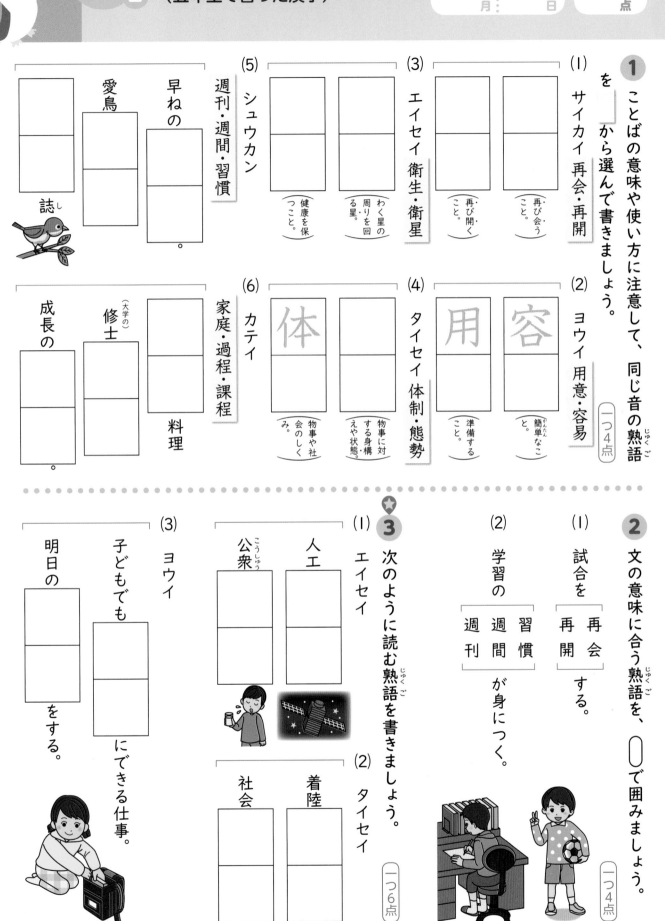

同じ音の漢字(1)

国語

（五年生で習った漢字）

学習日　月　日　得点　点

1 ことばの意味や使い方に注意して、同じ音の漢字を □ から選んで書きましょう。

一つ2点

(1) ジュン 準・順

□ 備び　□ 番ばん

(2) カイ 解・快

□ 適てき　□ 決けつ

(3) シ 師・士

教きょう □　弁護べんご □

(4) ダン 断・団

□ 体たい　□ 判はん

(5) キ 基・規

□ 本ほん　□ 則そく

(6) ショウ 証・招

□ 明めい　□ 待たい

(7) セイ 精・制・性

□ 神しん　個こ □　□ 限げん

(8) カ 可・価・仮

□ 格かく　□ 説せつ　□ 能性のうせい

「招」には「まねく」、「証」には「本当のことを明らかにする」という意味があるよ。

2 同じ音の漢字を書きましょう。

一つ4点

(1) 母は教□しを、父は弁護べんご□しをしている。

(2) □か説せつをたてて、その□か能性のうせいをさぐる。

(3) □だん体戦たいせんの結果で判はん□だんする。

3 次のように読む漢字を書きましょう。

一つ5点

(1) キ

□ 交通　□ 本問題ほん　□ 則そく

(2) カイ

未み □　□ 決けつ　□ 適てき

(3) セイ

無む □ 限げん　個こ □ 的てき

(4) ショウ

□ 明書めいしょ　□ 待状たいじょう

おもしろことばメモ　まずい魚のことを「ねこまたぎ」というよ。魚が好きなネコでさえも、またいで通るという意味だよ。

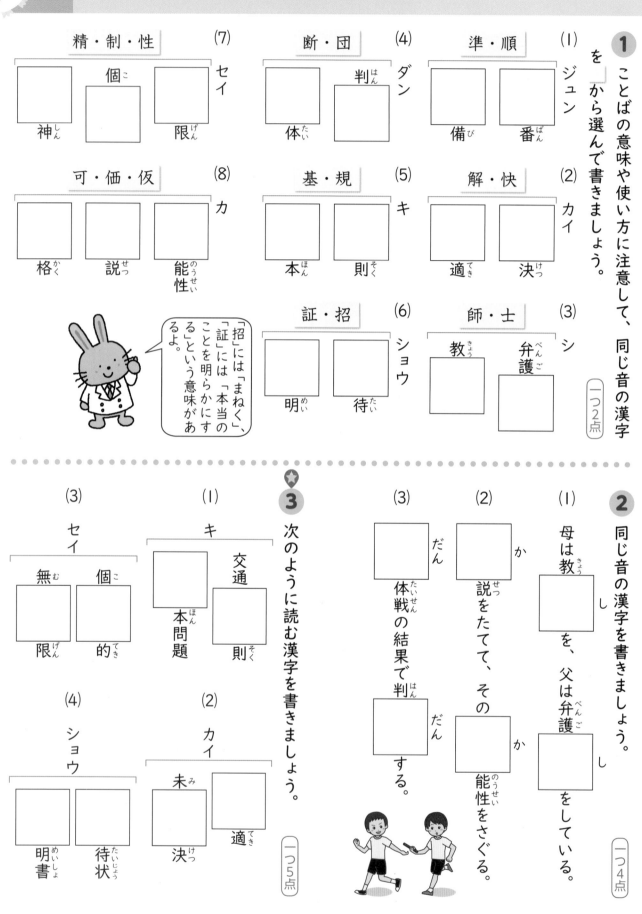